D1620613

James Galway · Die Flöte

James Galway

Die Flöte

Yehudi Menuhins
Musikführer

Edition Sven Erik Bergh
im Verlag Ullstein

Die englische Originalausgabe erschien bei
Macdonald & Co (Publishers) Ltd. London & Sydney
© 1982 by James Galway
Instructional Illustrations
© 1982 by Jeanie Mellersh
© der deutschen Ausgabe
    1988 Edition Sven Erik Bergh im Verlag Ullstein GmbH,
    Frankfurt/M. · Berlin

Ins Deutsche übertragen von Adrian Oswalt

Alle Rechte vorbehalten
Gesamtherstellung: Mohndruck, Gütersloh
Printed in Germany
ISBN 3 550 00220 3

CIP-Titelaufnahme der Deutschen Bibliothek

Galway, James:
Die Flöte / James Galway. – Frankfurt/M.; Berlin: Ed. Bergh
im Verl. Ullstein, 1988
    (Yehudi Menuhins Musikführer)
    Einheitssacht.: Flute ‹dt.›
    ISBN 3-550-00220-3

Inhalt

6

7

Dank

Ohne einige hervorragende Lehrer, denen ich großen Dank schulde, wäre ich nicht in der Lage gewesen, dieses Buch zu schreiben. Den größten Einfluß auf mich hatten Muriel Dawn und Billy Dunwoody in Belfast, in London John Francis am Royal College und Geoffrey Gilbert an der Guildhall School. In Paris erhielt ich durch Jean-Pierre Rampal wertvolle Anregungen und gelegentliche Unterrichtsstunden. Später halfen regelmäßige Besuche bei dem legendären Marcel Moyse, meine eigene Philosophie des Flötespielens zu entwickeln.

Wenn man wie ich ständig unterwegs ist, kann man auf die Hilfe anderer nicht verzichten. Ohne die unschätzbare Hilfe meiner damaligen Assistentin Elena Duran hätte ich dieses Buch nicht in Angriff nehmen können. Penny Hoare erwies sich als eine der geduldigsten Hebammen, Yehudi Menuhin und Patrick Jenkins ermunterten mich immer wieder zum Weitermachen. Eric Fenby, der meinen Wunsch entdeckte, eine Veröffentlichung zu wagen, hat mich ständig beraten und mir praktische Hilfe zukommen lassen.

Maureen McConville, Hugh Young, Henry Raynor, Jacob Mayne, Kathy Nicholson und Alex Weekes haben alle mitgeholfen, dem Text eine Ordnung zu geben, während mein Freund und Manager Michael Emerson, der vorgibt, in seinem Leben noch niemals eine Flöte an den Mund gesetzt zu haben, mich durch alle Stadien des Buches begleitet hat.

Vorwort von Yehudi Menuhin

Der Klang der Flöte ist von allen Klängen, die der Mensch erzeugen kann, der reinste. Die Klarheit des Flötentons gibt für mich den vollkommenen Ausdruck einer natürlichen Einfachheit wieder, nach der die Musik von jeher strebt. Der Flöte ist die außergewöhnliche Gabe eigen, uns in Reiche jenseits von Mißgunst und Streit zu versetzen. Die Stimmung, die die Flöte hervorruft, ist die der Sehnsucht, der Melancholie, aber einer Melancholie ohne Bitterkeit. Nicht umsonst hat Hippokrates den Klang der Schäferflöte als Arznei für die Genesung von Körper und Geist verschrieben.

Wer besser als James Galway könnte uns durch die Schwierigkeiten und Schönheiten der Flöte führen – dieses ältesten Instruments mit seinen leichten, flirrenden Figuren und seinem Ton voll innerer Heiterkeit und Mitgefühl. James Galway schreibt aus einem bemerkenswerten Schatz an Erfahrung wie auch aus dem Wunsch heraus, sich denen mitzuteilen, die sein Instrument erlernen möchten. »Musik«, so sagt er, »ist eine Sprache.«

Und obwohl er von entwaffnender Bescheidenheit ist, was seine Kunst, mit Worten umzugehen, betrifft, zweifle ich nicht daran, daß der Leser in seiner umfassenden und detaillierten Darstellung die gleiche Wärme und den gleichen Enthusiasmus wiederfinden wird, die sein Musizieren auszeichnen. Wer in der glücklichen Lage war, ihn in Konzerten erlebt zu haben, wird dies bestätigen können. Er hat die Vorstellung von der Flöte und ihrer Musik verändert. Seine Hingabe und Freude an diesem Instrument werden alle, die das Buch lesen, spüren können.

Die Flöte

Wann und wo die Flöte erfunden wurde, ist nicht bekannt. Sie hatte schon eine jahrhunderte-, wenn nicht jahrtausendelange Entwicklung hinter sich, als mit der Niederschrift von Musik begonnen wurde. Und welche Kultur auch immer anfing, Aufzeichnungen anzufertigen und historische Ereignisse zu dokumentieren – niemand war mehr in der Lage, sich an die Ursprünge der Flöte zu erinnern. Es gab sie einfach als einen wichtigen Bestandteil des Lebens.

Es läßt sich aber mit Gewißheit sagen, daß jede Kultur, jedes Land und jeder Erdteil Flöten hervorgebracht hat, meist sogar in mehreren Formen. Man kann frühere Kulturen betrachten, wo man will, man wird immer auf Flöten stoßen. Es gab kein Volk in der Geschichte der Menschheit, für das die Flöte keine Bedeutung besaß.

Die Flöten sind die ältesten aller Instrumente, davon bin ich überzeugt, obwohl es sich nicht beweisen läßt. Es gibt natürlich die Auffassung – die mir abwegig erscheint –, daß die Trommel in primitiver Form älter ist; jemand schlug auf einen Gegenstand, hörte ein Geräusch und machte daraus einen Beruf. Wer sich mit dieser Erklärung zufriedengeben möchte, soll es tun. Beide Auffassungen sind nicht zu widerlegen. Für mich war jedoch die Flöte zuerst vorhanden.

Sie ist nicht nur das älteste Instrument, sondern auch das natürlichste. Der Klang wird durch den menschlichen Körper erzeugt in einer Weise, wie es Schlag- oder Streichinstrumenten nicht möglich ist. Er stellt eine Erweiterung der Sprech- oder Singstimme des Menschen dar. Durch dessen Atem, seine Muskeln und seine Finger wird der Klang ohne dazwischengeschaltete technische Mittel hervorgerufen. Nichts stört die Einheit von Spieler und Ton, keine Mechanik, kein Rohrblatt, kein Schlegel, kein Bogen und keine Saite. Nur Sänger benötigen noch weniger Ausrüstung zwischen sich und dem Publikum. Der Spieler legt die Flöte einfach an die Lippen und bläst hinein. Was ertönt, ist hoffentlich Musik.

Was aber ist nun Musik? Musik ist hauptsächlich Klang, aber das ist nur eine Teilantwort. Denn der Klang muß sowohl schön als auch aussagefähig sein. Musik ist Mitteilung, Sprache. Der Leser möge entschuldigen, wenn ich nicht so gewandt schreibe, wie ich musiziere; einen großen Teil meines Lebens habe ich mit dem Studieren der musikalischen Sprache verbracht. Die gesprochene Sprache habe ich ganz selbstverständlich benutzt, wie wohl die meisten unter uns. Aber jetzt werde ich mich im Dienste der Musik, der Flöte und des Lernenden um eine deutliche und präzise Darstellung bemühen. Ich wünsche mir, sie wird dem Leser die Sprache der Musik nahebringen können.

Zunächst wollen wir betrachten, wie dieses älteste und natürlichste Instrument zum Ausdrucksmittel des Menschen wurde.

1.
Die Anfänge der Flöte

Geht man davon aus, daß die Flöte schon in der Frühzeit sehr verbreitet war, kann man daraus wohl nur schließen, daß mehrere Kulturen sie unabhängig voneinander erfunden haben. Entdecken trifft sicherlich besser als Erfinden; wahrscheinlich ist man zufällig auf die Flöte gestoßen. Jeder herumliegende alte und hohle Stock, jedes Schilf- oder Bambusrohr konnte zum Blasen dienen. Der eigentlich kreative Akt des Menschen bestand dann natürlich darin, so ein zunächst unbeachtetes Stück Holz in ein Instrument für die musikalische Sprache zu verwandeln. Das machte dann die Entdeckung oder Erfindung aus.

Was ist eine Flöte?

Grundsätzlich ist die Flöte eine hohle Röhre, die ohne Rohrblatt geblasen wird, derart, daß die in ihr eingeschlossene Luft schwingt. Alle Verfeinerungen, die zu dem modernen Instrument geführt haben, ändern nichts an dieser grundlegenden Tatsache. Ein hohles Rohr, in dem die Luft schwingt, das ist das, was heute als Flöte gespielt wird.

Jedoch hat sich die Flöte durch die Jahrhunderte und über die Kontinente hinweg in ziemlich unterschiedlichen Formen ausgebildet. Aus dieser Vielfalt ergeben sich mehrere Möglichkeiten, die Flöte zu blasen, um Schwingungen zu erzeugen. Allen Möglichkeiten ist gemeinsam, daß sich der Luftstrom an einer scharfen Kante bricht. Manche Flöten werden senkrecht gehalten und rufen einen Ton hervor, indem die Luft so über das Kopfende geblasen wird, daß sie auf den äußeren Rand trifft. Diesen *Längsflöten* ist manchmal eine Kerbe in den Rand geschnitten, um den Klang

Grundformen der Flöte

Eine Syrinx

Ein Flageolet oder Spaltflöte

Eine Querflöte

zu unterstützen. Flageolets (Schnabelflöten) oder Kernspaltflöten, zu denen die Blockflöte zählt, werden mit Hilfe eines Mundstükkes geblasen, das einen Schlitz hat, die sogenannte *Spalte*. Diese lenkt die Luft gegen eine Kante, die in die Seite des Rohres geschnitten ist. Das Hauptmerkmal der Querflöten – die Art von Flöten, über die ich hauptsächlich schreiben möchte – ist, daß sie nah an dem einen Rohrende ein Loch in der Seite besitzen. Der Spieler richtet den Luftstrom so über das Loch, daß die Luft sich an der scharfen äußeren Kante bricht und zu schwingen beginnt. Es gibt Flöten auf den Pazifischen Inseln, die mit der Nase geblasen werden, aber dieser besondere Nebenaspekt kann außer acht gelassen werden.

16

Bis jetzt haben wir ein hohles Rohr vor uns, das einen einzigen Ton hervorbringen kann. Dieser Errungenschaft folgte unmittelbar eine andere Entdeckung: je kürzer die Pfeife, desto höher ist der Ton. Bindet man einige Pfeifen mit abgestuften Längen zusammen, so hat man eine Panflöte oder Syrinx und kann damit Musik machen – wirkungsvoll, aber schwerfällig. Der eigentliche Durchbruch war geschafft, als man eine Pfeife hatte, die mehrere Töne erzeugen konnte, indem man Grifflöcher in sie hineinschnitt. Diese konnten je nach Bedarf geschlossen werden. Wagner schrieb diese Erfindung Siegfried, dem Drachentöter, zu. Aber wir haben ja schon festgestellt, daß die Fähigkeit, akustische Phänomene in Instrumente umzusetzen, bei allen Völkern anzutreffen war.

Die Flöten im Altertum

Im Alten Testament wird erzählt, daß Jubal der Vater aller Zither- und Flötenspieler war. Einzelheiten über die Harfen und Flöten wären für uns von Interesse, aber die Heilige Schrift behandelt dieses Gebiet sehr knapp, und die Bibelgelehrten heutzutage zögern mit der näheren Bestimmung dieser Instrumente. Weitere Aufklärung erhält man aus anderen Gegenden des antiken Nahen Ostens, aus Sumer und Ägypten, aber die meisten Informationen entstammen Bildern und sind daher nicht so exakt, wie wir uns das wünschen. Diese Kulturen besaßen eine Bambusflöte, die an der Kante geblasen wurde und ungefähr einen Meter lang war. Sie hatte zunächst keine Löcher, erhielt aber später drei oder vier Grifflöcher; in ägyptischen Gräbern sind verschiedenartige Flöten mit drei Löchern gefunden worden. Das Instrument scheint anfangs als eine Schäferpfeife benutzt und später bei religiösen Zeremonien hinzugezogen worden zu sein.

Wahrscheinlich hatten die Griechen als erste sechs Fingerlöcher in ihren Flöten. So konnten ihre Instrumente jeden Ton der Tonart oder Skala hervorbringen, in der sie gestimmt waren. Die Griechen zogen Rohrblattpfeifen denen ohne Rohrblatt vor. Die Flöte galt als das Instrument der Schäfer, Dorfleute und ›unkultivierten‹ Menschen im allgemeinen, während der *Aulos*, Vorläufer der Oboe, das Prestige-Instrument darstellte. Dieser bedauernswerte Zustand währte bis zum Mittelalter, bis die Flöten in Nordeuropa an Bedeutung gewannen. In der Zwischenzeit spielte das Volk unbekümmert auf, ob nun die Flöte angesehen war oder nicht.

Die Volksflöten

Es gibt heutzutage kaum ein Volk, ganz gleich, welche Entwicklungsstufe es erreicht hat, das nicht irgendeine Art von Flöte spielt. Längsflöten reichen von zwei Meter langen Ungetümen in Neu-Guinea bis zu den Flöten der Buschmänner, die aus einer Straußenfeder gefertigt sind. Flageolets kann man fast überall finden. In Java gibt es eines, das *Suling* genannt wird und das mit den berühmten *Gamelan*-Ensembles gespielt wird. Die nordamerikanischen Indianer besitzen die Apachenflöte, ein recht schwerfälliges Instrument mit dem Spitznamen *Liebesflöte*. Wir haben auch unser Volksflageolet. Als Kind spielte ich eines, das *Penny whistle* (Pfennigpfeife) genannt wurde, doch leider ist es später durch die Inflation aus der Mode gekommen.

Indien und Japan sind große flötenspielende Nationen. Der Hindugott Krishna wird oft auf einer Querflöte mit Grifflöchern spielend dargestellt, die unter dem Namen *Murali* bekannt ist. Einige Flöten werden *Bansari* genannt. Ursprünglich bezeichnete dieses *Bansari* eine Flöte aus Bambus (*Banse* heißt Bambus), ein einfaches Instrument mit einem Tonumfang von weniger als zwei Oktaven. Manche waren Längsflöten, andere wie die *Murali* Querflöten. Heute hat sich die *Bansari* über die ganze Erde ausgebreitet, und viele werden inzwischen auch aus Metall gefertigt. Man kann sie in der klassischen indischen Musik und in der Filmmusik, die überall in Indien sehr populär ist, hören.

Die klassische japanische Musik ist, wie so vieles in der japanischen Kunst, stark mit der Tradition verbunden. Die Hoforchester, die die *Gagaku* (elegante, vornehme Musik) für die *Bunraku-*

Tänze spielen, besitzen eine Querflöte, die *Kagura*-Flöte. In der Tradition verwendet die ›Linksmusik‹ eine Flöte mit sieben Löchern, *Oteki*, und die ›Rechtsmusik‹ eine mit sechs Löchern: *Komabue*. Diese Bezeichnungen der Links- und Rechtsmusik stehen für die unterschiedliche Aufstellung der Orchester, entweder links oder rechts der Tanzbühne. Sie spielten verschiedene Musik und unterschiedliche Instrumente, wobei die Linksmusik ihren Ursprung in Indien hatte und die Rechtsmusik in Korea und Bokkai. Die Japaner haben auch eine wunderschöne leicht gekerbte Längsflöte, die *Shakuhachi*. Ihre vier Löcher ergeben die für die japanische Musik charakteristische pentatonische Skala – D F G A C. Man kann auf ihr aber durch Überblasen und Gabelgriffe auch andere Töne erzeugen. Der Ton der *Shakuhachi* ist außergewöhnlich bezaubernd.

Europa wird führend

Im ersten Jahrtausend der christlichen Zeitrechnung war Europa, verglichen mit Byzanz und dem Morgenland, rückständig. Fortschritt, Gelehrsamkeit und Luxus kamen aus dem Orient, so auch die Musik und die Musikinstrumente. Die erste Flöte, die in den Westen gelangte, war eine einfache Pfeife (der Schwengel), die zusammen mit einer Trommel gespielt wurde. Sie erreichte Europa in der ersten Hälfte des 12. Jahrhunderts. Diese Pfeife war eine Längsflöte und hatte drei Grifflöcher – zwei vorne und eines hinten für den Daumen – und wurde mit einer Hand gespielt. Die andere Hand schlug den Rhythmus auf der Trommel. Der Spieler konnte dazu tanzen. Wie man sich vorstellen kann, war diese Flöte noch nicht sehr anspruchsvoll. Aber ihr Auftauchen stellte den Anfang einer Entwicklung dar, die die Flöte zu einem ›ehrbaren‹ Instrument werden ließ, dem die seriösen Komponisten ihre Aufmerksamkeit zuwenden konnten. Der Pfeifenspieler erzeugte eine Tonleiter, indem er die gegriffenen Töne überblies, um den zweiten und dritten Naturton zu erreichen. C, D, E und F stellten die zweiten Teiltöne dar, G, A, H und C die dritten.

Etwa zur gleichen Zeit tauchten zwei andere Flöten auf. Von Osteuropa gelangte die Querflöte nach Deutschland, wo sie sich im 12. Jahrhundert ausbreitete. Als Querpfeife wurde sie zusammen mit einer Trommel im 15. Jahrhundert sowohl zu militärischen Zwecken als auch zu festlichen Anlässen häufig gespielt. Inzwischen breiteten sich Schnabelflöten von Süden nach Norden aus. Das waren Kernspaltflöten, vergleichbar der Blockflöte, die im 14. Jahrhundert als eine Weiterentwicklung ähnlicher früherer Instrumente allgemein gebräuchlich wurde.

Die Blockflöte wurde für lange Zeit das vorherrschende Instrument.

2.
Die Blockflöte

Henry Bolingbroke, später Heinrich IV. von England, ließ im Jahre 1388, als er noch Earl of Derby war, eine Haushaltsabrechnung aufstellen. Zum Inventar gehörte unter der Bezeichnung *fistula nomine ricordo* eine Pfeife, die *recorder* genannt wurde. Das ist allem Anschein nach der früheste Beleg für diesen Namen, der für dieses Instrument im Englischen üblich werden sollte.

In der Zeit ihrer Popularität, vom 14. bis zum 18. Jahrhundert, erwarb sie sich noch einige andere Namen: *flûte à bec,* weil das Mundstück einem Schnabel glich, *flûte douce* wegen der Sanftheit ihres Tones, *Englische Flöte,* weil sie in England außerordentlich beliebt war. Als sie ihre endgültige Form noch nicht erhalten hatte, hieß sie eine Zeitlang *flûte à trois trous.* Sie führte diesen Namen noch, als sie schon die sechs Grifflöcher des modernen Instruments besaß. Es gab auch noch andere Namen, die uns jedoch nicht zu interessieren brauchen.

Noch verwirrender als der Umstand, daß unsere Vorfahren einem Instrument sechs Namen gaben, war es, sechs Instrumenten einen Namen zu verleihen. Mit ›Flöte‹ meinten sie im 17. Jahrhundert in der Hälfte der Fälle die Blockflöte (englisch *recorder*), und ›Pfeife‹ (englisch *pipe*) konnte sich auf irgendein hohes Holzblasinstrument beziehen. In Shakespeares Theaterstück bietet Hamlet Güldenstern eine Blockflöte an mit der Aufforderung: »Will you play upon this pipe?« Purcell bezeichnete im 17. Jahrhundert die Blockflöte mit *the flute,* obwohl Samuel Pepys im Jahre 1668 (als Purcell neun Jahre alt war) in sein Tagebuch eintrug, daß er eine *recorder* gekauft habe. 1780 erschien dem gelehrten Musikhistoriker Dr. Burney der Name *recorder* ein Rätsel, obwohl ihm das Instrument unter dem Namen *the common flute* geläufig war. Wenn Bach oder Händel ›Flöte‹ oder ›flauto‹ schrieben, meinten sie die

Altblockflöte. Wünschten sie eine Querflöte, so verdeutlichten sie dies.

Die Entwicklung der Blockflöte

Sebastian Virdung illustrierte in seinem Buch über Musikinstrumente (1511), gewidmet dem Bischof von Straßburg, den Abschnitt über die Blockflöte mit einem Holzschnitt. Obwohl ziemlich undeutlich, zeigt die Abbildung das Instrument mehr oder weniger so, wie wir es heute kennen. Die Blockflöte hatte also zu Beginn des 16. Jahrhunderts ihre Entwicklung abgeschlossen.

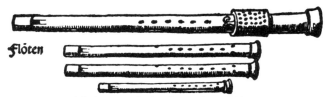

Blockflötenconsort aus Virdungs »Musica Getuscht«, 1511

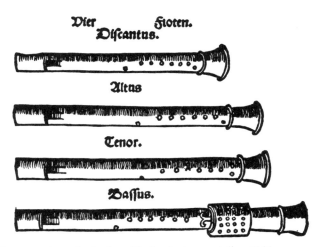

Blockflötenconsort aus Agricolas »Musica Instrumentalis«, 1528

22

Zu dieser Zeit genoß die Blockflöte großes öffentliches und soziales Ansehen, obwohl sie anfangs ein Instrument der Unterschicht war und die meisten Stufen ihrer Entwicklung während dieser plebejischen Phase ihrer Karriere durchlaufen hatte.

Zunächst wurden die Blockflöten (genau wie Querflöten) aus einem Stück Holz geschnitten. Aber man entdeckte bald, daß man die Bohrung für den Luftkanal verbessern konnte, wenn das Instrument aus zwei Teilen bestand, einem Korpus und einem Fuß. Der Fuß besaß einen Zapfen, der in den Korpus paßte.

Noch früher muß der technische Fortschritt stattgefunden haben, der aus der Blockflöte das machte, was sie ist: die Einführung des Kerns oder Blocks im Mundstück, der den Kopf schließt und nur einen kleinen Luftkanal offen läßt, durch den die Luft gegen die ›Lippe‹ – das ist eine abgeschrägte Kante in der Luftöffnung – gerichtet wird.

Grifflöcher wurden etwas später eingeführt, aber noch vor dem Aufstieg der Blockflöte in die ›High Society‹. Als sie noch ein Instrument der Volksmusik war, bekam sie drei Grifflöcher und wurde in derselben Weise gespielt wie der Schwengel. Zu der Zeit, als Henry Bolingbroke sie unter seinen Haushaltsgegenständen auflistete, hatte sie sieben Löcher, sechs gleiche vorne und ein Daumenloch hinten in der Nähe des Fußes, um dem Spieler das Überblasen in die zweite Oktave zu erleichtern.

Die sechs Grifflöcher ermöglichten es, zwei völlig chromatische Oktaven so einfach zu erzeugen, daß jedes Kind es lernen konnte. Trotzdem gab es noch Probleme: Zu starkes Blasen trieb den Ton nach oben, zu leichtes ließ ihn zu tief werden. Wenn die Löcher zu groß waren, riefen sie zu tiefe Töne hervor, wenn sie zu klein ausfielen, zu hohe. Wenn man richtig geschnittene Löcher nur halb schloß, ergaben sie einen Halbton anstatt eines Ganztons, so daß eine Art halbschließende Fingertechnik von Nutzen war. Die meisten Spieler zogen es jedoch vor, Halbtöne durch eine Methode zu erzeugen, die als *Gabelgriff* bekannt ist. Diese Technik wurde von den Spielern der Holzblasinstrumente bis zur Mitte des 19. Jahrhunderts, als Theobald Boehm einige Verbesserungen in den Flötenbau einführte, bevorzugt.

Gabelgriffe funktionieren folgendermaßen: Schließt man alle sechs Löcher, erklingt der tiefste Ton der Pfeife. Damals war es gewöhnlich ein D. Öffnet man das unterste Loch (das vom Mundstück am weitesten entfernte), so erklingt der nächsthöhere Ton, ein E. Öffnet man zwei Grifflöcher, erklingt wieder der nächsthöhere Ton, ein Fis, das damals aber nicht rein war. Benötigt man ein F, muß das unterste Loch geschlossen und das nächsthöhere geöffnet werden. Für ein G werden die drei untersten Löcher geöffnet. Schließt man die beiden unteren Löcher, wird das G zu Fis erniedrigt. Dieselbe Methode wird angewandt, um mit den geschlossenen D-, E-, F- und G-Löchern die obere Hälfte der Tonleiter zu spielen. Beim A wird das vierte Loch geöffnet und beim H das fünfte. Dagegen wird das B erzeugt, indem man das vierte und fünfte Loch öffnet, Cis, indem man das sechste, aber C, indem man sowohl das fünfte als auch das sechste Loch öffnet. Kurzum, indem man zwei nebeneinander liegende Grifflöcher öffnet, wird der Ton des oberen um einen Halbton erniedrigt. Wie schon erwähnt, wird die zweite Oktave durch Überblasen erzeugt.

Zwei Eigenschaften mögen es gewesen sein, die die Blockflöte für lange Zeit so beliebt machten. Erstens: für ein Zeitalter der Amateurmusik war es das ideale Instrument. Sie hatte keine komplizierte Mechanik, und der Spieler mußte keinen besonderen Ansatz lernen. Er nahm das Mundstück einfach zwischen seine Lippen und blies. Zweitens: die zarte Reinheit ihres Tons, der bei allen Stimmungen in der Musik gleich blieb und durch den Spieler nicht beeinflußbar war, hatte ihren Reiz. Die Einfachheit des Klangs, scheinbar ohne Partial- oder Obertöne, war unabhängig von der Kenntnis, Geschicklichkeit und sogar Technik des Spielers. Man könnte sagen, wenn die Flöte das natürlichste unter den Instrumenten ist, dann ist die Blockflöte die natürlichste unter den Flöten.

Blockflöte aus dem frühen 15. Jahrhundert (Gemeente Museum, Den Haag)

24

Blockflötenconsorts

Gerade wegen ihres Klangcharakters fehlt der Blockflöte ein gewisses Etwas, das sie zum Soloinstrument geeignet machen würde. Für unsere Vorfahren stellte das kein Problem dar. Im 15. Jahrhundert spielte man instrumentale Polyphonie. Instrumental-*Consorts*, wie sie genannt wurden, waren die Pop-Gruppen jener Zeit. So tauchte die Blockflöte als nächste Stufe ihrer Entwicklung in verschiedenen Größen auf. Drei oder vier von ihnen konnten zusammen spielen, jede in einer anderen Lage und, wie Sänger, verschiedene Stimmen übernehmen. Das Hauptinstrument war die Altflöte. Höher gestimmt waren die Diskantflöte (Sopranflöte) und das Sopranino oder Exilent. Tiefer gestimmt waren die Tenorflöte, die Baßflöte und, gelegentlich für den voluminösen Klang gebraucht, die Großbaßflöte.

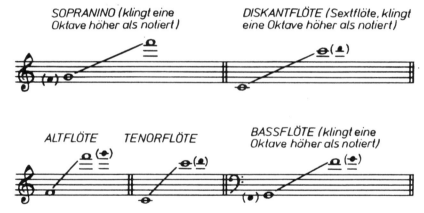

Am Ende des 16. Jahrhunderts wurden auch folgende Flöten gebaut:

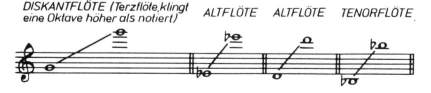

Mit all diesen Stimmlagen konnte man praktisch den ganzen Stimmumfang eines Chores wiedergeben, aber – und das war der besondere Beitrag der Blockflöte zum Ensemblespiel – mit einer völligen Homogenität des Tones von der tiefsten bis zur höchsten Lage.

Herzog Philip von Burgund, Regent von 1419 bis 1467, hörte im Jahre 1437 ein Quartett von *Fleute*-(d. h. Blockflöten-)Spielern, das wahrscheinlich aus zwei Altflöten und zwei Tenorflöten bestand. Es mußte noch eine Generation vorübergehen, ehe die Baßstimme und ihr Register ernst genommen wurden. Im nächsten Jahrhundert bestand ein typisches Consort aus einer Altflöte, zwei Tenorflöten (eine spielte eine Altstimme) und einer Baßflöte. Als Heinrich VIII. im Jahre 1547 starb, wurde eine Liste seiner Musikinstrumente erstellt. Das Inventar zeigt, daß er 72 Querflöten und 76 Blockflöten besaß, die in Consorts aufgeteilt waren. Die Baßflöten wurden hingegen gesondert aufgelistet.

Die Musikleidenschaft König Heinrichs ist fast so bekannt wie seine Leidenschaft für das Heiraten, aber er war bei weitem nicht der einzige, der Musikinstrumente sammelte und Musikern eine Anstellung gab. Während der ganzen Tudorzeit vergrößerte sich die Anzahl der Holzbläser und Streicher am Königlichen Hof. Die Namen einiger Musiker sind noch heute überliefert. Elisabeth I. hatte einen Flötisten, der Guys hieß, und einige Blockflötenspieler wie Lanier und Parker. Dazu standen ihr noch sechs Schalmeispieler zur Verfügung, die alle, wenn es die Gelegenheit erforderte, wie Guys die Blockflöte spielen konnten. Das Musikleben in England florierte nicht nur am Hof. Die Kytsons aus Kengrave Hall in Suffolk z. B. waren eine ganze Familie von Musikliebhabern. Zu Beginn des 17. Jahrhunderts beschäftigten sie den großen Madrigalisten John Wilbye als Hauskomponisten für Familienfeste. Und natürlich sammelten sie Musikinstrumente, darunter einen Kasten mit sieben Blockflöten, wahrscheinlich alle in verschiedenen Lagen, und einige *Flewtes* – der ›Hit‹ in der damaligen Zeit. Dennoch mußte eine lange Zeit vergehen, ehe die Flöte die Blockflöte verdrängte.

26

Aus einer »Air« von Thomas Morley

Zur Geschichte der Blockflöte im Deutschland des 16. Jahrhunderts

Gegen Ende des 16. Jahrhunderts kamen aus England Komödiantentruppen nach Deutschland. Ihre Tänze übten einen starken Einfluß auf die Tanzmusik der Folgezeit aus. Bei den Vorführungen spielte Musik eine große Rolle, wobei die Blockflöte nicht gefehlt haben wird. Sie wird allerdings nicht namentlich erwähnt, nur unter den üblichen Sammelbezeichnungen aufgeführt; so etwa in dem Bericht vom Besuch einer englischen Schauspiel-

27

truppe in Münster/Westfalen im Jahre 1599. Hier wird mitgeteilt, daß die Engländer auf »luten, zittern, fiolen, pipen und dergleichen« gespielt hätten.

Auch in Deutschland waren in jener Zeit die Blasinstrumente und besonders die Blockflöte die bevorzugten Instrumente. Aus den letzten Jahrzehnten des 16. Jahrhunderts liegen einige Kapellen-Inventare vor. Im Nachlaß des Grafen Fugger (1528–1569; das Verzeichnis stammt von 1572) finden sich unter 227 Blasinstrumenten 111 Flöten. Die Stuttgarter Hofkapelle im Jahre 1589 besaß 635 Instrumente, davon waren nur 39 Instrumente Geigen und Violen, 507 Blasinstrumente, davon 299 Flöten.

In bürgerlichen Kreisen hatten die Flöten ebenfalls Bedeutung. Die Aufstellung der Hinterlassenschaft eines Georg Dockler aus Leipzig vom April 1577 nennt u. a.: »1 Futter mit 3 gar kleinen Flöten, 1 Futter mit Querpfeifen, 1 Futter mit zween Querpfeifen.«

Das 17. und 18. Jahrhundert

Die Entwicklung des klassischen Orchesters im 18. Jahrhundert ließ die Blockflöte endgültig aus der Mode kommen. Für das Orchester, im Gegensatz zum Ensemble, eignete sich die Blockflöte nicht besonders gut. Vielleicht lag die Ursache darin, daß ihre Entwicklung schon abgeschlossen war. Das Instrument, das J. S. Bach kannte, war in fast jeder Hinsicht mit den Instrumenten, denen Philip von Burgund und Heinrich VIII. schon zugehört hatten und die auch heute noch von zahllosen Schulkindern gespielt werden, identisch. Nichts wurde unternommen, um den Umfang von zwei Oktaven zu erweitern und die begrenzten dynamischen Möglichkeiten zu verbessern.

Doch blieb sie während der ganzen Zeit überall in Europa zugänglich und populär. In England wurde zwar der Name *recorder* ungebräuchlich, das Instrument jedoch nicht. Samuel Pepys spielte schon das Flageolet (die französische Version der englischen Diskantflöte mit einer kugelförmigen Ausbuchtung unter dem Mundstück), als er am 27. Februar 1668 das Stück »The Virgin Martyr« sah. Er hielt nicht viel von dem Stück, war aber von seiner »wind musique« hingerissen. Er kaufte sich und seiner Frau sofort eine Blockflöte. Bis weit ins 17. Jahrhundert wurden die populären Lieder mit einer Blockflötenstimme, die unter die Melodie- und Baßstimme gedruckt war, verkauft.

Die Orchester Bachs, ob in Weimar, Köthen oder Leipzig, unterschieden eindeutig Blockflöten und Querflöten, da Bach immer genau bezeichnete, welche er wünschte. Die Anweisung *flauto* oder *flûte à bec* bedeutet in seinen Partituren die Altblockflöte; die moderne Flöte nannte er *flauto traverso* oder im Französischen *flute traversière*, seltener auf deutsch *Traversflöte* oder *Querflöte*. Querflöten tauchen in seinen Partituren erst nach einem Besuch in Dresden 1730 auf. Man kann annehmen, daß er sie dort im Opernhaus zum ersten Mal bemerkenswert gespielt hörte.

Bach schrieb nie etwas für Querflöten und Blockflöten gemeinsam. Das lag wahrscheinlich daran, daß diese Instrumente von denselben Musikern gespielt wurden. Die Musiker, die in der Gethsemane-Meditation der Matthäuspassion auf der Blockflöte wehklagten, waren dieselben, die zu dem Chorus »Lasset ihn kreuzigen« desselben Oratoriums auf den Querflöten höhnisch kicherten.

Aber diese wandelbaren Gefährten waren nicht die professionellen *Stadtpfeifer* oder Stadtmusikanten. Im Jahre 1730 sandte Bach eine Eingabe an seine Arbeitgeber, die Ratsherren von Leipzig. Darin machte er darauf aufmerksam, daß er für Instrumente wie Flöten, die so wichtig für die moderne Musik waren, auf Studenten oder seine Chorjungen angewiesen war.

Bach benutzte Blockflöten hauptsächlich für besondere Effekte. Er setzte sie aber auch im zweiten und vierten Brandenburgischen Konzert ein, die er in Köthen vor seiner Leipziger Anstellung schrieb. Wie wir sehen werden, hat er noch viele wichtigere Werke der Querflöte anvertraut, für die er auch das fünfte Brandenburgische Konzert geschrieben hat.

Wie Bach komponierte auch Händel für beide Flöten. Er machte ebenfalls deutlich, welche Flöte er wünschte. Wenn er die Querflöte verlangte, schrieb er *Deutsche*, um sie von der Blockflöte zu unterscheiden. Seine italienischen Kantaten sind mit einigen attraktiven Blockflötenstimmen versehen. Aber wahrscheinlich ist sein berühmtestes Stück für dieses Instrument das sprühend komische Obligato für Sopranino in Polyphemus' Arie »O rosig wie die Pfirsche« aus »Acis und Galathea«. Hier ist der Widerspruch zwischen wichtigtuerischem Baß und dem fröhlichen Pfeifen des Sopraninos wundervoll ausgeführt.

Der Belgier Jean-Baptiste Loeillet war bis 1730 Händels Solo-Oboist. Seine Zeitgenossen hielten ihn für den ersten, der die

O rosig wie die Pfirsche O süßer als die

Kirsche O ˙rosig wie die Pfirsche O

Deutsche Flöte in England spielte. Das ist sicher nicht ganz richtig. Aber Loeillet wird der erste gewesen sein, der sie in einem öffentlichen Konzert vor einem zahlenden Publikum einsetzte. Wie es auch gewesen sein mag, er hat durch Kompositionen und Konzerte viel zu ihrer Popularität beigetragen. Er veranstaltete bei sich zu Hause wöchentlich Konzerte für ein elegantes Publikum. Die Mitspieler waren Amateure der gehobenen Gesellschaft, die sich, laut John Hawkins' »General History of the Science and Practice of Music«, für seine freundliche Anleitung dankbar erwiesen. Mit anderen Worten, sie zahlten ihm reichlich für dieses Privileg.

Loeillet arbeitete mit am Untergang der Blockflöte, obwohl er sie noch spielte und für sie schrieb. Zu seinen wichtigen Kompositionen zählen Sammlungen von Sonaten für Blockflöte und Continuo und eine Anzahl von Stücken, in denen Blockflöten mit Oboen und Streichern kombiniert werden. Nach seinem Tod wurde sein Platz als größter Flötist seiner Zeit von einem anderen Einwanderer vom Kontinent übernommen. Es handelte sich um Carl Friedrich Weidemann, der etwa 1726 nach England kam und 1782 starb. Im Gegensatz jedoch zu Loeillet, der noch beide Flöten verwendete, war Weidemann sowohl als Spieler als auch als Komponist ein reiner Querflötist.

Für die Blockflöte wurde nun endgültig nichts mehr verfaßt. Der letzte Komponist, der ausführlich für die Blockflöte schrieb, war Telemann. Er komponierte viele Werke für Amateurmusiker in Hamburg. Sie reichen von heiteren, freundlichen und redseligen, aber nichtssagenden Stücken bis zu einer Musik von zwingender Kraft und Tiefe. Telemann starb 1767. Nur wenige Jahre später schrieb der deutsche Komponist, Organist und Dichter Christian Friedrich Daniel Schubart der Blockflöte ein Epitaph: »Dieses Instrument wird wegen seines leisen Tons und beschränkten Umfangs kaum noch gebraucht.«

Erst im zwanzigsten Jahrhundert wurde sie durch den englischen Instrumentenbauer Arnold Dolmetsch wieder popularisiert. Bis dahin jedoch hatte die Querflöte die Blockflöte mehr als nur ersetzt.

3.
Die Entwicklung der Querflöte

Fast zwei Jahrhunderte vor Telemanns Tod – um genau zu sein, im Jahre 1599 – wurde der Querflöte eine Prophezeiung zuteil. In jenem Jahr veröffentlichte Thomas Morley das erste Stück, das ausdrücklich für *broken Consorts* (gemischte Consorts) bestimmt war. Es handelte sich dabei um Ensembles von verschiedenen Instrumenten und nicht, wie vorher beschrieben, von einem Instrument in verschiedenen Größen. Die Querflöte, so führte dieser feinsinnige Musiker aus, ließe sich besser mit Streichinstrumenten kombinieren als die Blockflöte. Seine Stücke, die er »Ensembleübungen« taufte, waren für zwei Violen, drei Lauten in verschiedenen Lagen und, falls vorhanden, eine Querflöte gesetzt. Die Blockflöte als Instrument war für Morley aber immer noch so wichtig, daß er sie als Alternative für die sechste Stimme zuließ. (Übrigens hat Morley das Wort »Übung« in dem gleichen Sinne verwendet wie Chopin den Ausdruck »Etüde« – das Stück soll schön zu spielen und anzuhören sein, wobei der Spieler aber ein bestimmtes Problem zu bewältigen hat.)

Querflöten wurden ebenfalls in Consorts gespielt, wie man der Haushaltsabrechnung Heinrichs VIII. entnehmen kann. Gewöhnlich setzte sich ein Consort aus einer Altflöte, einer Tenorflöte (diese kommt der heutigen Querflöte am nächsten) und einer Baßflöte zusammen. Diese Flöten verfügten über einen kräftigeren Ton als die Blockflöten, und da sie hauptsächlich im tiefen Register gespielt wurden, müssen diese Ensembles wunderbar voll geklungen haben.

Die Querflöte war natürlich wesentlich schwieriger zu spielen als die Blockflöte. Bei der Blockflöte wird der Ton durch den Block und den schmalen Spalt im Mundstück geformt. Diese Funktionen müssen bei der Querflöte die Lippen des Spielers übernehmen. Ein Blockflötenspieler, mag er auch ein hervorragender Musiker sein, mit perfekter Intonation und eleganter und gewandter Phrasierung der Musik wird niemals den Klang des Instruments variieren können. Der Querflöte dagegen ist eine ganze Skala interessanter und reizvoller Klangfarben eigen, ein kräftiger Ton und eine Ausdrucksbreite, die von gespenstisch hohlen Klängen in der Tiefe bis zu spitz schneidenden Tönen in der Höhe reicht. Jedoch – und darin liegt das Problem – hängt die Expressivität ausschließlich vom Geschick des Spielers ab.

Einige außerordentliche Interpreten halfen der Querflöte, sich mit ihren vielfältigeren Möglichkeiten und ihrer größeren Ausdruckskraft als Orchester- und Soloinstrument gegenüber der Blockflöte durchzusetzen.

Die französischen Neuerungen

Im 17. und 18. Jahrhundert war die französische Kultur für ganz Europa bestimmend. Und da Blasinstrumente und zunehmend die Querflöte am französischen Hof so beliebt waren, wirkte sich dies auf andere Länder (und deren Musiker) stark aus.

Jean Baptiste Lully verwendete 1678 die Querflöte in seiner Ballettmusik »Der Triumph der Liebe«. Dies kann man als den Beginn ihrer Geschichte betrachten. Doch bevor die Querflöte öffentliche Anerkennung fand, hatte sie schon einige Entwicklungen durchlaufen. Wir wissen, wie die Querflöte – oder wenigstens eine Querflöte – zu Beginn des 17. Jahrhunderts ausgesehen hat. Ein gelehrter Geistlicher, Marin Mersenne, beschrieb – wie er sie charakterisierte – »eine der besten Flöten der Welt« in seinem 1637 erschienenen Buch »Harmonie Universelle«. Er illustrierte den Text mit einem Holzschnitt, der das Instrument merkwürdigerweise leicht gekrümmt zeigt. Ob es sich aus irgendeinem Grunde verbogen hatte oder etwas mit dem Holzschnitt nicht in Ordnung war, wird nicht erklärt.

Mersenne hat aber einige technische Daten des Instruments notiert: Die Querflöte war 59,56 cm lang. Das Mundloch befand sich

De la Barre mit weiteren Musikern, Tornière zugeschrieben, 1710

8,12 cm vom oberen Ende der Flöte und 18,04 mm vom Korken. Die Größe der Grifflöcher variierte von 0,12 bis 0,57 cm. Das Instrument war in D gestimmt, daher mußten die Töne der anderen Tonarten entweder mit Gabelgriffen oder durch teilweises Bedekken der Löcher gespielt werden. Die Tonlöcher für E und A waren nicht an ihren eigentlichen Stellen in die Flöte geschnitten, sondern weiter oben, damit der Spieler sie greifen konnte. Zur Korrektur der Stimmung fielen diese Löcher kleiner aus als die übrigen.

34

Ein guter Spieler erzielte auf dieser Flöte zweieinhalb chromatisch fast vollständige Oktaven, was jedoch von der Beherrschung des Ansatzes abhing. Das Luftband mußte für die zweite Oktave halb so breit sein wie für die erste und für die Töne oberhalb der zweiten Oktave halbiert werden. Dieses Instrument erforderte große Geschicklichkeit. Mit ungeübten Fingern und einer ungenügenden Intonation war man ihm nicht gewachsen. Einige Jahre später gab es eine weitere Neuerung. Theoretisch wird durch jedes neue Loch der Tonumfang des Instruments erweitert. Allerdings kann man nicht beliebig viele Tonlöcher hinzufügen. Eine Einschränkung liegt in der allgemeinen Handgröße, eine zweite in dem damaligen Wunsch, die Stimmlage des Instruments nicht zu verändern, und eine dritte in der geringen Bereitschaft, ein neues Griffsystem zu entwickeln. Trotzdem erhielt die Flöte gegen 1660 in der Mitte zwischen dem untersten Griffloch und dem offenen Ende der Flöte ein neues Tonloch. Mit ihm konnte das Dis gespielt werden (und selbstverständlich seine Teiltöne), das vorher nur mit Gabelgriffen erzielt werden konnte, mit unklarem und dünnem Klang. Man hatte schon vorher gelegentlich Klappen an Flöten angebracht (sowohl an Block- als auch an anderen Flöten), um Tonlöcher bedienen zu können, die außerhalb der Reichweite der Finger lagen. Dieses erfolgte auch jetzt; das Dis-Tonloch erhielt eine Klappe, die durch den kleinen Finger der rechten Hand betätigt wurde. Durch Loslassen der Klappe wurde das Tonloch mit Hilfe einer Feder geschlossen.

Traversflöte aus Mersennes »Harmonie Universelle«, 1637

Eine weitere französische Erfindung war, die Flöte konisch auszubohren. Zu jener Zeit bestanden die Flöten aus drei Teilen, einem Kopf, einem Korpus und einem Fuß, dessen Durchmesser an der Verbindungsstelle zum Korpus 1,82 cm und am anderen Ende

35

1,14 cm betrug. Die Tonlöcher waren schmaler als bei der von Mersenne beschriebenen Flöte.

Trotz all dieser Verbesserungen blieb die Intonation auf den Flöten problematisch, was mit dem Material der Instrumente zusammenhing. Damals verwendete man vorzugsweise Buchsbaum, sehr schön im Aussehen, weich und süßlich im Klang. Buchsbaum nimmt aber die Atemfeuchtigkeit leicht in sich auf, wodurch das Holz quillt und die Töne falsch klingen. Als Alternative zog man Elfenbein heran, das sich aber an den Lippen unangenehm anfühlte. Auch Metallflöten hatten nicht nur Vorteile. Ein Nachteil ist, daß die Raumtemperatur sich auf sie auswirkt.

Querschnitt einer Barockflöte, der die konische Bohrung verdeutlicht

Abgesehen vom Material hing die Intonation damals (und hängt in gewisser Weise auch heute noch) von zwei Dingen ab: Zum einen mußten die Grifflöcher exakt geschnitten sein, zum anderen mußte der Spieler die Finger exakt auflegen. Sowohl dem Instrumentenbauer als auch dem Spieler wurde höchste Präzision abverlangt.

Ursprünglich war die Größe der Tonlöcher – wie bei der Blockflöte – so bemessen, daß der Spieler die Töne bequem greifen konnte. Größere Tonlöcher ermöglichten ihm, die Intonation innerhalb einer großen Bandbreite zu korrigieren. Jedoch klangen die vorgezeichneten Töne, die durch Gabelgriffe erzeugt wurden, nicht sehr gut. Nach der Erfindung der Dis-Klappe verkleinerten die Flötenbauer die Tonlöcher zur Verbesserung der Intonation. Bis zur sauber intonierenden Flöte war es allerdings noch ein weiter Weg.

Noch im Jahre 1776 schrieb Sir John Hawkins: »Die Deutsche oder Traversflöte erfreut sich noch immer gewisser Wertschätzung bei einigen Herren, deren Ohren nicht fein genug sind, um sie darüber zu informieren, daß diese Instrumente niemals richtig intonieren.« Man sagt, sein Zeitgenosse Mozart mochte die Flöte wegen ihrer schlechten Intonation nicht. Aber die wunderbaren Werke, die er für sie geschrieben hat, deuten eher darauf hin, daß er die vielen durchschnittlichen Spieler nicht leiden konnte. Dr. Burney, der Europa bereiste, um musikgeschichtliche Forschungen zu betreiben und möglichst viel Musik zu hören, beklagte, daß die Holzblasinstrumente überall dazu neigten, nicht zu stimmen. Zu der Zeit dieser drei Gentlemen unterschied sich die Flöte bereits beträchtlich von dem Instrument von vor 1660.

Doch zurück ins 17. Jahrhundert. Die neue konische Flöte mit der Dis-Klappe ist wohl eine Erfindung der Familie Hotteterre in Paris, einem Vater, vier Söhnen und einem Enkel. Die Qualität ihres Spiels stand der ihrer Instrumente in nichts nach. Ihnen wird ebenfalls die Erfindung der Oboe zugeschrieben; sie beherrschten die französische Holzbläser-Szene und begründeten die französische Herrschaft in Europa.

Für Flötisten ist der Enkel Jacques-Martin der bedeutendste aus der Familie Hotteterre. Er trug den Beinamen »le Romain«, weil er einige Zeit in Rom lebte. Ludwig XIV. stellte ihn aufgrund seines hervorragenden Flötenspiels als Solisten in der Königlichen Kapelle an. Scharen von Adligen nahmen bei ihm Unterricht. Er veröffentlichte die erste Flötenschule und schrieb sehr viele Stücke für dieses Instrument. Hotteterre le Romain trug im besonderen Maße zur Popularität der Flöte im Frankreich des 18. Jahrhunderts bei. In seiner »General History of the Science and Practice of Music« schreibt John Hawkins ihm das Verdienst zu, daß die höhere Gesellschaftsschicht in Frankreich von der Blockflöte zur Querflöte wechselte – mit dem Ergebnis, daß die Blockflöte zu einem Instrument von »Kaufmannslehrlingen« herabsank.

In Hotteterres Lehrbuch »Les principes de la flûte traversière« (1707) sind zwei Instrumente abgebildet, die aus vier Teilen bestehen: einer Kappe mit dem Korken, einem Kopfstück, einem Mittelstück mit sechs Grifflöchern, das sich zum Fuß mit dem Dis-Loch und der Klappe hin verengt. Die Verbindungspunkte waren natürlich Schwachstellen, die mit einem dekorativen Ring, meist aus Elfenbein, verstärkt wurden.

Pierre-Gabriel Buffardin, geboren in Marseille, war ein weiterer wichtiger französischer Flötist der damaligen Zeit, der die französische Flötenkunst über die Grenzen hinaus verbreitete und ihren Ruhm vermehrte. 1715 wurde er Soloflötist im Hoforchester des Köngis von Sachsen in Dresden. Er war es noch, als Johann Sebastian Bach die sächsische Hauptstadt besuchte; Bach hat wohl die Partita in a-Moll für Flöte solo für ihn komponiert. Man kann da-

Abbildung aus Hotteterres »Principes de la flûte traversière«, 1707

von ausgehen, daß Buffardins Genialität über die Schwächen des einklappigen Instruments triumphierte. Im Jahre 1741 wurde sein Gehalt verdoppelt, was seinen damaligen Marktwert eindrucksvoll dokumentiert.

Frankreich hat nicht nur die Flöte technisch weiterentwickelt, sondern auch Flötenvirtuosen und zahlreiche Werke für die Flöte hervorgebracht. Diese drei Dinge griffen ineinander: Bessere Flöten ermöglichten ein besseres Spiel, was die Komponisten veranlaßte, mehr und interessantere Stücke für die Flöte zu schreiben. Dieses wiederum führte zu weiteren Verbesserungen an den Instrumenten. Die von Frankreich ausgehende Entwicklung fand ihre Fortsetzung weiter östlich in einer bemerkenswerten Verbindung: zwischen Johann Joachim Quantz und seinem Brotherrn, dem Preußenkönig Friedrich dem Großen.

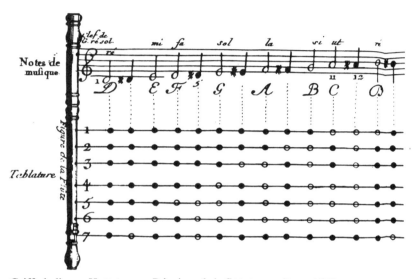

Grifftabelle aus Hotteterres »Principes de la flûte traversière«, 1707

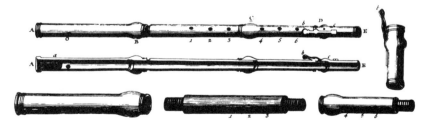

Abbildung aus Diderots »Encyclopédie« mit einer vierteiligen Flöte

Johann Joachim Quantz

Was uns Flötisten betrifft, besaß in dieser Verbindung Quantz die größeren Anteile. Jedoch wurde Quantz' Leistung durch Friedrich den Großen, der selbst kein schlechter Musiker war, erst ermöglicht. Es hätte aber auch genausogut ein anderer Monarch sein können, denn die deutschen Fürsten haben sich um die Dienste des großen und erfindungsreichen Flötenbauers, Flötisten und Komponisten gerissen.

Quantz schraubte die Ansprüche an die Intonationsreinheit in eine für seine Zeitgenossen unerreichbare Höhe. Auf der mechanischen Ebene lag sein Verdienst darin, daß er eine weitere Klappe an der Flöte anbrachte, einen Stimmzug zur Verbesserung der Intonation erfand und die Genauigkeit bei der Bohrung des Mundlochs und der Fingerlöcher erhöhte. Wenden wir uns seiner abwechslungsreichen Laufbahn zu.

1697 in Oberscheden bei Göttingen als Sohn eines Hufschmieds geboren, begann seine Karriere auf eine für Flötisten untypische Weise: Als Kind spielte er Kontrabaß. Die Ausbildung zum Musiker erhielt er – wie damals üblich – als Lehrling in der Zunft der Stadtmusikanten. Während seiner Lehrzeit erlernte Quantz noch einige andere Instrumente wie Geige und Harfe. Nach diversen Anstellungen in verschiedenen Städten, Dresden eingeschlossen, ging er im Alter von zwanzig Jahren nach Wien, um Kontrapunkt zu studieren. 1718 wurde er als Oboist an der Königlich Polnischen Kapelle angestellt. Etwa um diese Zeit begann er auch, die Flöte zu erlernen. Natürlich wählte er sich als Lehrer den berühmten Franzosen Buffardin.

Quantz erklärte später in seiner Autobiographie, daß er in den vier Monaten bei Buffardin »nichts als geschwinde Sachen« gespielt hätte, »denn hierinn bestund die Stärke meines Meisters«. Bei dieser Art von Musik konnte Quantz wohl am meisten von Buffardin profitieren. Quantz sollte später als Flötist und Komponist, der der Flöte ein breites und ansehnliches Repertoire gegeben hatte, berühmt werden. Er reiste nach Neapel und überzeugte Alessandro Scarlatti von den Qualitäten der Holzblasinstrumente

40

(auch Scarlatti hatte die Holzblasinstrumente wegen ihrer schlechten Intonation nicht sehr geschätzt). Anschließend ging Quantz nach Paris und fand die französischen Orchester unter Niveau. Er verabscheute die französische Methode, den Takt durch Aufschlagen eines Stocks auf den Boden anzugeben. Von den französischen Flötisten allerdings war er weiterhin beeindruckt. 1727 fuhr er nach London, lehnte indes Angebote von Händel und anderen, dort zu bleiben, ab. Er zog es vor, nach Dresden zurückzukehren und im Orchester des Königs von Sachsen zu spielen.

Daraufhin folgte ein herrschaftliches Tauziehen. Die Königin von Preußen wollte Quantz engagieren, der sächsische König wollte ihn aber nicht gehen lassen. Man erzielte einen Kompromiß: Quantz blieb in Dresden, konnte aber regelmäßig nach Berlin fahren, um dem preußischen Kronprinzen, später sollte er Friedrich der Große heißen, Flötenunterricht zu erteilen. Als Friedrich 1740 König wurde, bot er Quantz ein Gehalt an, dem kein vernünftiger Mann widerstehen konnte. Der König von Sachsen war nicht bereit mitzuhalten. Zusätzlich erhielt Quantz ein Honorar für jede Komposition und 100 Dukaten für jede gebaute Flöte. Die Verbindung war zustande gekommen.

Quantz komponierte hauptsächlich für die Flöte, vor allem Konzerte (um die 300 und manche unter ihnen für zwei Flöten); 277 dieser Konzerte werden im Potsdamer Schloß aufbewahrt. Sie wurden in der Abfolge ihrer Numerierung in den Hofkonzerten aufgeführt, zwei pro Abend. Der Komponist dirigierte das Orchester, und der König spielte die Soloflöte. Die Reihenfolge der Kompositionen wurde strikt eingehalten. Wenn am Dienstagabend die Konzerte Nr. 276 und 277 dargeboten wurden, kamen am Mittwochabend die Konzerte Nr. 1 und 2 vom Anfang wieder an die Reihe. Friedrichs Stolz, lange Cantilenen spielen zu können, schlug sich in Quantz' Kompositionen nieder. Er schrieb noch eine große Anzahl von Suiten, Sonaten und Kammermusik für seinen unersättlichen Gönner.

Mit dem Flötenbau begann Quantz aus Mangel an guten Instrumenten. Die ersten Flöten fertigte er 1739 an, zwei Jahre bevor er dem Werben Friedrichs des Großen nachgab.

Da er selbst absolut sauber spielte, ging es ihm nicht um solche Verbesserungen an den Instrumenten, die weniger gute Spieler ebenso zu einem sauberen Spiel befähigt hätten. Anscheinend nahm er die grundsätzlichen Mängel der Flöten als eine gegebene Tatsache hin, die zum Flötespielen dazugehörte und der man nicht durch technische Verbesserungen abhelfen konnte.

Der Stimmton war ein weiteres Problem. Im 18. Jahrhundert existierte so etwas wie eine einheitliche Stimmung überhaupt nicht. Selbst heutzutage ist der Stimmton von Land zu Land verschieden; erst recht vor 200 Jahren war ein Instrument, das in der Stadt A stimmte, in dem Stimmton der Stadt B, einige Kilometer entfernt, nicht zu gebrauchen. Stimmte die Flöte mit den anderen Instrumenten überein, konnte sie womöglich nicht mit der Kirchenorgel zusammen gespielt werden. Denn der Stimmton in den Kirchen lag höher als in Konzertsälen und Opernhäusern. Eine Flöte wurde benötigt, die in jeder erforderten Stimmung gespielt werden konnte, gleichgültig, mit welchen Instrumenten und welche Temperatur in dem Saal oder in dem Theater herrschte.

Die Flötenbauer hatten schon vor Quantz versucht, das Problem zu lösen. Einige unter ihnen verlängerten die Zapfen der einzelnen Flötenteile, so daß zusätzliche Holzringe an den Verbindungsstellen eingefügt werden konnten und die Flöte dadurch tiefer klang. Dabei ergab sich die Schwierigkeit, daß sich die einzelnen Töne unterschiedlich veränderten. Setzte man die Holzringe auf, stimmten die Tonlöcher der rechten Hand nicht mehr mit den Tonlöchern der linken Hand überein. Andere, und das war das übliche System, teilten das Mittelstück in mehrere Teile, die in verschiedenen Längen auswechselbar waren. Auf diese Weise konnte die Flöte der jeweiligen Stimmung angepaßt werden. Auch dieses System warf Komplikationen auf, denn die Flöte stimmte aufgrund der veränderten Längenverhältnisse nicht mehr in sich.

Sehr erfahren, weit gereist und perfektionistisch machte sich Quantz an ein effektiveres System zur Lösung der Stimmprobleme. Er erfand den sogenannten Stimmzug, d. h., er verlängerte den Zapfen des Kopfstücks, der dadurch mehr oder weniger weit in das Mittelstück hineingeschoben werden konnte. Hierdurch war es möglich, den Ton um einen Viertelton zu erniedrigen. Auch das stellte nicht die endgültige Lösung aller Stimmungsprobleme dar, weil bei ganz ausgezogenem Stimmzug die Töne der dritten Oktave im Verhältnis zu denen der ersten Oktave zu tief gerieten. Quantz wußte, wenn man einen Teil der Flöte verlängerte, mußten auch die anderen Teile im selben Verhältnis dazu verlängert werden. Für die Überwindung dieser mechanischen Schwierigkeiten baute er weiterhin auf die Geschicklichkeit des Spielers bei der Tonformung und der Fingertätigkeit.

Theoretisch müßte die Position des Korkens (das ist der Pfropfen, der den oberen Teil der Röhre abschließt) für jeden Ton verschieden sein. Die Flötenspieler kannten schon lange das Problem, daß die Töne der zweiten Oktave zu flach und die der dritten unspielbar werden, wenn der Korken zu weit vom Mundloch entfernt ist. Die tiefen Töne der ersten Oktave fallen dagegen klarer und kräftiger aus. Ist der Korken jedoch zu nah am Mundloch, wird die zweite Oktave zu hoch; die dritte Oktave spricht leichter an, auch wenn sie etwas zu hoch klingt, und die unteren Töne geraten schwächer. Die Position des Korkens mußte daher einen Kompromiß bilden. Durch Versuche fand man heraus, daß sich die besten Resultate ergeben, wenn die Entfernung zwischen Korken und Mundloch seinem Durchmesser entspricht.

So sahen die Umstände aus, bevor Quantz folgende Erfindung gelang: Erniedrigt man mit dem Stimmzug die Töne, kann das durch geringes Verschieben des Korkens ausgeglichen werden. Quantz brachte deshalb eine Pfropfschraube an den Korken an, die am geschlossenen Ende der Flöte verdreht werden konnte. Das ermöglichte die winzigen Verschiebungen zum Ausgleich der Tonveränderungen durch den Stimmzug.

Dies übertraf alles Bisherige. Gleichzeitig beschäftigte sich Quantz mit Form und Größe des Blaslochs und der Grifflöcher. Ursprünglich waren die Blaslöcher rund. Diese Form wurde aber immer weniger gebräuchlich und verschwand Mitte des 19. Jahrhunderts ganz. Im 18. Jahrhundert kamen zusätzlich elliptische Blaslöcher auf, die Quantz aufgriff. Seine Blaslöcher waren 1,27 cm lang und 1,06 cm breit.

Quantz' dritte Erfindung bestand in einer zusätzlichen Klappe zur Unterscheidung von Dis und Es, weniger bedeutsam für die Stimmung als für die Verbesserung bestimmter Töne: für alle mit einem Kreuz vorgezeichneten Töne der ersten Oktave und das Gis der zweiten. Quantz verfaßte eine Flötenschule mit dem ›kurzen‹ Titel »Versuch einer Anweisung die Flöte traversiere zu spielen«. In diesem Buch werden nicht nur alle Aspekte des Flötenspiels im 18. Jahrhundert behandelt, sondern auch das Musikleben dieser Epoche anschaulich dargestellt. Es erläutert ebenfalls die unsichere Methode, Töne durch halbes Öffnen oder Schließen der Tonlöcher zu verbessern, und die Möglichkeit, durch Drehen der Flöte nach innen oder außen die Tonhöhe und -qualität zu verändern. Das wichtigste ist, so schreibt er, ein entwickeltes Gefühl für die Intonation zu erwerben. Zur Erfassung dieses Gefühls sollte der Spieler lernen, seine eigene Flöte zu bauen oder wenigstens zu stimmen. Ich kenne einige Flötisten, die sich dieser Philosophie angeschlossen und selbst Flöten gebaut haben.

Zusätzliche Klappen

Die Erfindung der Baßflöte im Jahre 1751 mag den Ausschlag für weitere Verbesserungen an der üblichen Konzertflöte gegeben haben. Die Baßflöte stammt wahrscheinlich aus Frankreich und wird im vierten Band der »Encyclopédie« von Diderot und d'Alembert beschrieben.

Zu jener Zeit war man schon imstande, auf der normalen Flöte durch zusätzliche Grifflöcher in der Tiefe bis zum C zu gelangen. Die neue Baßflöte war in G gestimmt, eine Quint unter der Standardflöte. Da sie wegen der tieferen Lage länger sein mußte, waren Klappen notwendig, was zu einem weiteren technischen Fortschritt im Flötenbau führte.

Das Kopfstück der in der »Encyclopédie« beschriebenen Flöte setzt sich aus zwei Teilen zusammen. Vom Mundloch läuft der Luftkanal in ein Metall*knie*, das ihn parallel zum Mundloch wieder zurückleitet und ihn dort mit dem Korpus der Flöte verbindet.

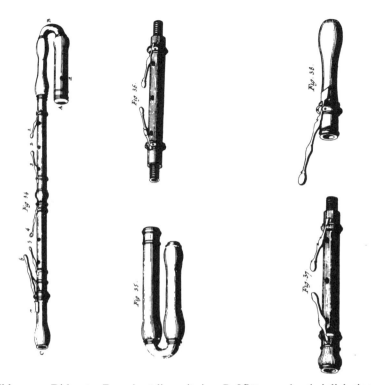

Abbildung aus Diderots »Encyclopédie« mit einer Baßflöte – wahrscheinlich eine
französische Erfindung

Das erste Mittelstück verfügt über drei Grifflöcher; die Grifflöcher für die rechte Hand befinden sich im zweiten Mittelstück, im
Fuß ist ein Tonloch für das Fis.

Diese Löcher liegen zum Greifen zu weit auseinander. Deshalb
wurden insgesamt fünf Klappen angebracht. Die Löcher für H
und E blieben offen, die anderen erhielten Klappen, einschließ-
lich des weit entfernt liegenden Fis am Fuß, das der Cis-Klappe an
der gebräuchlichen Flöte entspricht. Doch während man bei dieser die Cis-Klappe heruntergedrückt, um sie geöffnet zu halten, verhält es sich bei der Baßflöte umgekehrt: Die Klappe wird durch
eine Feder offen gehalten und durch Herunterdrücken geschlos-

sen. Die Klappenhebel liegen entlang des Instruments und sind so angebracht, daß man sie mit den auf die H- und E-Löcher gelegten Fingern bequem erreichen kann.

Diese Flöte weist einen Tonumfang von zweieinhalb Oktaven auf, ausgehend vom G eine Quinte unter der Standardflöte. Daher ist die Bezeichnung ›Baßflöte‹ falsch; in Wirklichkeit handelt es sich um eine Altflöte. Heutzutage wird sie auch so genannt, obgleich manchmal noch immer die Bezeichnung ›G-Baßflöte‹ fällt, um sie von der tieferen Baßflöte in C zu unterscheiden.

Um 1770 beschäftigte man sich mit dem Problem einer Flöte, auf der man alle Halbtöne ohne Gabelgriffe, durch die viele Töne verschleiert klangen, greifen konnte. Löcher wurden zwischen dem E und Fis gebohrt für das F; zwischen G und A für das temperierte Gis (As); zwischen A und H für das Ais (B). Für all diese neuen Töne wurden Klappen gebraucht. Der einzige Ton, den man noch mit einem Gabelgriff spielen mußte, war das C.

Die Klappen mit ihren Hebeln lösten einige Schwierigkeiten, schufen aber auch neue. Sie mußten dicht schließen, da sonst die Intonation litt, und mit diesem Problem befaßten sich die Flötenbauer bis in die vierziger Jahre des 19. Jahrhunderts. Andere Instrumentenbauer standen vor dem gleichen Problem, denn die Holzblasinstrumente entwickelten sich ähnlich. Eine andere Komplikation bestand in der Anbringung der Klappen und Hebel an dem Flötenrohr. Die Böcke oder Haltevorrichtungen lockerten sich öfters, so daß sie nicht gleich auf den Fingerdruck reagierten. Sehr gute Spieler blieben wahrscheinlich lieber der älteren Flöte mit all ihren Schwächen treu, als den Unsicherheiten einer technisch verbesserten Flöte ausgesetzt zu sein.

Es war vorauszusehen, daß das fehlende Tonloch für das C nachgeholt werden würde. Das geschah durch Johann Georg Tromlitz (1725 bis 1805), einem Leipziger Flötenbauer, der auch als Solist sehr bekannt war, obwohl er vermutlich niemals einen wichtigen Posten in einem Orchester innehatte. Außer dem C-Tonloch systematisierte er die Klappen und Hebel am Instrument. Bis dahin hatten die einzelnen Finger zu viele Aufgaben zu erfüllen; manchmal mußte ein Finger gleichzeitig ein Loch schließen und eine Klappe betätigen. Der linke Daumen bediente gewöhnlich zwei Klappen. Eine zusätzliche Klappe für den rechten Daumen erschwerte das Halten der Flöte. Tromlitz entwarf Klappen, die von zwei Fingern wahlweise erreicht werden konnten, je nachdem, welcher Finger gerade frei war.

Tromlitz trat mit 60 Jahren von der Konzertbühne ab und beschäftigte sich den Rest seines Lebens mit der Verbesserung des Instruments. Er entwickelte eine achtklappige Flöte mit den üblichen Fingerlöchern und einem vereinfachten Griffsystem, die in allen Tonarten spielbar war. Im Grunde schien die Flöte nun am Ende ihrer Entwicklung angelangt zu sein, stellte aber ein wesentlich komplizierteres Instrument dar als dasjenige, welches Friedrich der Große unter der Anleitung von Johann Joachim Quantz gespielt hatte.

Dennoch war die Flöte noch lange nicht perfekt. Die Stimmung war immer noch problematisch, was der Spieler durch Geschicklichkeit ausgleichen mußte. Trotz der Bemühungen von Tromlitz mußten die Finger nach wie vor zu viele Funktionen übernehmen. Schnelligkeit und Geschmeidigkeit waren auf der achtklappigen Flöte nur von herausragenden Spielern zu erzielen. Andere Erfinder haben die Flöte von Tromlitz weiter verbessert. Das blieb aber nur Stückwerk, bis Theobald Böhm in den dreißiger Jahren des 19. Jahrhunderts eine mathematische Lösung des Problems fand.

Das Repertoire

Trotz aller technischen Reformen blieb das Spielniveau ziemlich niedrig. Vielleicht weil sich damals jeder zweite Zeitgenosse, der es sich leisten konnte, an diesem Instrument versuchte. In Manchester gab es beispielsweise in den vierziger Jahren des 18. Jahrhunderts einen Musikklub, »Gentlemen's Concert« genannt. Dort trafen sich die Musikliebhaber regelmäßig zum gemeinsamen Musizieren. Dieser Klub wurde aber von den Jakobitern unterwandert, die ihn als Tarnung für die Planung ihres Komplotts von 1745 benutzten. Die Jakobiter waren Anhänger des Stuart-Königs

Jakob II., der 1688 aus England vertrieben worden war. Sie wollten König Georg II. stürzen, um dem Haus Stuart wieder zum Thron zu verhelfen. Das rauhe Klima der politischen Subversion und die Niederlage der Jakobiter ließen diesen Klub schrumpfen. Erst 1770 lebte das frühere Musikleben in einer neuen Generation mit der Gründung der »Gentlemen's Concerts« (der Akzent lag diesmal auf dem Plural des Namens) wieder auf. Allerdings dauerte es einige Jahre, bis die Konzerte richtig anliefen, da die ersten 24 Mitglieder ausschließlich Flöte spielten!

Der große Quantz trug teilweise die Verantwortung für diese Popularität der Flöte, indem er die Flöte erneuerte und viele Stücke für sie geschrieben hatte. Aber auch andere hatten daran teil. Wie zuvor in Frankreich bewirkte die verbesserte Spielweise der Berufsmusiker ein Interesse der Komponisten an diesem Instrument wie nie zuvor. Die Flöte wurde sowohl Solo- als auch Orchesterinstrument, wobei die Soloparts zunächst nicht dominierten.

Johann Sebastian Bachs Umgestaltungen in der Musik waren von großer Bedeutung. Wie wir gesehen haben, verwendete er die Blockflöte in zwei der Brandenburgischen Konzerte. Im fünften jedoch verlangte er ausdrücklich die Querflöte. Zusätzlich komponierte er für die Querflöte die h-Moll-Suite für Flöte und Streichorchester, einige Sonaten für Flöte mit Continuo und die Partita a-Moll für Flöte solo. Es scheint, daß ihm anfangs keine sehr guten Querflötisten zur Verfügung standen, denen er wichtige Werke anvertrauen mochte, dann aber müssen doch noch einige gute Spieler aufgetaucht sein. Die h-Moll-Suite stellt so große Anforderungen an den Flötisten, daß sie selbst heute mit unseren wesentlich besseren Instrumenten noch schwer zu bewältigen ist.

Auch Händel schrieb Werke für die Querflöte. Von Vivaldi stammen sechs veröffentlichte und sechzehn unveröffentlichte Konzerte, dazu noch eine ganze Anzahl von Sonaten. Später erweiterten sowohl Haydn (dessen Sonate für die sechsklappige Flöte eigentlich ein umgeschriebenes Streichquartett war) als auch Mozart das Repertoire, ganz zu schweigen von der Fülle der Werke der weniger bekannten Komponisten und den dreihundert trefflichen Konzerten von Quantz.

48

1777 und 1778 bereiste Mozart Mannheim und Paris auf der Suche nach einer passenden Anstellung. Das Mannheimer Orchester war das erste virtuose Orchester in Europa, sein Soloflötist hieß Johann Baptist Wendling, der schon mit großem Erfolg in England und Frankreich gastiert hatte. Wendling mußte der beste Flötist gewesen sein, den Mozart bis dahin gehört hatte.

»Er spielt so, wie es in den Noten steht«, schrieb Mozart erstaunt seinem Vater, »und erschreckt niemanden durch das Spielen von etwas anderem.«

Christian Friedrich Daniel Schubart schrieb über ihn: »Sein Vortrag ist deutlich und schön, und die Töne in der Tiefe und Höhe gleich voll und einschneidend. Er ist stolzer darauf, das Schöne und Rührende hervorzubringen, als das Schwere, Schnelle, Überraschende.« Wegen Wendling setzte Mozart die Querflöte – zusammen mit Oboe, Fagott und Horn – in der »Sinfonia Concertante« (KV 297b) ein. Mozart komponierte für die Flöte außerdem noch zwei Konzerte (KV 313 und 314), vier Quartette mit Streichern (KV 285, 285a, 285b und 298) und das Konzert für Flöte und Harfe (KV 299). All diese Werke waren Amateurmusikern zugedacht. Das Konzert für Flöte und Harfe dem Duc de Guines, die Konzerte und Quartette dem Holländer De Jean. Beide müssen die Flöte recht gut beherrscht haben, denn Mozarts Musik vereint die Kraft und den Charakter dieses Instruments mit seiner Schnelligkeit, seiner Fähigkeit, rasches Tempo mit natürlicher Eleganz zu verschmelzen, und seiner lyrischen Ausdruckskraft in langgezogenen legato-Melodien wie in der folgenden aus dem Flötenquartett in D-Dur:

Rondo - Allegro

Ende des 18. Jahrhunderts gehörte die Flöte als fester Bestandteil zum Orchester, das nun seine klassische Zusammensetzung gefunden hatte. Davor fand die Flöte – bis etwa in die achtziger Jahre des Jahrhunderts – nur gelegentliche Verwendung.

Haydn schrieb vor seiner Anstellung als Vizekapellmeister bei dem Fürsten Esterhazy (1761) fünf Sinfonien, wobei die Flöte nur in einer auftaucht. Für kurze Zeit sind danach Flötenpartien in den weiteren Sinfonien zu finden. Die erste bei Esterhazy komponierte Sinfonie (Nr. 6) verwendet eine Flöte, Sinfonie Nr. 7 zwei Flöten und Sinfonie Nr. 8 wiederum eine. In allen drei Werken sind der Flöte ausdrucks- und wesensvolle Passagen zugedacht. Aus welchen Gründen auch immer arbeitete Haydn zunächst in dieser Richtung nicht weiter. Zwischen 1762 und 1774 schrieb er vierundvierzig Sinfonien, aber nur in sieben von ihnen setzte er die Flöte ein. Haydn sorgte für ein wenig Wiedergutmachung, indem er sich in der »Symphonie Nr. 54« zweier Flöten bediente. Nach 1780 brachte er in jeder Sinfonie mindestens eine Flöte zum Einsatz.

In den stürmischen, emotionaleren Werken seiner mittleren Schaffensperiode vernachlässigt Haydn die Flöte, selbst in den späteren Sinfonien kommt sie weniger in den lebhaften Passagen zum Zug als in den Momenten der Wärme und Entspanntheit. Der langsame Satz, der der Sinfonie »Die Uhr« (Nr. 101) ihren Namen gab, schlingert durch einen stürmischen Passus. Die eigentliche Tonart G-Dur verdunkelt sich nach g-Moll. Die Ruhe und die Tonart G-Dur werden durch zwei Flöten, zwei Fagotte und die er-

sten Geigen wiederhergestellt, mit Einwürfen der Oboe. Diese
Stelle kann man nur bezaubernd finden:

Aus dem Andante von Haydns Sinfonie Nr. 101

52

Mozart hat – wie der späte Haydn – in den meisten seiner vor 1781 geschriebenen, in Salzburg aufgeführten Sinfonien zwei Flöten verwendet. Das Verdoppeln der Flöte sollte verhindern, daß sie in *forte*-Passagen von den anderen Holzblasinstrumenten überdeckt würde. Doch generell zog es Mozart vor, der Oboe die Oberstimme der Holzbläsergruppe zu geben, da sie besser intonierte. In der mächtigen Es-Dur-Sinfonie stellt die Flöte überwiegend nicht *mehr* dar als einen Farbtupfer in den ruhigen Passagen:

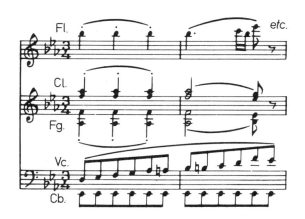

In der »Pariser Symphonie« (Nr. 31), 1778 geschrieben, um dem französischen aristokratischen Publikum zu imponieren, und deshalb ganz auf Wirkung angelegt, tauchen zwei Flöten auf. In der »Linzer Symphonie« (Nr. 36) fallen die Flöten ganz weg, und in den drei großen letzten Meisterwerken, Es-Dur, g-Moll und »Jupiter Symphonie« benutzt Mozart nur eine Flöte.

In Mozarts Opern gibt es unzählige Passagen, in denen die Flöte mit großem Raffinement an dem dramatischen Geschehen teilhat oder es kommentiert. Obwohl er um die Möglichkeiten des Instruments wußte, hat er es doch gelegentlich übergangen; vielleicht verfügten auch manche Orchester, für die er die Werke schrieb, über keine Flötisten.

Bei Beethoven dagegen ist die Flöte fester Bestandteil des Orchesters – und nicht nur das. Unter seinen frühesten Werken, die er als Heranwachsender in Bonn komponierte, befindet sich eine Serenade für Flöte, Violine und Viola. Dieses Stück, das wohl mehr als ein Jugendwerk denn wegen seiner musikalischen Qualität von Interesse ist, stammt wahrscheinlich von 1797, obwohl erst 1802 als op. 25 veröffentlicht. Im selben Jahr wurde eine Bearbeitung der Klaviersonate Op. 31, Nr. 3 für Flöte, Violine, zwei Bratschen und Cello erstellt, die 1810 erschien. Diese Bearbeitung rührt vielleicht nicht von Beethoven selbst; falls doch, muß er wohl einen hervorragenden Flötisten unter seinen Freunden oder Gönnern in Bonn besessen haben.

Beethoven setzte die Flöte in seinen frühen Tänzen ein, die er noch in Bonn komponierte, außerdem kommen in zwei Sammlungen von Menuetten und Deutschen Tänzen aus dem Jahre 1795 Piccoli vor. Alle Sinfonien sind mit Flöten besetzt, in der fünften, sechsten und neunten noch zusätzlich mit einem Piccolo. Beethovens Vorliebe für das Piccolo läßt sich eventuell durch seine fortschreitende Taubheit erklären: Ab 1805 erscheint das Piccolo in vielen Orchesterwerken. Es wird nicht nur zur Verdoppelung der großen Flöten verwendet, sondern auch, um zusätzliche Effekte zu erzeugen. Im vierten Satz der »Pastorale«, beendet 1808, zuckt auf dem Höhepunkt des Sturms ein Blitz auf, was nur das Piccolo darstellen konnte. Die »Egmont-Ouvertüre«, zwei Jahre später, endet wie die »Fünfte Symphonie« mit einem triumphalen Tutti. Der Jubel scheint sich durch die Partitur nach oben zu schwingen und in den Piccoli – am höchsten Punkt des Orchesters – hervorzubrechen.

Die Verdienste Beethovens um die Flöte sind enorm; die Flöte ist ein fester Bestandteil des Orchesters geblieben.

4.
Die moderne Flöte

»Dieses Instrument«, schrieb Hector Berlioz 1843 in seinem »Traité de l'instrumentation modernes«, »das sehr lange in einer Menge von Beziehungen so unvollkommen blieb, ist gegenwärtig dank der Geschicklichkeit einiger Instrumentenmacher und dank einem von Böhm nach der Gordonschen Entdeckung eingeführten Fabrikationsverfahren so vollkommen, so rein und so gleichmäßig im Klang, wie man es nur wünschen kann.«

Es war ein großer Augenblick für die Flöte, und Berlioz tat richtig daran, dieses Instrument solchermaßen zu loben.

William Gordon

Seit Tromlitz und seinen Zeitgenossen ist immer wieder versucht worden, die achtklappige Flöte zu verbessern. Das Problem war, ein in sich stimmendes Instrument zu bauen, das auch spielbar war. Wurden die Tonlöcher entsprechend der diatonischen Skala angeordnet, konnten die Finger diese nicht erreichen. Die allgemeine Auffassung war, das Instrument müsse unvollkommen bleiben und der Spieler dieses durch Geschicklichkeit ausgleichen – wie man es seit Urzeiten gehalten hatte.

Jedoch teilten nicht alle diese Ansicht. Einige Flötenspieler und -bauer gaben nicht auf, das Unvereinbare vereinen zu wollen. Um 1830 wurde die Lösung gefunden. Es gab einigen Streit darüber, wem man das Verdienst zuschreiben sollte. In dem oben angeführten Zitat verteilt Berlioz die Meriten gleichermaßen auf Böhm und Gordon. Die Nachwelt weist sie größtenteils Theobald Böhm zu. Wahrscheinlich machten die beiden großen Geister etwa zur gleichen Zeit dieselbe Entdeckung.

William Gordon, ein Schweizer Soldat schottischer Herkunft, war ein erstklassiger Flötist, eine Zeitlang gehörte er der Schweizer Garde Karls X. von Frankreich an. Die Franzosen, in ihrer Angewohnheit, Könige auf den Thron zu heben und wieder abzusetzen, stürzten Karl X. im Jahre 1830 zugunsten des Königs Louis-Philippe. Gordon verließ die Garde und ging nach London. Dort konnte er die Instrumentenbauer Rudall und Rose dazu bewegen, zwei seiner Flötenentwürfe zu realisieren. Das neue an diesen Instrumenten lag in der richtigen Anordnung der Löcher, wodurch die Töne stimmten und die Instrumente saubere diatonische Skalen hervorbrachten. Da die Töne nicht mehr den Griffmöglichkeiten der Finger entsprachen, wurden Klappen notwendig. Wir wissen, wie die von Gordon entwickelte Flöte ausgesehen hat, denn der französische Musiker Côche hat sie in seiner »Méthode« für Flötenspieler, erschienen 1839, abgebildet. Bei diesem Instrument wurden zwei der linken und drei der rechten Hand zugeordnete Löcher mit den Fingern geschlossen. Die anderen Löcher – insgesamt zwölf an der Zahl, damit alle Töne der chromatischen Tonleiter gespielt werden konnten – besaßen Klappen.

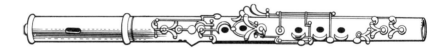

Abbildung einer Flöte von Gordon aus der »Méthode« von Côche, 1839

Gordon und Böhm begegneten sich in London entweder 1830 oder 1831. Sicher war ihre gemeinsame Leidenschaft, die Flöte verbessern zu wollen, der Grund für ihr Zusammentreffen. Wegen dieser Begegnung zweifeln einige Musikhistoriker daran, daß Böhms Verbesserungen alle von ihm selbst stammen. Böhm arbeitete wissenschaftlich und gründlich, und da er sich der Mühe unterzog, sein Tun zu erklären, setzte sich die Böhmflöte allmählich durch, zunächst mehr in Frankreich und England als in seiner deutschen Heimat.

Theobald Böhm

Theobald Böhm (1794–1881) war der Sohn eines Münchner Goldschmieds. Mit 16 Jahren baute er seine erste Flöte, mit 18 Jahren erhielt er eine nebenberufliche Anstellung als Flötist am neu eingerichteten Isarthor-Theater in München. Flötenspiel und Flötenbau gehörten für ihn zusammen. 1818 wurde er Soloflötist der königlichen Hofkapelle, 1828 richtete er eine eigene Flötenbauwerkstatt ein. Inwieweit alle Neuerungen am Instrument von ihm zu verantworten sind, teilte er nicht mit. Einige dieser Reformen waren schon vor ihm eingeführt worden, er hat sie aber häufig als die seinen ausgegeben. Böhm beschäftigte sich mit dem Klappenmechanismus und verbesserte die alte französische Methode, die Klappen an einer Achse zu befestigen, die zwischen zwei beiderseits des Lochs am Flötenrohr angebrachten Kugelsäulchen verläuft.

Frühe »Patentflöte« von Böhm

Ausgerüstet mit einer solchen Flöte und schon ein bekannter Solist, besuchte Böhm London. Hier begegnete er nicht nur Gordon, sondern hörte auch Charles Nicholson spielen, Soloflötist an der Oper und der wohl beste englische Musiker der damaligen Zeit. Nicholson war besonders berühmt für seinen kräftigen Ton, den er einer gewöhnlichen Flöte entlocken konnte. Dies lag hauptsächlich an den von ihm verwendeten sehr großen Tonlöchern. Nachdem Böhm Gordons Instrument gesehen und Nicholson hatte spielen hören, fing er noch einmal an, alle Probleme zu überdenken.

Sein Ziel hieß, bei Erhaltung des natürlichen Flötentons, die Intonation zu verbessern, den Tonumfang zu erweitern und die Ton-

57

stärke zu vergrößern. Böhm teilte die Röhre gemäß akustischer Gesetze auf und ermittelte die Positionen der Tonlöcher durch mathematische Berechnungen. Dadurch erhielt er eine sauber intonierende Flöte. Böhm brachte 1843 seine *Patentflöte* heraus; die fünf Fingerlöcher der Gordonflöte hatte er beibehalten, doch seine Anordnung der Klappen erleichterte das Spielen auf eine nie dagewesene Weise. Der größte Nachteil dieser *Patentflöte* war die Neigung der Klappen, sich zu lockern.

Späte »Patentflöte« von Böhm

Böhm war noch nicht am Ziel angelangt. Nach weiteren akustischen Studien entschied er sich 1846 für eine zylindrische Flöte. Sie klang besser als die traditionelle konische Flöte, die er bisher verwendet hatte. Außerdem nahm er Veränderungen an den Klap-

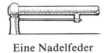

Eine Nadelfeder

pen vor. Er benutzte einerseits Ringe, die beim Schließen eines Lochs mit heruntergedrückt wurden, wodurch eine andere Klappe betätigt wurde, andererseits eine Kombinationsmechanik, ein System, mit dem eine Klappe ein weit entfernt liegendes Loch schließen konnte. Diese Neuerungen, zusammen mit der akustisch korrekten Bohrung der Tonlöcher, ergaben die endgültige Böhmflöte. Sie wurde, mit einigen geringen Veränderungen, das allgemein anerkannte und verwendete Instrument. Eine bedeutsame und unmittelbar folgende Verbesserung der Böhmflöte war die Einführung von Nadelfedern, deren Kraft seitlich wirkte und die von einem Zeitgenossen Böhms, Auguste Buffet, erfunden wurde.

58

Um es noch einmal kurz zusammenzufassen: Böhms Leistungen beschränkten sich nicht allein auf die Mechanik. Bei seiner Suche nach einem volleren Ton gab er die konische Bohrung, die für die Flöten seit Hotteterre le Romain (und heute noch bei Piccoli) benutzt wurde, auf und formte seine Flöte zylindrisch. Das Kopfstück der Böhmflöten verengte sich zum Korken hin, zunächst konisch, später in einer parabolischen Kurve. So werden heute Flöten gebaut.

Die Entwicklung
bis ins 20. Jahrhundert

Nach Böhms Bemühungen brauchte sich kein Spieler mehr mit den Unvollkommenheiten seines Instruments zu plagen, so wie es Hotteterre, Quantz und all die anderen noch auf sich nehmen mußten. Das Instrument war leichter zu erlernen, und saubere Intonation erforderte keine übermäßige Geschicklichkeit mehr.

Jedenfalls theoretisch, die Praxis sah etwas anders aus. Sehr viele Flötenbauer setzten sich über Böhm und seine mathematischen Berechnungen hinweg, vielleicht weil sie diese nicht verstanden. Folglich wurden weiterhin schlecht stimmende Instrumente gebaut, von einigen hartgesottenen Konservativen sogar heute noch. Aber Qualität findet ihren Weg. Auf der Weltausstellung in Paris 1855 legte Böhm eine Abhandlung und eine von ihm hergestellte Flöte vor. Er erhielt einen Preis für die Flöte, die besser war als alle sonst erhältlichen. Einige Musikliebhaber waren so beeindruckt, daß sie die Abhandlung lasen und die Berechnungen doch nicht so kompliziert fanden. Laut Mathematikern waren sie zwar nicht ganz exakt, aber doch ziemlich zutreffend. Da die Flöte nun ein technisch anspruchsvolleres Spiel erlaubte, wurde auch die entsprechende Musik geschrieben.

Inzwischen hatte sich die Flöte ihren festen Platz im Orchester gesichert, als Soloinstrument wurde sie hingegen noch vernachlässigt. Weber komponierte 1806 eine »Romanza Siciliana« für Flöte und Orchester, Schubert die merkwürdigerweise kaum beachteten

Variationen für Flöte und Klavier über das Lied »Trockene Blumen« aus dem Liederzyklus »Die schöne Müllerin«, ein phantasievolles Stück mit ergreifenden Harmonien, das sich gegen Ende zu einem Bravourwerk für die Flöte steigert. Es existierten auch einige Orchesterstellen wie die obligate Flötenstimme in »Sieh hier die sanfte Lerche« von Sir Henry Rowley Bishop (der ebenfalls »Home Sweet Home« komponierte). Es handelt sich dabei um eine schwungvolle Koloraturarie für Sopranstimme, die von einer Flöte in F umspielt wird, was sehr schön klingt. Allerdings dürfte ein weniger guter Spieler auf einer älteren Flöte (vor Böhm) die Zuhörer hier das Grausen gelehrt haben.

1835 schuf Gaetano Donizetti die Oper »Lucia di Lammermoor«, in der die Flöte zusammen mit der verlorenen und verwirr-

60

ten Heldin in der ›Wahnsinns-Szene‹ kunstvoll in Klagen ausbricht. Dabei werden im selben Maße höchste Anforderungen an
Instrument und Flötisten gestellt.

Durch die Böhmflöte waren die mechanischen Probleme ausge-
räumt, und nur die beschränkten Mittel des Spielers hinderten diesen daran, sich an die kunstvollen Stücke heranzuwagen. Flatter-
zunge und weitere schwierige Techniken wurden eingeführt, um
die Ausdrucksmöglichkeiten der Flöte zu erweitern. In dieser Pe-
riode erhielt die Flöte zwei der malerischsten Stücke ihres Repertoires, beide von Claude Debussy: »Der Nachmittag eines Fauns«
und »Syrinx«.

Aus dem Präludium »Der Nachmittag eines Fauns«   61

Aus »Syrinx«

Mit den verbesserten Flöten und anspruchsvolleren Kompositionen wuchs auch die Meisterschaft der Flötisten. Die Brüder Albert Franz und Karl Doppler waren in der zweiten Hälfte des 19.
Jahrhunderts gefeierte Solisten, aber auch erfolgreiche Komponisten von Opern und Balletten sowie berühmte Dirigenten. Zur selben Zeit machte Paul Taffanel in Paris ebenfalls eine vielseitige
Karriere als Solist, Dirigent und Musikprofessor. Unter Anleitung
von Lehrern seiner Güte gewann Frankreich die Vormachtstellung
als Stammland der Querflöte zurück. Dies wurde eindrucksvoll
belegt durch einen der größten Flötisten: Marcel Moyse, der 1889
geboren wurde.

Der Name Marcel Moyse wird in diesem Buch später noch einmal fallen in Verbindung mit Plattenaufnahmen und vorzugsweise
mit seinen Etüden und Tonbildungsübungen, die kein ambitio-
nierter Flötist auslassen darf. Aber Moyse war, obwohl am meisten gefeiert, nicht der einzige vortreffliche französische Flötist,
der diese Kunst in das 20. Jahrhundert hineintrug. Ein anderer
hieß Louis Fleury, der 1926 starb. Er erforschte die Musik früherer

62

Epochen, um das Repertoire der Flöte zu erweitern. Sein Ziel war es, die Flötenmusik bekannter zu machen; er nutzte sein Ansehen, um sowohl moderne Werke als auch ältere Musik einem breiten Publikum zugänglich zu machen. Die von ihm gegründete Société des Concerts d'Autrefois gab den Rahmen ab. Er begründete damit den Trend, der jeweils eigenen Geschichte nachzugehen.

Die wachsende Komplexität der Musik im 19. und 20. Jahrhundert löste notgedrungen einen Wunsch nach einfacher Musik aus. Nur vom Klavier überboten, blieb die Querflöte das meistgespielte Liebhaberinstrument. Aber wenige Amateure waren oder sind in der Lage, Bartók, Strawinsky oder Schönberg zu spielen. Da niemand für diese Amateure schrieb, war eine Lücke vorhanden, die durch alte Musik gefüllt werden konnte, zum Hören wie zum Spielen. Nach dem 18. Jahrhundert wurde das 17. Jahrhundert »ausgegraben«. Die Suche ging weiter bis zur frühesten notierten Musik; spezielle Instrumente zum Spielen dieser Musik sind mittlerweile allgemein erhältlich.

Die Renaissance der Blockflöte

Und was ergab sich aus dieser Begeisterung für das Alte? Die Blockflöte erlebte eine Wiederauferstehung und wurde immer mehr gespielt. Sie wurde zwar aus denselben Gründen wie vor zweihundert Jahren nicht in das Orchester integriert – hier blieb die Querflöte unangefochten –, doch außerhalb des Orchesters ist die Blockflöte nach langer Vernachlässigung erstaunlicherweise wieder so populär geworden, daß sie wohl beanspruchen kann, das am häufigsten gespielte Instrument zu sein. Es ist sicherlich recht schwierig, eine normale Schulkarriere zu durchlaufen, ohne mit diesem Instrument in Berührung gekommen zu sein.

Für diese »Rache« der Blockflöte an der Musikgeschichte war besonders Arnold Dolmetsch verantwortlich, ein französisch-schweizerisch-tschechisch-deutscher Geiger, der sich in England niederließ und vor dem Ersten Weltkrieg Musiklehrer am Dulwich College wurde. Er wollte aus den Schülern ausübende Musiker machen; diese Aufgabe führte ihn zur alten Musik und den alten Instrumenten. Schon 1890 baute er alte Instrumente nach – Clavichorde, Cembali und Lauten. 1925 rief er das Haslemere Festival als ein Podium für diese Instrumente und die Blockflöte ins Leben. Er gründete eine Blockflötenfabrik, die Blockflöten in allen für die Consorts benötigten Größen herstellte.

Zum Publikum des ersten Haslemere Festivals zählten Max Seiffert, ein Händel-Experte, und Peter Harlan, ein deutscher Gitarrist und Instrumentenbauer, der dann begann, Blockflöten nach Dolmetschs Muster herzustellen. Harlan und Seiffert verbreiteten die Blockflöte in Deutschland. Man betrachtete sie hier wie in England als das geeignetste Instrument für Kinder. Bald darauf wurde die Blockflöte ein Bestandteil der Musiklehrerausbildung. So vergrößerte sich die Bewegung. Außerdem begannen Komponisten, sich für dieses Instrument zu interessieren: Carl Orff schrieb Stücke für die Blockflöte in seinem »Schulwerk«; britische Komponisten wie Benjamin Britten, Lennox Berkeley, Malcolm Arnold und Edmund Rubbra verfaßten später schöne und ansprechende Stücke für die Blockflöte, die überhaupt nicht altertümelnd wirken. Verleger trugen ihren Teil dazu bei, indem sie Telemann und seine Vorgänger aufstöberten und seriöse Ausgaben herausbrachten.

Die Renaissance der Blockflöte ermöglichte es vielen Musikfreunden, die andernfalls in einer Zeit großer Orchester und Solisten zum Schweigen verurteilt gewesen wären, wieder zu musizieren. Die Blockflöte bleibt das Instrument für jedermann.

Doch unser Thema ist die Querflöte. Aus diesem Grund möchte ich diesen kurzen historischen Überblick der Flöte mit einem Dank an Albert Cooper beenden, einem Engländer, der – wie ich meine – die Querflöte der Vollkommenheit angenähert hat. Um keine unzulängliche Darstellung seiner Errungenschaften zu riskieren, möchte ich ihn bitten, sie selber zu erläutern. Das nächste Kapitel übergebe ich also an ihn.

64

5.
Über meinen Flötenbau

von Albert Cooper

Als ich 1938 bei Rudall Carte & Co. Ltd. zu arbeiten anfing, sahen die Flöten ganz anders aus als heutzutage. Man bevorzugte Holzflöten. Niemand dachte daran, die Intonation der Instrumente zu verbessern; sie stand außer Frage. Dem Spieler wurde gesagt, daß er ein gutes Instrument habe und es an ihm läge, wie es klänge. Heute erklärt der Spieler dem Flötenbauer, was seiner Meinung nach an dem Instrument schlecht ist, und der Flötenbauer muß es entsprechend den Wünschen des Spielers verändern. Zweifellos können einige Spieler die Intonation besser beurteilen als manche Flötenbauer. Seit 1945 sind Holzflöten aus der Mode gekommen; sie werden zwar in London immer noch hergestellt, aber die Mehrheit der Spieler bevorzugt Silber-, Gold- oder Metallflöten.

1958 verließ ich Rudall Carte und machte mich zunächst als Flötenreparateur selbständig, entschloß mich dann jedoch bald, Flötenbauer zu werden. Ich fertigte die Flöten alleine an; dabei traten ziemlich schnell Schwierigkeiten auf, zumal ich alle Einzelteile selbst herstellte. Die Frage stellte sich mir, welche Art von Flöten ich bauen sollte. Ahme ich eine vorhandene Flöte nach wie einige andere Flötenbauer, oder entwickele ich ein eigenes Modell? Da ich kein Flötenspieler bin und die Ratschläge der Flötisten widersprüchlich ausfielen, entschied ich mich, möglichst viele Flöten verschiedenster Bauarten zu untersuchen. Bei Rudall Carte mußte ich öfters Reparaturen an sehr unterschiedlichen Flöten durchführen; mir war dabei aufgefallen, daß die Tonlöcher und ihre Positionen entlang der Röhre variierten. Zu gegebener Zeit legte ich eine Sammlung von Flötenmaßen an, deren Daten mich zu einigen neuen Schlußfolgerungen veranlaßten. Meine ersten Flöten baute ich nach einem Muster, das aus der Kenntnis der

Stärken und Fehler der anderen Instrumente entwickelt worden war. Nach ungefähr zehn Instrumenten gab ich es wieder auf und wechselte zu einer mathematisch errechneten Skala, die von meinem vorherigen System etwas abwich. Bald war ich von ihrer besseren Qualität überzeugt. Nach einigen Jahren nahm ich nochmals diverse kleine Veränderungen vor, und nun glaube ich, was die Skala betrifft, mehr oder weniger das Ende des Weges erreicht zu haben.

Ich glaube, ich bin ein guter Zuhörer. Damit will ich nicht behaupten, ein gutes Ohr für die Intonation zu haben, sondern offen gegenüber konstruktiven Vorschlägen der Spieler zu sein. Die Londoner Flötisten zählen mittlerweile zu meinen schärfsten Kritikern, und ich bin sicher, selbst dazu beigetragen zu haben. Wir sind nicht immer einer Meinung, aber ich hoffe, daß die meisten unter ihnen sich auf meiner Seite befinden. Amateur-Flötisten äußern manchmal interessante Ansichten, man muß sie auf jeden Fall ernst nehmen, genauso wie Studenten. Ich denke, daß es falsch für mich wäre, das Flötenspiel zu erlernen und dann meine Ansichten den Kunden aufzudrängen. Durch aufgeschlossene Fragen läßt sich ein Querschnitt der Auffassungen ermitteln; dies ist für mich wesentlich wichtiger als die Meinung eines einzelnen Menschen, wer auch immer es sei. Da man nicht allen Menschen Genüge tun kann, sollte man anstreben, die meisten von ihnen zufriedenzustellen.

Die Flöte mit gleich großen Tonlöchern

Für alle, denen die Grundsätze des Stimmens noch nicht klar sein sollten, möchte ich sie zunächst darlegen: Vergrößert man ein Tonloch, klingt der Ton höher, verkleinert man es, klingt er tiefer. Zum Mundstück hin wird der Ton höher, zum Fuß hin tiefer.

Für meine Erläuterungen verwende ich folgende Tonbezeichnungen:

Zunächst muß bei jeder Flöte die Länge der Oktave festgelegt werden, also die Entfernung zwischen dem C2-Daumenloch und dem tiefen C1-Loch auf einem H-Fuß, von den Lochmitten her gemessen. Diese grundsätzlichen Berechnungen zur Normung der Tonlöcher setzt eine Flöte mit gleich großen Tonlöchern voraus; am besten finde ich es, die Skala auf den größtmöglichen Tonlöchern aufzubauen. Aber unabhängig von ihrer Größe ist es wichtig, immer von zwei gleich großen C-Löchern auszugehen. Es ist unmöglich, die Oktavlänge zwischen zwei unterschiedlichen Tonlöchern zu berechnen.

Die Position des A-Lochs innerhalb dieser Oktave ist besonders bedeutsam. Die Abstände zwischen C2 und A1 und zwischen A1 und C1 müssen natürlich genau stimmen. Diese habe ich durch jahrelange Versuche herausgefunden. Man muß sich verdeutlichen, daß die Position des A-Lochs immer richtig ist, da das A der Stimmton im Orchester ist. Stimmt das A der Flöte nicht, wird es durch Verschieben des Kopfstücks korrigiert. Die Positionen der anderen Töne werden mathematisch errechnet. Ich teile nun den Abstand zwischen C2 und A1 in drei Teile auf, um die Positionen der Tonlöcher für H und B zu ermitteln, den Abstand zwischen A1 und C1 in neun Teile für die Gis- bis Cis-Löcher. Dabei müssen die Abstände zwischen den Halbtönen von A1 bis C2 jeweils um 17,835 Prozent abnehmen, von A1 bis C1 jeweils um 17,835 Prozent zunehmen. Es ist zu beachten, daß ich vom A-Loch in beide Richtungen arbeite. Ich kann aber nicht über die ganze Skala gleichmäßig fortfahren, da die ›Kamine‹ auf den Tonlöchern die Tonhöhe in verschiedenem Maße nach unten drücken. Die Lösung des Problems läge in gewölbten Tonlöchern ohne ›Kamine‹, man hat aber noch keine Polster entdeckt, die diese luftdicht abschließen.

Ich habe die Zahl 17,835 in einem Buch über Gitarrenbau gefunden, wo man sie beim Berechnen der Bünde auf dem Hals verwendet. Böhms Schema beruhte ebenfalls auf Saitenlängen, ob aber seine Saitenlängen den meinen entsprachen, kann ich nicht beurteilen.

Auf der Grundlage von Böhms Schema habe ich eine Flöte mit

gleich großen Tonlöchern gebaut, die man jedoch ablehnte. Es gibt aber keinen Zweifel daran, daß Böhms Arbeiten den größten Fortschritt darstellten, den es jemals im Flötenbau gegeben hat. Das sollte niemals vergessen werden.

Um den besten Kompromiß für die Gesamtstimmung zu erzielen, müssen aus verschiedenen Gründen einige Löcher von den mathematisch berechneten Positionen verschoben werden. Das Fis-Loch wird erhöht, um den vertiefenden Effekt des E- und F-Lochs auszugleichen. Das Loch für das tiefe D wird etwas vertieft, um das mittlere D zu erniedrigen, weil es durch das Öffnen des kleinen Cis-Lochs ein wenig zu hoch gerät, und das Cis-Loch auf dem Fuß wird etwas vertieft, um eine ausgeglichene chromatische Skala zu erreichen, jedenfalls für das Ohr.

Mein Schema für die Flöte mit geschlossenen Klappen

Die oben dargestellten Maße gelten für eine Flöte mit geschlossenen Klappen und großen Tonlöchern mit gleichem Durchmesser. Aber niemand wünscht sich eine Flöte mit ausschließlich großen Tonlöchern über die ganze Länge der Oktave. Dadurch würden zwar die untere und mittlere Oktave kräftig klingen, die obere Oktave aber würde große Schwierigkeiten bereiten. Man muß daher für eine Ausgeglichenheit zwischen allen drei Oktaven den Durchmesser der Löcher verkleinern. Die meisten Flötenbauer benutzen innerhalb der Oktavlänge drei bis vier verschiedene Durchmesser.

Ich habe ein Schema ausgearbeitet und über die Jahre verfeinert, das zeigt, wie weit ein Loch bei vermindertem Durchmesser versetzt werden muß, damit sich die Tonhöhe nicht verändert. Das ist jedoch zu speziell und überschreitet die Grenzen dieses Buches. Dieses Schema habe ich lange Jahre hindurch verwendet, und es stellte sich als exakt heraus – ich erhielt es durch Messungen an den üblichen Flöten, und zwar an den Stellen, wo der Durchmesser der Tonlöcher sich veränderte, woraus ich meine Schlüsse zog.

Die Flöte mit Ringklappen

Die Maße von Ringklappenflöten unterscheiden sich von denen mit geschlossenen Klappen – oder sie sollten es zumindest. Ich habe an meinen Ringklappenflöten Veränderungen vorgenommen, um die Ventilation durch die offenen Ringe auszugleichen.

Was geschieht, wenn man die Klappenöffnung einer solchen Flöte vergrößert? In der tiefen und mittleren Oktave werden alle Töne außer dem tiefsten Ton des Instruments ein wenig höher, je nachdem, wie stark die Öffnung vergrößert wurde und wie groß die Klappenöffnung vorher war. Die Töne mit geschlossenen Klappen verändern sich eher als die Töne mit Ringklappen; die zusätzliche Ventilation der Ringklappen läßt den Tonwechsel geringer ausfallen. Stimmt meine Schlußfolgerung, muß die Klappenöffnung einer Ringklappenflöte vor dem Entwurf der Flöte festgelegt werden und darf – hat man sich einmal entschieden – nur ganz gering verändert werden.

Die Schraube an den geschlossenen Klappen kann die Tonhöhe verändern und somit das Verhältnis zu den Tönen mit Ringklappen beeinträchtigen. Ein zu dicker Schraubenkopf vertieft den Ton. In diesem Fall muß die Klappenöffnung vergrößert oder der Schraubenkopf verkleinert werden. Meiner Meinung nach sind die Unterlegscheiben oder Vorlegeblättchen, die Louis Lot gebrauchte, am geeignetsten – obwohl mir klar ist, daß die heutigen Flötenbauer sie ablehnen. Die Reparateure und ich sind wahrscheinlich die einzigen, die sie noch verwenden. Abgesehen davon, daß sie etwas besser ventilieren, möchte ich die Unterlegscheibe in Relation zur Polsterhöhe verschieben können, was bei den anderen Unterlegscheiben – sobald die Schraube angezogen worden ist – nicht mehr möglich ist. Die Position der Scheibe beeinflußt außerdem die Tonhöhe; folglich kann die Notwendigkeit, über das Verhältnis von geschlossenen und Ringklappen nachzudenken, nicht stark genug betont werden.

Ein Flötist sagte einmal zu mir: »Warum verwendet man unterschiedliche Maße bei Ringklappenflöten und Flöten mit geschlossenen Klappen?« Er spielte mir auf einer Ringklappenflöte einige tiefe Töne vor, dann wiederholte er sie, indem er die offenen Klappen mit seinen Fingern abdeckte. Weder er noch ich konnten einen Unterschied in der Tonhöhe bemerken, was aber kein Beweis ist. Dafür müßte man einen Korken oder Pfropfen bis auf die Höhe des Polsters in die Klappe stecken. Das Experiment zeigt aber, wie wenig Luft – wenn überhaupt – durch die offenen Ringklappen strömt. Mir scheint, daß das Loch der Luft genug Raum gibt zu zirkulieren, aber nicht, um hindurchzuströmen; dieser Zwischenraum in der Mitte des Polsters übt zweifellos einen erhöhenden Effekt auf den Ton aus, und es ist wichtig, diesen durch eine Korrektur der Tonlochposition auszugleichen.

Das Kopfstück

Das Kopfstück ist von besonderer Wichtigkeit, nicht nur für den Klang, sondern auch für die Stimmung. Die meisten Fabrikate sind sich sehr ähnlich, und in London spielen viele Flötisten auf Kopfstücken, die nicht original zu den Instrumenten gehören, oft sogar auf Kopfstücken ausländischer Bauart. Das verhielt sich schon immer so und zeigt den Enthusiasmus, mit dem manche Flötisten nach Perfektion streben. Für sie kann es eine ständige Suche nach dem Kopfstück mit dem ›gewissen Etwas‹ geben.

Erfahrungsgemäß passen die meisten Kopfstücke zu meinen Skalen, einige besser als andere; mir wurde sogar gesagt, manchmal besser als meine eigenen.

Ich kann schwer beschreiben, was ich von einem Kopfstück erwarte; meine heutigen Vorstellungen unterscheiden sich von denen des letzten Jahres und werden ohne Zweifel nächstes Jahr wieder anders aussehen. Eine Reihe von Kopfstücken hat bei gewissen Abschnitten der Oktave einen weiteren Umfang, was sich auf den Oktavsprung von der tiefen in die mittlere Lage oder von der mittleren Lage in die obere auswirken kann. Es gibt wohl verschiedene Gründe dafür – leicht abweichende parabolische Kurven, verschiedene Mundlochgrößen, -winkel und -tiefen. Ich möchte das näher erläutern.

70

Meine eigene parabolische Kurve könnte natürlich verbessert werden, aber ich bin zufrieden mit ihr – um offen zu sein, ich weiß nicht, wie ich sie umgestalten könnte. Form, Tiefe und Winkel der Embouchure bieten noch zahlreiche Forschungsmöglichkeiten. In der Vergangenheit habe ich mich völlig auf Tonlochgrößen konzentriert, nun beschäftige ich mich aber mit dem ganzen Mundstück. An der grundsätzlichen Form der Mundstücke hat sich seit Louis Lots Zeit nicht viel geändert. Trotzdem ist es denkbar, daß etwas Aufregendes entdeckt wird – Zeit und weitere Experimente werden es offenbaren. In den letzten Jahren hat man die Mundlöcher vertieft; ich habe mich diesem Trend angeschlossen. Vor einigen Jahren waren die Blaslöcher tendenziell größer, neuerdings jedoch bewege ich mich in die entgegengesetzte Richtung.

Da ich selbst kein Flötist bin, stellt das Zuschneiden der Mundlöcher für mich ein Problem dar: Ich kann sie nicht ausprobieren, wenn ich sie per Hand bis zur richtigen Größe ausschneide, und ich fürchte, dabei geht viel an Qualität verloren.

Man behauptet, daß es auf der Welt eine Knappheit an Silberflöten gäbe, aber es scheinen genügend Kopfstücke für Forschungszwecke zur Verfügung zu stehen. Außerdem helfen viele Spieler mit ihren Ratschlägen und Meinungen beim Studium der Kopfstücke. Das Problem ist, die Zeit für die Analyse all dieser Kommentare aufzubringen.

Ein interessanter Punkt gewann in letzter Zeit an Bedeutung: der Winkel zwischen Kopfrohr und der breiten Seite der Mundlochplatte. Die Flötisten haben sie über die Jahre hinweg nach oben und unten verbogen. Der Effekt fand unterschiedliche Beurteilung. Die neueste Meinung lautet, biegt man die Mundlochplatte etwas über die Normalposition nach unten, verengt sich die Oktave zwischen der unteren und mittleren Lage ein kleines bißchen, aber die Gesamtstimmung verbessert sich. Das ist nur ein Teil des Oktavenproblems, muß aber bei der Erforschung der parabolischen Kurve zur Verbesserung der Oktaven beachtet werden.

Die Flötisten spielen natürlich unterschiedlich und müssen daher für das gleiche A das Kopfstück weiter ein- oder ausziehen.

Auch kann man wegen der unterschiedlichen Größen und Tiefen der Baßlöcher kein festes Maß für die Entfernung von der Mitte des Mundlochs bis zur Mitte des A-Lochs angeben. Als Faustregel kann man sagen – soweit es die Sehkraft erlaubt: Wird das Kopfstück 1 mm weiter hineingesteckt, erhöht sich der Ton um eine Schwingung pro Sekunde. Schiebt man es also 5 mm hinein, erhöht sich das A von 440 Hz auf 445 Hz.

Schlußfolgerungen

Oft werde ich gefragt, welche Art von Flöten ich am besten finde. Ich bevorzuge eine Flöte mit geschlossenen Klappen, versetzten G- und A-Klappen und einer E-Mechanik; diese liegen mir persönlich, aber ich denke, daß die meisten der Flötenfreunde anders entscheiden würden. Eine Ringklappenflöte mit G- und A-Klappen in einer Linie mit den anderen Klappen ist für meine linke Hand unbequem – und eine entspannte Haltung ist ja wichtig beim Spielen. Nicht daß ich in irgendeiner Weise gegen die Ringklappenflöte eingestellt wäre – müßte ich moderne Musik spielen mit Vierteltönen und Glissandi, die nur auf der Ringklappenflöte möglich sind, würde ich gewiß eine solche gebrauchen, falls sie versetzte G- und A-Klappen und eine E-Mechanik besäße. Das Flötenspielen sollte so einfach wie möglich gemacht werden.

Aus einigen Quellen habe ich erfahren, daß meine Skalen elektronisch getestet worden sind. Obwohl ich das selbst nie getan habe, beeinflußten mich diese Tests bis zu einem gewissen Grad, indem sie einige Stimmungsprobleme bestätigten und mir verdeutlichten, wie ich fortfahren sollte. Ich denke, es ist ein Fehler, die Grundtöne der unteren Oktave elektronisch festzulegen, da dadurch die notwendigen Kompromisse in Vergessenheit geraten; man muß wissen, bei welchen Tönen Kompromisse erforderlich sind. Das Ohr des Spielers ist die höchste Instanz.

Meiner Meinung nach stimmt die Flöte mit geschlossenen Klappen besser als die mit Ringklappen. Die Ringklappenflöte verfügt wohl über die beste mittlere Oktave, und ich nehme an, daß die

Spieler dafür kleinere Stimmungsschwierigkeiten in Kauf nehmen. Aber durch Vergrößern der fünf Durchmesser der Löcher erzielt man denselben Effekt, obwohl eine größere Erweiterung der Löcher als üblich notwendig wäre und die Flöte dadurch absonderlich aussähe. Man könnte auch die fünf Durchmesser der Ringklappen verkleinern, wodurch man die Ventilation der geschlossenen Klappen beibehielte, aber dieser Vorschlag findet keine Akzeptanz. Der optimale Kompromiß wäre eine Flöte mit geschlossenen Klappen für die linke Hand und mit Ringklappen für die rechte; dadurch behält man das Beste von jeder Flöte bei. Mich überrascht, daß es nicht mehr solcher Flöten gibt.

Es wird oft darüber geklagt, daß die Töne über dem A sowohl in der tiefen als auch in der mittleren Oktave zu hoch sind. Manche Flötisten denken deshalb, sie hätten eine zu hoch gestimmte Flöte, obwohl das Gegenteil der Fall ist. Die Töne sind zu hoch, weil die Flöte zu tief gestimmt ist. Das mag widersprüchlich klingen, aber wenn das A stimmt (was immer der Fall ist, da es der Spieler durch Verschieben des Kopfstücks erzielt), muß bei zu hoch klingenden Tönen die Entfernung des jeweiligen Tonlochs zum Mundloch vergrößert werden, was die Länge der Oktave verkürzt. Dadurch wird die Skala höher und die betroffenen Töne tiefer.

Die Frage nach dem geeignetsten Flötenmetall läßt sich wohl nicht beantworten. Ich habe Kopfstücke aus Silber, Gold, rostfreiem Stahl, Zinn und sogar halb Silber, halb Gold angefertigt und bin genauso klug wie zuvor. Rostfreier Stahl reizte mich aufgrund seines Aussehens und seiner Härte, Zinn wegen seiner Weichheit und häufigen Verwendung für Orgelpfeifen, wofür es besonders geeignet ist. Man sagte mir, daß es am vorteilhaftesten sei, wenn Orgelpfeifen eine Naht haben, und da eine Zinnröhre ohne Naht nicht zu erhalten ist, hatte mein Kopfstück eine solche Naht. Die Schwierigkeiten, einen Mundstückkamin aus Zinn an eine Zinnlippenplatte, dann diese an ein Zinnrohr weichzulöten, ohne daß das Ganze schmilzt, sind unbeschreiblich.

Zur Zeit arbeite ich an der Verbesserung des Kopfstücks. Ich probiere unablässig etwas Neues aus, um der Flöte zu einem immer besseren Klang zu verhelfen.

6.

Die Pflege der Flöte

Wie der Leser sich vorstellen kann, bin ich stolzer Besitzer einiger
Cooper-Flöten, und ich behandle diese Instrumente sorgfältig, um
mir mein Glück nicht zu verscherzen. Die Flöte ist einigen Gefah-
ren ausgesetzt: Staub, Schweiß, extremen Temperaturschwankungen, Verschleißerscheinungen und Beschädigungen, aber die
größte Gefahr für das Instrument stellt ein nachlässiger Besitzer
dar. Die Pflege bedarf keiner großen Mühe und Fertigkeit. Man
muß nur einige allgemeine Handgriffe beachten.

Die Sauberkeit und Sicherheit

Zuerst muß das Instrument in sauberem Zustand gehalten werden.
Nach jedem Üben oder Spielen sollte der Fingerschweiß mit einem weichen Tuch, angefeuchtet mit Alkohol oder dergleichen,
abgerieben werden. Dieser Ratschlag gilt natürlich nur für Besitzer von Metallflöten und besonders von Silberflöten. Wischt man
den Fingerschweiß nicht ab, verfärbt sich die Flöte schwarz. Eine
schmuddelige Flöte ist für mich ein Zeichen für schlampiges Spiel.
Denn wie kann ein Spieler, der sein Instrument mit sowenig Liebe
behandelt, gut spielen?
   Tägliche Pflege schließt hauptsächlich die Sorge um eine sichere Aufbewahrung des Instruments mit ein, wenn es nicht benutzt wird. Der Spieler soll es nicht einfach dem Staub ausgesetzt
herumliegen lassen, sondern es in den Flötenkasten verschließen.
Außerdem muß der Kasten an einem sicheren Ort verwahrt werden, damit er nicht durch unachtsame Armbewegungen herunter-
gestoßen werden kann. Zusätzlich sollte man die Flöte vor extremen Temperaturen schützen.

Das Zerlegen und Zusammensetzen der Flöte

Bevor die Flöte in den Kasten gelegt wird, zerlegt man sie. Das muß sehr vorsichtig geschehen, da man sonst die Flöte beschädigen kann. Beim Abziehen des Flötenkopfs vom Mittelteil darf man nicht auf die Mundplatte oder die Klappen fassen. Die Mundlochplatte verbiegt sich leicht, und da es dem Hersteller einige Mühe bereitet, diese für das Blasen im richtigen Winkel anzubringen, sollte man seine Arbeit nicht leichtfertig ruinieren. Genauso empfindlich sind die Klappen des Instruments, deren präzises Funktionieren für ein gutes Spiel entscheidend ist. Man darf sie nicht durch gewaltsames Herausziehen des Kopfstücks zu Hebeln umfunktionieren. Die linke Hand packt das Kopfstück direkt unter der Mundplatte an und die rechte Hand das Mittelteil am Rohr. Ebenso hält beim Abnehmen des Fußes die linke Hand das Rohr des Mittelteils, während der Daumen der rechten Hand auf die zwei unteren Klappen des Fußes C und Cis gelegt wird.

Diese Anweisungen sollten zum Schutz der Klappen berücksichtigt werden. Es versteht sich von selbst, daß beim Zusammensetzen der Flöte dieselben Handgriffe gelten.

Der Flötenkasten

Die beste Versicherung für eine Flöte ist ein guter Flötenkasten, in dem die drei Teile der Flöte sachgerecht und sicher aufbewahrt sind. Manche Kästen sind für diesen Zweck so ungeeignet, daß sie sich beim Schütteln anhören, als ob lauter Messer und Gabeln in ihnen herumpurzelten. Meine Flötenkästen lasse ich in New York anfertigen; sie sind alle aus einem Stück Holz gearbeitet, mit Samt ausgeschlagen und so präzise gebaut, daß man sie bis in alle Ewigkeiten schütteln könnte, ohne irgendein Geräusch zu hören. Nicht jeder möchte oder kann sich einen speziell hergestellten Kasten leisten. Trotzdem muß man Mittel ersinnen, daß die Flöte nicht im Kasten herumklappert; sie kann dadurch schnell kaputtgehen. Manche Hersteller liefern Schutzvorrichtungen mit wie Kappen, die am Ende des Kopfes und des Mittelteils aufgesteckt werden, um die empfindlichen Teile vor Stößen und Schlägen zu sichern. Das ist eher etwas für Kinder, die die Flöte wie einen Hockeyschläger behandeln; allen, die den Unterschied kennen, und besonders Berufsmusikern möchte ich davon abraten. Denn wenn die Kappen zu eng sind, können sie die Verbindungsteile beschädigen, die sie eigentlich schützen sollten.

Ich selbst pflege noch zusätzlich ein Ritual zur optimalen Erhaltung meiner Flöten, das man nachahmen oder verächtlich beiseite legen kann. Flöten, auf denen ich nicht gerade spiele, bewahre ich in ihren Kästen in Nord-Süd-Richtung auf, und zwar aus dem einfachen Grund, weil sie auf diese Weise besser funktionieren, als wenn sie wahllos herumliegen. Ich nehme an, daß die Ursache dafür in den Magnetfeldern liegt, eine Kraft, über die man noch nicht so genau Bescheid weiß. Da ich mit mir genauso sorgfältig umgehe wie mit meiner Flöte, steht auch mein Bett in Nord-Süd-Richtung. Charles Dickens verhielt sich ebenso wie ich; manchmal mußte sein Hotelzimmer völlig umgeräumt werden, damit er dem Magnetfeld entsprechend richtig schlafen konnte.

Die Temperaturprobleme

Gegen Temperaturschwankungen läßt sich in den meisten Fällen nicht viel ausrichten, weder in Ländern wie England – wo Klimaanlagen gerade eingeführt werden – noch in anderen Ländern wie den Vereinigten Staaten mit ihren großen klimatischen Gefällen. Reist man in den USA herum, kann die Flöte innerhalb von einer Woche im Süden 30 Grad Celsius ausgesetzt sein und im Norden Temperaturen um den Gefrierpunkt. Diese Behandlung ist der schnellste Weg in die Reparaturwerkstatt, da den Flöten Temperaturveränderungen nicht bekommen. Man kann auf solchen Reisen nur versuchen, die Schäden zu begrenzen. Beispielsweise gebe ich meine Flöte bei Flugreisen niemals mit dem Gepäck auf; im Frachtraum ist es sehr kalt, außerdem verlieren die Fluggesellschaften ab und zu Gepäck.

Extreme Temperaturschwankungen schaden vor allem den Polstern auf den Klappen, die dadurch ihre Form verändern. Trockenheit und Feuchtigkeit beeinträchtigen die Klappen ebenfalls, Trockenheit ist auf jeden Fall schlimmer. Die Polster schrumpfen und decken nicht mehr richtig. Bei Feuchtigkeit quellen sie ein wenig; geschieht das Quellen gleichmäßig, kann es eine Verbesserung des Spiels bewirken.

Reparaturen

Auch bei vorsichtiger Behandlung muß die Flöte irgendwann einmal zur Reparatur. Ich pflege mein Instrument einem Experten anzuvertrauen und nicht selbst an ihm herumzudoktern. Einerseits braucht eine Flötenreparatur eine Menge Zeit, die ich lieber dem Üben widme, andererseits gewisse Fertigkeiten, über die ich nicht verfüge. Der Leser mag denken, daß ich gut reden habe; mir stehen mehrere Flöten zur Verfügung, ist eine bei der Reparatur, wirkt sich das nicht einschneidend aus. Das ist wahr; ich verstehe sehr gut, daß man sich selbst an der Flötenreparatur versucht – vor allem, wenn man nicht so mit Flöten gesegnet ist wie ich. Einige Flötisten reparieren nicht nur ihre Instrumente, sie bauen sie sogar selbst, was allen Flötisten zugute kam. Denn die Verbesserungen Albert Coopers entstanden aus dem engen Austausch mit ausübenden Musikern, die sich für den Flötenbau interessierten. Trotzdem rate ich den Bastlern zur Vorsicht. Dazu möchte ich eine kleine Geschichte erzählen, die ich vor ein paar Jahren in Japan erlebt habe.

Ich besuchte dort einmal die Ausstellungsräume der Firma Muramatsu in Tokio, um mir ihre Flöten, Flötenplatten und ihr Flötenzubehör anzuschauen. Unter den Geräten befand sich ein kunstvoller, hypermoderner Schraubenzieher mit verschiedenen Einsätzen. Ich bewunderte dieses Werkzeug. Doch Herr Muramatsu wandte ein, das sei kein Schraubenzieher, sondern ein Flötenzerstörer. Verkaufe er diesen, könne er sicher sein, daß die Flöte am nächsten Tag zur Reparatur gebracht werde.

Das Spielen, Üben und Erlernen der Technik

Im ersten Teil dieses Buches habe ich die Geschichte der Flöte von den frühesten Anfängen bis zu den modernsten Entwicklungen kurz umrissen. Im zweiten Teil möchte ich nun für diejenigen, die dieses Instrument erlernen wollen, eine Anleitung geben, die auch unnötige Umwege vermeiden helfen soll. Das Flötespielen besteht aus drei Komponenten: der Musik, der Fähigkeit, sich anderen Menschen mitzuteilen, und der Beherrschung der Flöte. Diese drei Dinge entwickeln sich gewöhnlich gleichzeitig. Der Spieler muß sich jedoch zunächst mit dem dritten Punkt befassen.

Er sollte sich nicht damit zufriedengeben, die Flöte einigermaßen zu erlernen. Sein Ehrgeiz muß vielmehr darauf zielen, die Flöte so zu beherrschen, daß sie ein Teil von ihm wird. Die Flöte darf nicht nur ein Metallrohr sein, dem durch kompliziertes Blasen und Fingerfertigkeit eine Melodie entlockt wird, sondern muß vielmehr zu einer Erweiterung seines körperlichen, geistigen und spirituellen Daseins werden, zu einem zusätzlichen Körperteil, das mit (fast) der gleichen unbewußten Leichtigkeit funktioniert wie die anderen Glieder. Es kann aber Jahre dauern, manchmal ein ganzes Leben, bis man die Flöte am Mund als vollkommen natürlich empfindet. Es gibt noch heute Flötisten in Orchestern, die sich damit zufriedengeben, die Musikstücke im richtigen Tempo und mit sauberer Intonation spielen zu können. Diese Einstellung entspricht mir überhaupt nicht. Auf diese Weise kann es keinen Spaß machen, Flöte zu spielen oder, was ebenso wichtig ist, so zu spielen, daß andere gerne zuhören. Ob man nun gerade erst anfängt oder schon ein paar Tricks erlernt hat, das Ziel muß sein, vor Zuhörern zu spielen. Die Devise heißt Mitteilung, und die Aufgabe, die wir im folgenden nicht aus den Augen verlieren dürfen, lautet, die Flöte zu einem Teil von sich werden zu lassen.

Bevor ich jedoch Einzelheiten erläutere, möchte ich um Folgendes bitten: Ich habe mich bemüht, meine Erfahrungen so deutlich zu formulieren, daß sie für jedermann verständlich sind. Aber ich möchte nicht, daß diese wie die Zehn Gebote betrachtet werden, denen man glauben und gehorchen muß. Flöte spielen ist eine menschliche Tätigkeit, und da die Menschen sehr verschieden sind, wird jeder spezielle Probleme haben und eigene Lösungen für diese Probleme finden müssen. Es gibt hier keine allgemeinen Formeln wie etwa die Regeln in der Mathematik, die für jedermann gelten. Deshalb muß man versuchen herauszufinden, was für die eigene Person das Richtige ist. Jedoch haben die Menschen, trotz aller Unterschiede, auch viele Gemeinsamkeiten, die es erlauben, einige vorsichtige Empfehlungen zu geben. Ich möchte deshalb dem Spieler zwei Dinge ans Herz legen, die er beim Erlernen der Flöte beachten soll: erstens eigene Experimente machen und zweitens offen gegenüber neuen Ideen sein. Er sollte zumindest bereit sein, über sie nachzudenken und sie auszuprobieren.

Ich wünsche mir, daß dieses Buch im Geist der Offenheit und des Experiments gelesen werde. Auch Musiker, die eine völlig individuelle Methode entwickelt haben, die niemand anderem entspricht, müssen an irgendeinem Punkt angefangen haben. Ich hoffe, daß meine Ausführungen ein solcher Ausgangspunkt und ein guter Richtungsweiser werden können.

Doch im Augenblick sollten wir – die Individualität beiseite lassend – uns den Anfängen des Flötespielens zuwenden.

7.
Die physiologischen Aspekte

Das Stehen

Ich übe aus zwei Gründen lieber im Stehen. Zum einen ist der Stuhl, der für stundenlanges Üben geeignet ist, noch nicht erfunden worden. Die Stühle, die es gibt, sind bei gewissenhaftem Üben zu unbequem und ungesund. Zum anderen sollte man so üben, wie man in Konzerten spielt: eben im Stehen. Ich möchte dazu folgende Regel aufstellen: Die Bedingungen beim Üben sollen so weit wie möglich denen im Konzert entsprechen. Wenn man zwanzig Minuten oder sogar einige Stunden stehen muß und dabei auch noch wunderschön spielen soll, müssen die Muskeln daran gewöhnt werden. Demnach sollte ein Orchestermusiker, der die Konzerte im Sitzen spielt, auch im Sitzen üben – doch zu seinen Problemen später. Zunächst jedoch sollte man stehend üben.

Es spielt eine große Rolle, wie man steht, nicht nur, weil man in den nächsten Wochen, Monaten und Jahren viel stehen muß, sondern auch, weil sich die Haltung auf die Atmung, die Kontrolle über die Flöte und die Bewegungsfreiheit beim Spielen auswirkt. Man sollte fest, bequem und gerade stehen. Worauf zunächst geachtet werden muß, ist, einen festen Stand zu haben. Nicht so steif wie ein Wachsoldat, aber auch nicht so krumm wie jemand, der mit dem Gewicht der ganzen Welt auf den Schultern und den Wochenendeinkäufen in den Händen an einer Bushaltestelle steht.

Um mit der untersten Ebene zu beginnen, lautet mein erster Ratschlag, bequeme Schuhe zu tragen. Er zielt hauptsächlich auf Mädchen, denen die Mode manchmal die unbequemste Fußbekleidung diktiert. Ich empfehle ihnen, den Forderungen der Mode zugunsten der Flöte und ihrer Füße zu widerstehen. Hohe Absätze zum Beispiel verbiegen die Haltung und sollten daher vermieden werden. Wenn man allerdings in ungeeigneten Schuhen auftreten möchte, sollte man nach dem Grundsatz der gleichen Bedingungen für Übung und Konzerte diese auch beim Üben tragen. Zur Zeit laufen übrigens auch Männer mit hohen Absätzen herum. Zu einem Konzertauftritt aber müssen sie einen Anzug und die dazugehörigen Schuhe mit flachen Absätzen tragen, dadurch werden während der Vorstellung plötzlich völlig neue Anforderungen an die Muskeln gestellt.

Ich kann aus meiner eigenen Erfahrung eine warnende Geschichte erzählen, die die Notwendigkeit, beim Üben und im Konzert die gleiche Art von Schuhen zu tragen, verdeutlicht. Vor einiger Zeit wurde ich das Opfer eines wüsten Motorradfahrers, der mich mit gebrochenen Beinen im Graben zurückließ. Nach der Operation und den üblichen Folgebehandlungen kam ich schließ-

Stehende Position
Der Notenständer wird ein wenig zur Linken des Spielers aufgestellt

lich wieder auf die Beine. Da meine Füße aber nicht mehr so waren wie früher, schien es mir bequemer, ohne Schuhe zu üben. Als ich dann mein erstes Konzert nach dem Unfall spielte, bereute ich dies sehr schnell. Erstens fühlte ich mich in den Schuhen, an die ich nicht gewöhnt war, unbequem und zweitens warfen sie mich – obwohl die Absätze nicht sehr hoch waren – aus der Balance.

Erster Punkt also: Man sollte bequeme Schuhe tragen, die auch zum öffentlichen Auftreten geeignet sind. Jetzt zum Stehen: Die Frage lautet, wie steht man bequem? Ich möchte darüber keine Regeln aufstellen, sondern lieber erklären, wie ich es mache, zum Ausprobieren. Ich stehe mit leicht gespreizten Beinen, der linke Fuß zeigt etwas nach links und der rechte nach rechts. Der Winkel zwischen ihnen entspricht ungefähr den Zeigern zehn vor zwei auf der Uhr. Mein Körpergewicht ruht auf dem rechten Bein. Meine Schultern befinden sich nicht parallel zu den Hüften, sondern sind leicht nach links gedreht, und zwar so weit, daß das Blasloch und mein linker Fuß sich auf einer Linie befinden.

Ganz gleich, wie man Schultern, Hüfte und Füße aufeinander abstimmt, wichtig ist nur, daß man gerade steht, und zwar aus folgenden Gründen: Erstens wird durch eine gerade Haltung ein stabileres Gleichgewicht erreicht und dadurch die Kontrolle über die Muskulatur verbessert. Nur wenn die Muskeln völlig beherrscht werden, kann man seine Vorstellungen und Absichten in der Musik umsetzen. Zweitens wird im Aufrechtstehen Kraft gespart. Denn steht man beim Spielen nach vorn gebeugt, muß man die Beinmuskeln anspannen, um nicht nach vorn zu kippen, und vergeudet so unnötig Energie. Und drittens kann man nicht richtig atmen, wenn man nicht gerade steht.

Zum Flötespielen benötigt man eine andere Atmung als das automatische Ein- und Ausatmen, das ansonsten ausreicht. Zu diesem Thema werde ich später mehr sagen. Fürs erste genügt es zu betonen, daß der Flötist in der Lage sein muß, seine Atemkapazitäten voll auszunutzen. Dies gilt für Sänger gleichermaßen, und wenn man einen Sänger in einem Konzert singen sieht, wird man feststellen können, daß große Stimmen nicht mit runden Schultern und eingefallenem Brustkorb zustande kommen. Genau wie ein

Sänger muß der Flötist mit gerader Wirbelsäule aufrecht stehen, damit er seinen Brustkorb weiten, seine Lungen füllen und seinen Kehlkopf öffnen kann. Der Atem ist sein Material, und er benötigt eine ganze Menge davon. Die Lungen sind seine Vorratstanks, und sie funktionieren am besten, wenn er aufrecht steht und es ihnen so ermöglicht, sich zu weiten.

Wir stehen also jetzt mit den Füßen fest auf dem Boden und atmen wie eine durchtrainierte Primadonna. Manche Lehrer bringen ihren Schülern bei, beim Spielen unbedingt locker zu sein. Ich bin nicht ihrer Meinung, weil die Muskeln kontrolliert werden müssen. Das bedeutet aber nicht, daß man verkrampft spielen soll. Besonders die Arme, Hände und Finger müssen sich ungehindert, aber kontrolliert bewegen können. Die beherrschte Beweglichkeit dieser Körperteile bestimmt – abgesehen von der Atmung – den Klang beim Spielen. Man muß also beim Stehen auf drei Dinge achten: Gleichgewicht, aufrechte Haltung und Beweglichkeit.

An dieser Stelle möchte ich – da ich schon sehr viel mit jungen Flötisten zu tun hatte – vor etwas warnen. Man braucht zwar nicht steif und unbeweglich dazustehen. Aber aus meiner Erfahrung machen die Schüler diesen Fehler in der Regel sowieso nicht. Im Gegenteil, sie schwanken nicht selten im Rhythmus der Musik hin und her, als ob sie die Töne nicht nur spielen, sondern auch darstellen müßten. Wenn man von dieser Tanzkrankheit noch nicht angesteckt ist, möchte ich dagegen immun machen, weil diese Bewegungen wirklich eine schlechte Angewohnheit sind, die beim Musizieren stört. Ich kenne junge Flötenspieler, die sich während einer Phrase nach links neigen, mit der Flöte in die Luft stechen, als ob sie die Töne irgendwo festnageln wollten, dann nach rechts schwenken und den Vorgang wiederholen. Diese Art, im Takt zu spielen, steckt die Musik in eine Zwangsjacke, was ihrer Schönheit abträglich ist. Der Spieler soll das Metronom im Kopf oder auf dem Kaminsims haben und nicht in den Armen und Beinen. Außerdem verbrauchen diese übertriebenen Bewegungen unnötig Sauerstoff, der für die Musik benötigt wird. Einige (kleine) Bewegungen können manchmal beim Spielen hilfreich sein. Diese kann man meinetwegen machen. Aber alle anderen sind nur eine

Verschwendung von begrenzten Energien. Je schneller die Musik ist, desto weniger Reserven hat der Spieler. Um so verschwenderischer ist der Musiker, der heftig agiert und so die Energien unnötigerweise aufbraucht.

Nachdem ich nun ausgeführt habe, daß man Ballettübungen beim Spielen vermeiden soll, nun eine Zusammenfassung über das Stehen als Abschluß: Ruhig und gerade stehen, mit den Füßen fest auf dem Boden und sich auf die Musik konzentrieren.

Das Sitzen

Der Notenständer ist für den stehenden Flötisten ein Problem. Entweder stellt er ihn hoch genug, damit er die Noten bequem lesen kann. In diesem Fall wird das Publikum zu einer boßen Masse von Beinpaaren, denen ein Notenheft aufgesetzt worden ist. Oder er stellt den Notenständer so niedrig, daß er darüber hinweg das Publikum sehen kann. Dann muß er sich aber sehr weit nach vorne beugen, um die Noten lesen zu können. Die Lösung des Problems lautet, die Stücke auswendig zu lernen.

Sitzende Musiker haben diese Probleme nicht. Sie haben andere Probleme, besonders wenn sie mitten in der Holzbläsergruppe eines Sinfonieorchesters sitzen. Die Flöte ist, weil sie schräg gehalten wird, zwischen all den längs geblasenen Instrumenten (Oboe, Klarinette, Fagott) ein Außenseiter. Im Stehen kann man diese seitliche Verbiegung ausgleichen, indem man die Schultern in die richtige Stellung zu den Hüften dreht (wie vorher beschrieben), was die Spannung in den Rückenmuskeln vermindert und längeres schmerzfreies Spielen ermöglicht. Wenn man aber in einer Reihe mit den anderen Holzbläsern im Orchester sitzt, wo die Stühle eine Linie bilden und die Notenständer parallel dazu eine zweite, stellt sich die Sache völlig anders dar. Die Kollegen, die ihre Instrumente gerade nach vorne halten, können die Noten und den Dirigenten ungehindert sehen. Der Flötist dagegen sitzt verdreht auf seinem Stuhl und muß zu beiden hinschielen, wobei die Nase die Hälfte der Sicht versperrt. Das Ergebnis ist ein Krampf

84

im oberen linken Arm, und für die Augen kann das auch nicht besonders gesund sein.

Leider habe ich erst spät in meinem Leben die Lösung für dieses Problem gefunden. Ich ließ den Notenständer in einer Reihe mit den anderen, drehte aber meinen Stuhl ein wenig nach rechts, so daß, wenn der Dirigent auf zwölf Uhr stand, mein Stuhl nach zwei Uhr zeigte. Dadurch konnte ich sowohl die Noten als auch den Dirigenten problemlos sehen. Das Schielen und die Krämpfe waren vorbei.

Sitzende Position
Der Notenständer wird ein wenig zur Linken des Spielers aufgestellt

Es könnte zwar sein, daß manche Zuhörer meinen, der Flötist habe so keinen Kontakt zum ersten Oboisten. Tatsache ist aber, daß man so besser spielt, und der Oboist wird schon um den Kontakt wissen.

Wenn man die Konzerte im Sitzen spielen muß, sollte man auch im Sitzen üben. Und da ich weiß, wie unzulänglich Stühle für gewöhnlich sind, hat jeder Spieler mein vollstes Mitgefühl. Ich kann ihm nur empfehlen, einen einfachen und bewährten Küchenstuhl zu nehmen und keinen, den moderne Designer für den Komfort kreiert haben. Die Probe aufs Exempel kann mit einer Bruckner-Sinfonie gemacht werden: Wenn man diese sitzend überlebt, ist der Stuhl gut.

Das Atmen

Dieses Thema hat für Flötisten eine größere Bedeutung als für die meisten anderen Menschen. Aber es ist meiner Meinung nach durch technische Erklärungen unnötig kompliziert worden. Unklare Erläuterungen über das Zwerchfell haben besonders viel Verwirrung gestiftet. Hier sind ein paar Übungen, mit denen sich der Anfänger klarmachen kann, welche Körperteile er beim Atmen benutzt. Man benötigt dazu einen Helfer.

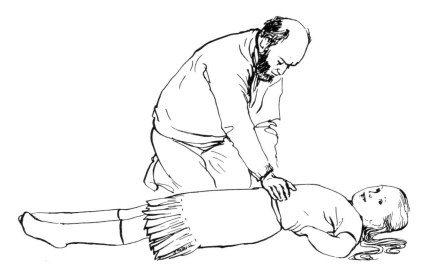

Atemübung auf dem Rücken liegend

Der Spieler legt sich auf den Rücken und schiebt seine Hände etwas unter die Taille. Der Helfer soll dann seine Hand ein wenig über der Taille, dort, wo sich die unteren Rippen nach außen wölben, fest auflegen. Der Spieler atmet nun langsam tief ein und kann beobachten, wie die Hand, die auf seinen Bauch drückt, nach oben geschoben wird. Verursacht wird dies durch die Bewegung des Zwerchfells.

Für die nächste Übung bleibt er weiterhin auf dem Boden liegen, dreht sich aber auf den Bauch und streckt die Arme flach am Körper aus. Der Helfer legt dieses Mal seine Hand in Höhe der Schulterblätter auf den Rücken. Der Spieler atmet wieder langsam tief ein. Er soll dabei wieder spüren, wie er sich ausdehnt und die Hand wegdrückt. Mit dieser Übung will ich zeigen, daß sich die Lungen sowohl nach vorn als auch nach hinten ausweiten, und zwar viel höher den Rücken hinauf, als man sich das vielleicht vorstellt. Beim Flötespielen benötigt man jeden letzten Kubikzentimeter seiner Atemkapazitäten. Deshalb sollte man sie kennen und wissen, wo sie sich ungefähr befinden.

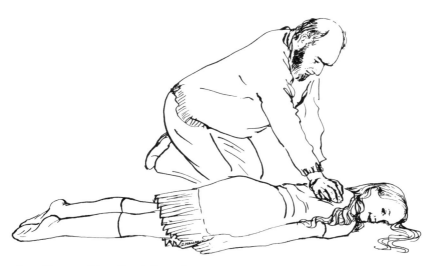

Atemübung auf dem Bauch liegend

Eine spezielle Atemtechnik läßt sich nicht an einem Tag erlernen. Man muß sehr lange daran arbeiten. Das soll keine Entmutigung sein. Eine tiefe, kontrollierte Atmung ist keine Hexerei. Yogis verfügen darüber und Athleten, und mit ein wenig Geduld und Ausdauer kann jeder sie erlernen. Die Atmungsorgane sind bei allen Menschen ziemlich gleich gebaut, und auch die Lernfähigkeit besitzen wir alle. Beginnen wir also sofort mit dem Übungsprogramm, und schon bald werden wir einen Fortschritt bemerken.

Das Zwerchfell
Die Lage des Zwerchfells im Verhältnis zu den anderen größeren Brustorganen

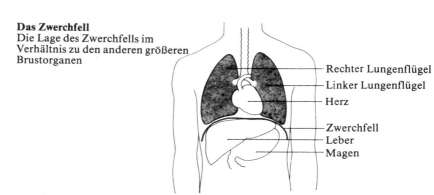

Rechter Lungenflügel
Linker Lungenflügel
Herz

Zwerchfell
Leber
Magen

Die Bewegung des Zwerchfells

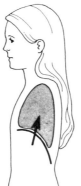 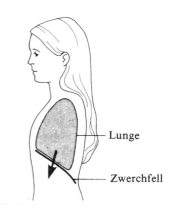

Lunge

Zwerchfell

Die Stellung des Zwerchfells nach dem Ausatmen: Das Zwerchfell ist entspannt und nach oben gewölbt. Die Lungen sind leer, und der Brustkorb ist klein.

Die Stellung des Zwerchfells nach dem Einatmen: Das Zwerchfell zieht sich nach unten zusammen, Lunge und Brustkorb sind geweitet.

88

Das Übungsprogramm, das ich im Kopf habe, besteht nicht aus täglicher Gymnastik oder allmorgendlichem Joggen im Park, sondern ist spezifisch auf das Flötespielen hin ausgerichtet. Als ich in London studierte, übte ich mich darin, die Luft von einer Station der Untergrundbahn bis zur nächsten anzuhalten. Es war ein interessantes Training, das bei mir keine bleibenden Schäden hinterlassen hat. Ich werde dieses Beispiel jedoch nicht zur Nachahmung empfehlen, denn erstens gibt es nicht überall eine Untergrundbahn, und zweitens kann das angestrengte Zucken die anderen Fahrgäste beunruhigen. Es gibt auch Übungen, die man zu Hause machen kann. Dabei sollen drei Dinge verbessert werden: die Menge der Luft, die man einatmen kann, die Kontrolle der Luft und der sparsame Umgang mit ihr.

Der Spieler legt im Stehen beide Hände am unteren Ende der Rippen seitlich an die Taille. Er zählt leise (im Kopf) bis vier und atmet dabei langsam ein. Dabei kann er beobachten, wie die Rippen sich weiten und die Hände nach außen gedrückt werden. Er hält die Luft bis vier an und atmet sie dann bis vier wieder aus. Er muß dabei im Kopf zählen, denn wenn er laut zählt, verschwendet

Atemübung stehend

er seine Luft unnötigerweise. Mit dieser Übung sollte er sein tägliches Spielen beginnen.

Ich habe vorgeschlagen, daß zunächst bis vier gezählt wird (vier Schritte einatmen, vier aushalten, vier ausatmen), da mir die Übung so einfach erscheint, daß selbst kleine Kinder dies schaffen können. Nach einigen Wochen kann diese Übung erweitert werden, indem der Schüler bis fünf zählt, dann bis sechs, dann sieben und so weiter. Aber diese Anweisungen dürfen nicht zu wörtlich genommen werden. Das Atemvermögen der Menschen ist unterschiedlich groß, und wenn man mit einer höheren Zahl beginnen kann, um so besser. In diesem Fall entscheidet jeder selbst, mit welcher Zahl er beginnen will. Sie sollte aber auf die Dauer immer größer werden.

Zusätzlich zu den Übungen möchte ich noch einige allgemeine Bemerkungen über das Atmen machen. Ich habe schon die Vorteile der aufrechten Haltung erwähnt und hoffe, sie sind nicht überlesen worden. Soviel zur Körperhaltung.

Im nächsten Hinweis geht es um folgendes: Versetzen wir uns in unsere Jugendjahre zurück. Als Kind haben wir natürlich nicht die gleiche Atemkapazität wie professionelle Flötisten. Daher hat der verständige Lehrer uns Kindern nicht nur alle Stellen zum Atemholen in den Musikstücken eingezeichnet, sondern auch einige Hilfsatmungen. Das ist im Fall eines Anfängers auch richtig. Aber ich habe festgestellt, daß manche Flötenspieler die Anweisungen ihres ersten Lehrers auch dann noch befolgten, als es gar nicht mehr nötig war. Wenn man älter und die Lungen größer geworden sind, muß man dieses Luftschnappen abstellen. Der Spieler wird feststellen, daß sein Spiel dadurch sehr viel besser wird. Denn jedes Mal, wenn er mitten in einer Phrase atmet, unterbricht er die Musik. Das ist genauso, als ob er die Musik zum Schweigen brächte, sie am Hals packte und erwürgte – was er hoffentlich nicht beabsichtigt.

Die Atmung stellt also zunächst ein großes Problem dar. Aber mit Geduld und Ausdauer wird man im Laufe der Zeit den Umfang des Problems verkleinern. Ich möchte vor allem zu einer optimistischen Haltung raten, denn die menschliche Psyche funktio-

90

niert nach merkwürdigen Mechanismen. Wenn jemand daran *glaubt*, daß er etwas schaffen kann, dann *wird* er es auch schaffen. Dieser Mechanismus funktioniert genauso in der entgegengesetzten Richtung, und es gibt nichts, das den Erfolg mehr behindert als der Zweifel an der Bewältigung des Problems. Der Spieler sollte also davon überzeugt sein, daß er genügend Luft hat, um bis zum Ende der Phrase durchzukommen. Wenn er es einmal geschafft hat, wird es ihm beim nächsten Mal schon viel leichter fallen. Er sollte auf keinen Fall in Panik geraten, das tut den Nerven nicht gut. Außerdem vergeudet er dadurch wertvollen Atem, den er anderweitig benötigt.

Daher soll der Spieler üben, in aller Ruhe zu atmen, selbst wenn er kaum Zeit dazu hat und die Seite voller schwarzer Noten ist. Wenn er ruhig atmet, bleibt sein Pulsschlag niedrig, und er kann sich die Luft für die Musik aufsparen.

Meiner Überzeugung nach muß man drei verschiedene Atmungen erlernen. Die erste und wesentlichste ist das Atemholen zu Beginn eines Stückes oder in einer Pause. Für diejenigen, die sie ausprobieren möchten, erzähle ich, wie ich es mache. Ich atme (tief) ein, bis die Lungen fast vollständig gefüllt sind. Dann vergewissere ich mich, ob alles stimmt und ich anfangen kann zu spielen. Im letzten Moment atme ich dann noch zusätzlich einen kurzen Schnaufer ein, so daß ich mit dem ganzen Sauerstoff in mir loslegen kann.

Das ist meine Version der Super-Atmung des Flötisten. Man braucht dazu allerdings genügend Zeit, die einem die Musik oftmals aber nicht läßt. Der Spieler muß dann eine kleine Zwischenatmung machen, um bis zur nächsten größeren Pause durchhalten zu können. Diese zweite Atmung nenne ich *Überbrückungsatmung*. Da man nur sehr kurz nach Luft schnappen kann, ist sie gewöhnlich mit einem Geräusch verbunden (bei Solisten, die von einem Orchester begleitet werden, fällt das nicht besonders auf). Ich neige zu der Auffassung, daß Atemgeräusche für Spielerinnen ein größeres Problem darstellen als für Spieler, und glaube, daß dies an der höheren Stimmlage der Frauen liegt. Abgesehen von dieser Theorie können Männer wie Frauen die Atemgeräusche reduzieren oder sogar beseitigen. Um das zu erreichen, muß der Kehlkopf entspannt werden.

Die dritte Atmung ist ebenfalls eine Durchhaltetechnik. Es wäre schön, wenn wir ohne sie auskommen könnten, aber wir müssen halt beim Blasen ab und zu atmen. Man verwendet sie wie die Überbrückungsatmung an Stellen, wo die Musik keine Zeit zum Atmen läßt. Der Unterschied zur Überbrückungsatmung liegt aber darin, daß sie noch kürzer, schneller und unmerklicher gemacht werden muß. Als ein gutes Beispiel für ihre Anwendung kann eine Folge von Staccatotönen dienen. Wenn zwischendurch eine winzige Atmung eingefügt wird, fällt das niemandem auf.

Bei einer solchen Technik benötigt der Spieler Geschicklichkeit, Erfahrung und eine gewisse Vorausplanung. Zunächst muß der Spieler Atemübungen machen, um sie zu erlernen. Dann muß er das Stück, bevor er es spielt, durchgehen, um zu sehen, *wo* er atmen kann und *wieviel* er an der jeweiligen Stelle atmen kann. Er muß dabei genau seine Atemkapazität beachten. Es passiert jungen Spielern oft genug, daß sie gegen Ende einer Phrase keine Luft mehr übrig haben und atmen müssen. Wer dieses Problem hat, sollte unbedingt die dabei entstehenden Pausen beseitigen. Der Spieler sollte daran denken, daß es zum Durchkommen nur einer zusätzlichen Atmung bedarf.

Das Halten der Flöte

Theorien und Auseinandersetzungen über die richtige Art, die Flöte zu halten, gibt es seit Johann Joachim Quantz – und wahrscheinlich schon länger. Einige Jahrhunderte später hat man sich darüber immer noch nicht geeinigt. Ich selbst habe als Schüler gegensätzliche Methoden beigebracht bekommen. Mittlerweile bin ich zu einigen Schlußfolgerungen gelangt, die hoffentlich dem, was Sie bis jetzt gelernt haben, nicht ganz widersprechen.

Erstens glaube ich nicht an eine ideale Handgröße. Trotzdem bin ich froh darüber, daß meine Hände eine durchschnittliche Größe haben. Sie sind weder riesig noch so klein, daß sie nur mit

Mühe die Klappen erreichen. Meiner Meinung nach sollten Menschen mit kleinen Händen nicht auf Flöten mit Ringklappen, sondern mit geschlossenen Klappen spielen. Ich selbst spiele eine Flöte mit Ringklappen.

Zweitens läuft das ganze Problem beim Halten der Flöte auf den Punkt hinaus, daß die Flöte ruhig liegen bleiben muß, während die Finger sich bewegen. Wenn sich die Flöte durch unterschiedlichen Fingerdruck bewegt und das Kopfstück dadurch am Mund hin- und hergeschoben wird, so daß man genausoviel Luft über und neben das Mundloch bläst wie hinein, wird sowohl die Qualität der Töne als auch das gesamte Spiel beeinträchtigt.

Damit die Flöte sich nicht bewegen kann, halte ich sie an drei sich gegenseitig aufhebenden Druckpunkten. Diese sind die Seite des linken Zeigefingers an seinem Wurzelglied, die Kinngrube direkt unterhalb der Unterlippe und die Spitze des rechten Daumens. Der Zeigefinger drückt die Flöte gegen die Embouchure, das Kinn dient als Gegenkraft zur Stabilisierung, und der Daumen drückt in die entgegengesetzte Richtung. Durch dieses Verhältnis von Kraft und Gegenkraft kann sich die Flöte nicht bewegen, egal, wie schnell die Finger spielen müssen.

Es gibt Befürworter eines drucklosen Spiels, die größten Wert auf Entspanntheit legen. Sie führen Mark Spitz und Muhamed Ali als Beispiele dafür an, daß man auf eine entspannte Weise erfolgreich sein kann. Das überzeugt mich nicht. Ich bin sicher, daß Mark Spitz völlig entspannt ist, wenn er nicht gerade schwimmt, genauso wie Muhamed Ali, wenn er nicht gerade boxt. Auch ich bin eigentlich recht entspannt, wenn ich nicht gerade spiele. Für jede körperliche Tätigkeit werden Muskeln gebraucht. Und entspannte Muskeln sind bei körperlicher Betätigung so wertlos wie kaputte Sprungfedern.

Mein Ratschlag lautet also, leichten Druck auszuüben, natürlich nicht zu viel. Der Spieler soll sich ja nicht die Zähne herausbrechen oder den Kiefer ausrenken, sondern die Flöte mit den Druckpunkten so festhalten, daß sie beim Spielen nicht verrutschen kann.

Drittens sollte auf möglichst kleine Fingerbewegungen geachtet

Die drei Druckpunkte

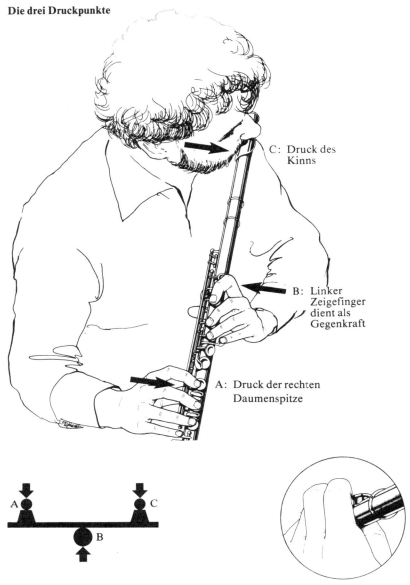

C: Druck des Kinns

B: Linker Zeigefinger dient als Gegenkraft

A: Druck der rechten Daumenspitze

Vergrößerung von B

94

werden. Dies trägt ebenfalls zur Stabilisierung der Flöte bei. Denn wenn der Spieler zu fest auf die Klappen schlägt, verschiebt sich die Flöte an den Lippen. Ihre Position an den Lippen sollte sich auf keinen Fall verändern, egal, was er spielt.

Zusammenfassend läßt sich sagen, die Spielprobleme sind geringer, wenn die Flöte fest anliegt und die Finger die Töne vorsichtig greifen.

Auch ohne Finger auf den Klappen verrutscht die Flöte nicht

Das ist jedoch bei einem schnellen und schwierigen Stück nicht so einfach zu bewerkstelligen wie im Flötenkonzert von Ibert. Wenn die Flöte dabei hin- und herrutscht, wird das Ergebnis ziemlich katastrophal ausfallen. Bei Anfängern, die einfache Stücke spielen, macht das noch nicht so viel aus. Sie haben dafür eine ganze Menge anderer Probleme, mit denen sie fertig werden müssen. Trotzdem sollten sich auch Anfänger diese Dinge merken. In einer Sache sind sich die Experten, was die Flötenhaltung betrifft, einig (und ich schließe mich ihnen an): Es muß ein Gleichgewicht

95

zwischen der linken und rechten Hand herrschen. Meiner Meinung nach erreicht man dies dadurch, daß man die Flöte in der vorher von mir beschriebenen Weise an die Hände (und das Kinn) anlegt. Dadurch wird eine Hebelkraft erzeugt, die den Fingern die Bewegungsfreiheit ermöglicht. Selbst wenn das Spielen von drei aufeinanderfolgenden Tönen noch Schwierigkeiten bereitet, sollte der Spieler sich mit diesen Gedanken vertraut machen, sie ausprobieren und darauf hinarbeiten, daß die Flöte einmal fest anliegt.

Auf diesem Weg empfehle ich, mit den »17 großen täglichen Mechanik-Übungen« von Gaubert und Taffanel zu beginnen. Diese Übungen sind dafür gedacht, daß der Spieler sich mit der Flöte vertraut macht. Man kann sich auch Übungen ausdenken, indem man Melodien erfindet und darüber improvisiert. Auf diese Weise macht das Üben mehr Spaß, und man gewöhnt sich gleichzeitig an die Flöte.

So lautet zusammengefaßt meine Philosophie über das Halten der Flöte. Allerdings habe ich das Thema von hinten aufgerollt. Ich möchte deshalb die Dinge richtig darstellen und mit dem Anfang, dem ersten Griff auf der Flöte, beginnen.

Da die Menschen unterschiedliche Hände haben, äußere ich mich nur sehr allgemein über die Handhaltung. Betrachten wir die folgenden Zeichnungen und erforschen wir nach dieser Vorlage unsere eigene natürliche Handhaltung.

Der Spieler darf dabei nicht vergessen, daß die Flöte fest anliegen muß und die Finger sich frei bewegen können. Er sollte also von Anfang an auf zwei Dinge achten: auf (a) Stabilität und (b) Beweglichkeit.

Betrachten wir nun die Zeichnungen auf S. 97. In dieser Stellung kann die linke Hand die Flöte halten, und gleichzeitig wird, da die Hand fest an der Flöte anliegt, ein Hebelpunkt geschaffen für die Stärkung der Finger. Diese Handhaltung sollte man zunächst ohne Flöte ausprobieren. Dazu wird der linke Arm nach vorne in die Luft gestreckt und das Handgelenk entspannt, so daß die Hand nach unten kippt. Sie sollte jetzt die gleiche entspannte Haltung haben wie die Hand eines schlafenden Kleinkindes. Der Spieler nimmt jetzt die Flöte und legt die Hand mit einer leichten

96

Drehung nach innen an das Instrument. Jeder Finger sollte gerundet über den Klappen zu liegen kommen. Wenn der kleine Finger nicht benötigt wird, sollte er gebogen, aber entspannt sein.

Die Stellung des linken Daumens kann für den Anfänger ein Problem bereiten. Gewöhnlich liegt die Ursache darin, daß der Daumen zu weit unten auf der B-Klappe aufliegt. Am bequemsten finde ich es, den Daumen zwischen Spitze und Gelenk auf die Klappe zu legen, dort, wo der Fingerballen am dicksten ist. Die Zeichnung auf S. 98 verdeutlicht, was ich meine.

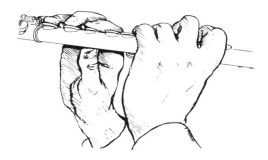

Ansicht der Hände von vorn
Die Hände sind entspannt; die Handgelenke abgewinkelt; die Finger liegen leicht gerundet auf oder leicht über den Klappen

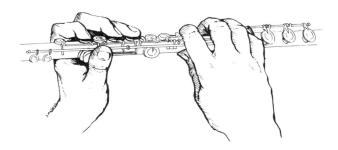

Ansicht der Hände von hinten

97

Natürlich ist die richtige Handhaltung für jeden Spieler eine andere. Aber ich hoffe, meine Ratschläge können helfen, die richtige Handhaltung zu finden, damit die schwierigen technischen Probleme, die auf den Spieler noch zukommen, gemeistert werden können.

Die Daumenposition:
Von unten gesehen: Der linke Daumen liegt gestreckt auf der Klappe, nach oben zeigend; der rechte Daumen drückt gegen die Seite der Flöte

Betrachten wir nun in den Zeichnungen auf den Seiten 97 und 98 die Haltung der rechten Hand. Der Spieler macht dasselbe Experiment wie vorher: Er streckt den Arm aus und entspannt das Handgelenk. Aber anstatt die Hand um die Flöte herumzulegen, wie er es mit der linken Hand getan hat, legt er die Finger entspannt auf die Klappen und läßt sie leicht gerundet, wie er dies durch die Übung erzielt hat. Er legt einfach seine rechte Hand mit möglichst natürlich gebogenen Fingern an die Flöte.

Jetzt, mit den Fingern in der Ausgangsposition, sollten noch einmal die drei Hebel- oder Druckpunkte kontrolliert werden, der linke Zeigefinger, das Kinn und die Spitze des rechten Daumens. Wenn alles in Ordnung ist, kann mit dem Spielen begonnen werden.

Die Lippen

Doch halt, noch nicht gleich, wir müssen uns erst noch mit den Lippen befassen.

Für die Art und Weise, wie die Bläser ihre Lippen beim Blasen formen, gibt es die Bezeichnung *Embouchure*. Sie kommt aus dem Französischen und entspricht dem deutschen Wort *Ansatz*. Da die englische Sprache über keinen entsprechenden Namen verfügt, wird in den englischsprachigen Ländern dieser Begriff verwendet. In Deutschland sind sowohl der französische Ausdruck *Embouchure* als auch das deutsche Wort *Ansatz* üblich.

Es gibt beim gesamten Flötespiel kaum etwas Individuelleres, kaum etwas, das schwerer zu verallgemeinern wäre als die Embouchure. Wir sind alle unterschiedlich gebaut, und nirgends fallen die Unterschiede so groß aus wie in den Feinheiten des Mundes. Sie umfassen die Größe des Mundes, die Form und Dicke der Lippen, die Art, wie sie geschlossen aufeinander liegen, und die Form des Lippenspaltes beim Öffnen. Damit sind erst die sichtbaren Merkmale beschrieben. Die Mundhöhle des Flötisten, die nur Gott und der Zahnarzt kennen, ist eine eigene Welt mit tausend Variationen. Wenn man alle Lippenformen in einen Computer eingeben würde, es kämen – so glaube ich – überraschende Ergebnisse zutage. Scheinbar ähnliche Embouchures können nämlich sehr verschieden klingen, wogegen Embouchures, die scheinbar sehr verschieden aussehen, sehr ähnlich klingen können. Wir sehen, daß der Mensch – bisher jedenfalls noch – den Computer überlisten kann.

Folgendes Beispiel möchte ich dazu anführen: Ich war immer froh darüber, keine dicken Lippen und nicht so einen riesigen Mund zu haben. Ich dachte, mit dicken Lippen und einem großen Mund müsse es besonders schwierig sein, das Luftband auf das Blasloch auszurichten. Meine Meinung wurde jedoch von einer ganzen Reihe von Flötisten widerlegt, die mit wulstigen Lippen ganz hervorragend spielen, wie z.B. von meinem Freund Hubert Laws, einem farbigen Amerikaner. Man kann nur daraus folgern, daß es so viele Embouchures wie Flötenspieler gibt.

Deshalb finde ich es falsch, wenn Lehrer starre Vorstellungen von der Art der Embouchure haben. Formulierungen wie: »Das wird so und so gemacht« oder vielleicht auch »James Galway spielt das aber so«, sind genauso unsinnig wie eine generelle Anweisung, rechts zu fahren. Wie beim Autofahren beachtet werden muß, daß es mehrere Fahrspuren und unterschiedliche Fahrweisen in den einzelnen Ländern gibt, genauso muß man beim Flötespielen auf die jeweiligen Umstände eingehen.

Ein guter Lehrer richtet sich in seinem Unterricht nach den Anlagen und der Persönlichkeit des Schülers. Das beginnt schon mit Mundform, Lippengröße, Lippenform und deren Muskulatur. Natürlich spielt die Erfahrung des Lehrers eine wichtige Rolle, aber sie sollte nur als Grundlage dienen, auf der der Schüler seine individuelle Embouchure entwickeln kann. Zu viele Lehrer wollen ihren Schülern ihr Spielsystem aufzwingen. Und zu viele Schüler

Beim Flötespielen nicht vergessen, daß es viele verschiedene Embouchures gibt

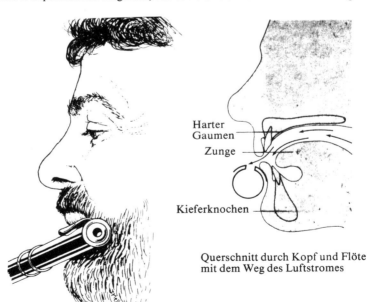

Harter Gaumen

Zunge

Kieferknochen

Querschnitt durch Kopf und Flöte mit dem Weg des Luftstromes

100

müssen sich später Spielweisen wieder abgewöhnen, die ihnen nicht entsprechen. Diese Dinge wieder neu erlernen zu müssen, hält unnötig auf und könnte durch einen entsprechenden Unterricht vermieden werden. Der Spieler sollte also kritisch und experimentierfreudig an die Embouchure herangehen.

So wie die Hände im Gleichgewicht sein sollen, müssen meines Erachtens auch die beiden Hälften der Embouchure, das sind Ober- und Unterlippe, die gleiche Spannung besitzen. Man nennt dies Verteilung von Lasten, ein in vielen Fällen nützliches System. Es ist zum Beispiel wesentlich angenehmer, das Gepäck zu gleichen Teilen auf rechts und links zu verteilen, als an einem einzigen riesigen Koffer schleppend die Straße entlang zu taumeln. Genauso ist es beim Flötespielen von Vorteil, die Spannung auf beide Lippen zu verteilen.

Ich muß gleich präzisieren, denn von den beiden gleichen Spannungen ist die der Unterlippe eine Spur konstanter. Man muß beide Hälften der Embouchure anspannen, aber die Unterlippe, die das Mundloch leicht bedeckt, sollte völlig unbeweglich sein, während die Oberlippe, die dem Luftband die Richtung gibt, ein wenig elastisch sein sollte. Die Bewegung darf nur so winzig und unendlich gering ausfallen, daß niemand sie wahrnimmt.

Ich werde noch auf diese Minimalbewegungen der Lippen zurückkommen. Doch zunächst möchte ich die für die Embouchure notwendige Spannung erläutern.

Mit den Muskeln, mit denen wir die Embouchure formen, lächeln wir auch. Man kann sich über ihren Ort vergewissern, indem man mit geschlossenem Mund lächelt und dabei spürt, wie sich die untere Gesichtshälfte verbreitert. Es ist nicht nötig, beim Spielen zu lächeln, obwohl das der Stimmung sicher guttäte. Aber der Spieler sollte diese Lächel-Bewegung vor dem Üben einmal machen, um sich die Form der Embouchure in Erinnerung zu rufen. Er kann auch andere Gesichtsausdrücke ausprobieren. Als ich anfing, war das fixierte Lächeln die vorherrschende Spielweise. Später kam ich auf den Gedanken, die nötige Lippenspannung auch zu erzielen, indem ich die Lippen grimmig nach unten zog. Gewöhnlich übte ich diese Grimasse an der Bushaltestelle in St.

John's Wood in London auf meiner Fahrt ins College. Die Gentlemen in der Schlange waren natürlich empört, aber ich denke, ich habe davon profitiert. Ich lernte, daß es möglich ist, den Luftstrom mit unterschiedlichen Gesichtsausdrücken durch die Embouchure in die Flöte zu leiten. Wie gesagt, hängt dies von der jeweiligen Gesichtsform ab. Um sie genau kennenzulernen, sollte man sowohl den grimmigen als auch den lächelnden Gesichtsausdruck ausprobieren.

Was also ist die Funktion der Embouchure? Die Frage läßt sich jetzt leicht beantworten (falls der Leser nicht einige Seiten ausgelassen hat und zufällig bei diesem Absatz gelandet ist). Erstens leitet die Embouchure das Luftband an die richtige Stelle im Blasloch, wodurch ein Ton entsteht.

Und zweitens, was noch wichtiger ist, ist sie für die Qualität des Tons verantwortlich. Sie korrigiert, falls nötig, die Intonation und steuert die Klangqualität. In einem späteren Kapitel werde ich noch genauer darauf eingehen. In der Zwischenzeit sollte sich der Spieler merken, daß die Embouchure ein wesentlicher Teil seines Rüstzeugs ist, an dem er sein ganzes (Flötisten-)Leben lang feilen wird.

8.
Die ersten Töne

Mein erstes Gebot für Flötisten lautet: Spiele niemals einen schlechten Ton. Es gibt überhaupt keinen Grund dafür und gilt sowohl für Anfänger als auch für Flötisten, die mit Konzerten ihr Geld verdienen. Die Lehrer bestehen in der Regel bei Anfängern nicht streng genug auf einem schönen Klang, weil sie froh sind, wenn überhaupt etwas aus der Flöte heraustönt. Ich bin jedoch überzeugt, daß man von Anfang an mit einem schönen Ton spielen kann. Lehrer und Schüler müssen sich nur sorgsam bemühen, den ersten Ton zu entwickeln.

Das Spielen des ersten Tones

Zunächst sollte der Anfänger nur auf dem Kopfstück versuchen, Töne zu erzeugen. Das ist einfacher, als sofort mit dem ganzen Instrument zurechtkommen zu müssen. Ich glaube, daß eine solche ›Eingrenzung der Probleme‹ die Konzentration für das tägliche Üben erleichtert. Allzu große Anstrengungen sind gar nicht nötig.

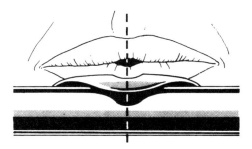

Die Lippen in der Mitte der Mundplatte anlegen, so daß das Luftband auf die Mitte der den Ton produzierenden äußeren Kante gerichtet ist

Man muß sich nur darüber klarwerden, was der Verbesserung bedarf und wie man das Problem eingrenzen und daran arbeiten kann.

Wenden wir uns jedoch wieder dem Kopfstück zu. Der Anfänger sollte zunächst seine Embouchure erforschen, also die Lippenstellung und den bequemsten Punkt für die Mundplatte. Die Mundplatte soll in der Mitte der Lippen zu liegen kommen – nicht angepreßt, sondern so, daß sie nicht abrutscht. In der Zeichnung auf S. 103 können wir sehen, wie die Mundplatte an den Lippen plaziert ist. Jeder Spieler läßt zwar die Luft an einer anderen Stelle der Lippen heraus, trotzdem sollte die Mundplatte immer fest an der Unterlippe anliegen.

Es kann lange dauern, bis der Spieler die richtige Lippenstellung gefunden hat. Dies ist für alle Anfänger schwierig, und man muß geduldig daran arbeiten.

Der Spieler formt die Embouchure, indem er die Lippen so spannt, daß sie aufeinander zu liegen kommen. Nur in der Lippenmitte sollte eine stecknadelkopfgroße Öffnung bleiben. Da beide Lippen am Blasvorgang beteiligt sind, sollten sie etwa gleich stark

Die Form des Lippenspalts

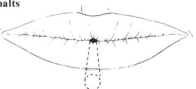

Die Öffnung: Die Lippenöffnung sollte so winzig sein, daß das Luftband stabförmig ist

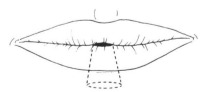

Die größere Öffnung: Das Luftband wird dadurch breiter – es muß aber immer noch schmaler sein als das Blasloch in der Mundplatte

104

gespannt sein. Die Oberlippe muß – wie schon erwähnt – ein klein wenig elastischer sein. Diese Bewegungen sollten überhaupt nicht zu sehen sein. Für den Zuschauer darf sich der Mund des Flötisten so wenig bewegen wie der Felsen von Gibraltar.

Die Richtung des Luftbands
Man muß in der Lage sein, ein schmales Luftband auf der Hand auf- und abzublasen, indem man dessen Richtung durch die Lippen verändert

Um zu testen, ob das Luftband gebündelt fließt oder streut, kann der Spieler mit dieser winzigen Lippenöffnung gegen seine Hand blasen. Solange das Luftband ungebündelt ist, werden nicht sehr viele Töne gelingen.

Der Spieler kann nun versuchen, auf dem Mundstück verschiedene Töne zu spielen und dabei so hoch und so tief wie möglich zu kommen. Die Töne müssen aber immer schön klingen. Ihr Klangcharakter sollte offen sein, nicht klein und eng.

Wenn der Flötist seine Lippenstellung gefunden hat, mit der er sich beim Blasen am wohlsten fühlt, kann er die Flöte zusammensetzen und einen ersten Ton probieren.

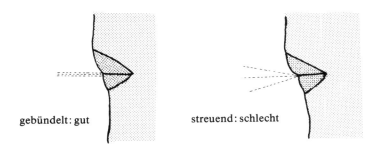

gebündelt: gut   streuend: schlecht

Es gibt verschiedene Auffassungen, mit welchem Ton der Spieler beginnen sollte. Ich denke, das muß von Fall zu Fall entschieden werden, und ein guter Lehrer wählt für den jeweiligen Anfänger den Ton, der diesem am leichtesten fällt. Schon bei den Übungen mit dem Kopfstück kann der Lehrer die Anlagen des Schülers erkennen und seinen Unterricht danach ausrichten.

Gewöhnlich fällt ein Ton der unteren oder mittleren Oktave dem Anfänger am leichtesten. Er sollte sich schon beim ersten Versuch um einen schönen Ton bemühen. Das ermuntert zum Weitermachen, und da ein langer Weg vor ihm liegt, darf der Einstieg ruhig so großartig wie möglich sein.

Zur Erläuterung möchte ich (und nur dafür) den Ton H wählen:

Wir spielen das H mit einem vollen und gleichmäßig fließenden Ton und zählen dabei bis (sagen wir) fünf. Dann machen wir eine Atempause und wiederholen das Ganze. Wir führen diese Übung eine Zeitlang fort und halten das mittlerweile wunderschön klingende H so lange wie möglich aus. Der Lehrer, oder jemand anderes, kann die Tonlänge durch lautes Zählen testen. Dies stellt für die meisten von uns eine Herausforderung dar, und mit der Zeit werden wir immer längere Töne spielen können.

106

Der Spieler sollte eine Klangvorstellung entwickeln und sich beim Spielen des langen Tons genau zuhören. Der Ton muß zentriert, klar und ohne Nebengeräusche klingen. Die Mundhöhle spielt dabei eine große Rolle. Stimmbänder und Kehlkopf sollten so entspannt, offen und frei sein wie nur möglich. Dafür gibt es folgende tonlose Übung ohne Flöte: Wir simulieren ein Gähnen und versuchen dabei zu spüren, wie der Kehlkopf sich weitet. Auf diese Weite sind wir für einen schönen Ton angewiesen. Darüber hinaus sollte der Brustkorb ebenfalls geweitet sein (ich hoffe, der Spieler steht immer noch aufrecht). Mit offenem Kehlkopf und Brustkorb ist der Körper ein Resonanzraum, der die Flöte verstärkt.

Der zweite Ton

Wenn der Spieler den ersten Ton schön und locker hervorbringen kann, hindert ihn nichts daran, zum nächsten fortzuschreiten. Die einfachste Methode ist, nur einen halben Ton weiterzugehen. Es spielt keine Rolle, ob er höher oder tiefer liegt. Zur Erklärung hierfür wähle ich den Halbtonschritt H nach B.

Wenn dem Anfänger das Spielen der Töne H und B keine Schwierigkeiten mehr bereitet, sollte er ihre Klangqualität vergleichen. Die Töne sollten so ähnlich wie nur möglich klingen. Er kann sie auch sehr verschieden spielen – was aber erst zu einem späteren Zeitpunkt wichtig wird. Trotzdem übt man Töne unterschiedlich zu spielen jetzt schon mit, denn wenn ein Ton der Vorstellung entsprechend klingen soll, muß man ihn kontrolliert spielen können. Die erste Übung für Tonkontrolle lautet, die beiden Töne mit der möglichst gleichen Tonqualität zu spielen.

Wir verändern nun den Klangcharakter der Töne und versuchen, mit dem entsprechenden Ausdruck zu spielen. Wir halten die Töne dabei so lange aus, daß wir ihren Klang erfassen und den Wechsel zwischen den Tönen so weich wie möglich spielen können.

Das Spielen mehrerer Töne

Als nächstes gehen wir von H über B nach A. Auf diese Weise können wir uns Schritt für Schritt das untere Register erarbeiten, indem wir unseren Tonraum jeweils um einen Halbton und die entsprechenden Griffe erweitern.

Nach dem Erwerb der Grundkenntnisse beginnen die eigentlichen Schwierigkeiten. Zum Spielen mehrerer Töne bedarf es verschiedener Vorgänge: Kontrolle des Luftstroms, Fingerbewegung, Formung des jeweiligen Tons durch die Embouchure; zugleich muß das Ohr ständig kontrollieren, ob die Intonation stimmt und die Töne voll und klar klingen.

Um kurz von technischen Fragen abzuschweifen: Ich finde es außerordentlich wichtig, daß der Spieler eine Vorstellung von der Tonfolge hat, sie also, bevor er sie spielt, innerlich hört. Die innere Vorstellung veranlaßt die Körperglieder, das Richtige zu tun.

Ich rekapituliere noch einmal den Vorgang des Spielens: Erstens sollte sich der Spieler vergewissern, daß die Flöte an den drei beschriebenen Druckpunkten fest anliegt; zweitens, daß er entspannt und ruhig einatmet (wie schon erläutert) und drittens, daß er nie mit einer schlaffen Embouchure spielt. Dann konzentriert er sich auf die Finger, wobei das Ohr ständig die Qualität des Spielens überwacht. Er muß mit seinen Fingern streng, aber geduldig sein wie gute viktorianische Eltern. Die Finger machen beim Spielen eines Instruments Bewegungen, die sie in der Regel nicht gewohnt sind. Daher braucht es eine ganze Weile, bis sie die notwendige Kraft, Unabhängigkeit und Beweglichkeit entwickelt haben.

Die Zeit und das genaue Üben der »17 täglichen Übungen« werden das Gelingen bewirken. Man sollte aber von Anfang an versuchen, die Tonverbindungen so weich und expressiv wie möglich zu spielen, auch wenn die Finger noch nicht so recht wollen.

Grifftabelle

(Schwarze Klappen: geschlossen; weiße Klappen: geöffnet; graue Klappen: fakultativ geöffnet oder geschlossen)

| | Zweiter Finger | Daumen | Dritter Finger | Vierter Finger | Fünfter Finger | Zweiter Finger | Dritter Finger | Vierter Finger | Fünfter Finger |

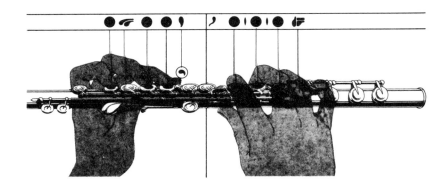

Die Grifftabelle im Verhältnis zu Flöte und Fingern
Die abgebildete Flöte hat einen H-Fuß (d. h. eine zusätzliche Klappe, mit der man das tiefe H unter C spielen kann)

Das ist schwierig und ist natürlich nicht an einem Morgen zu erlernen, aber auch der Anfänger muß dieses Ziel immer vor Augen haben.

Eine expressive Spielweise beinhaltet auch eine entsprechende Behandlung der Flöte. Der Spieler sollte mit dem Instrument vorsichtig umgehen, es sanft anfassen, nicht auf die Klappen schlagen oder sie mit einem Krachen wieder hochschnellen lassen. Solch eine grobe Spielweise tötet das Leben im Klang. Der Ton muß vom allerersten bis zum allerletzten Moment lebendig klingen. Das ist der erste Punkt.

Zweitens sollte sich der Spieler um einen gleichmäßigen Anschlag bemühen, damit nicht die starken Finger bei einfachen Griffen die Klappen kräftig herunterdrücken und die schwachen Finger sie bei schwierigen Griffen kaum herunterbekommen. Jeder Ton muß kontrolliert gegriffen werden.

Drittens sollten die Töne nicht nur die gleiche Klangqualität und Lautstärke haben, sondern auch weich miteinander verbunden werden. Zwischen den Tönen dürfen keine Löcher und Brüche entstehen. Der Spieler kann das unter anderem dadurch erreichen, daß er die Finger nicht so stark bewegt. Schnelligkeit ist eine

Sache, vergeudete Energie eine andere. Er sollte eine Handhaltung trainieren, die es den Fingern ermöglicht, über den Klappen zu bleiben und mit einem Minimum an Aufwand zu agieren.

Diese für eine gute Fingertechnik notwendigen drei Punkte können auf einen Nenner gebracht werden: Kontrolle. Wir sind wieder bei der viktorianischen Erziehung gelandet. Der einzige Weg, die Kontrolle der Muskeln (Atmung, Intonation) zu erlernen, ist Üben. Später werde ich noch einiges zum Üben sagen und einige Übungen von klugen Männern, die sich über das Flötespielen Gedanken gemacht haben, empfehlen. In der Zwischenzeit sollte der Spieler sich genau zuhören, seine Fehler herausfinden und wenn möglich beseitigen.

Dabei benötigt man sicherlich Hilfe und sollte sich deshalb an einen Lehrer wenden. Ich kann nur empfehlen, sich einen freundlichen, geduldigen und geschickten Lehrer zu suchen. Vor allem sollte er die Freude am Flötespielen und die Schönheit des einfachen Flötentons, den selbst ein Anfänger hervorbringen kann, vermitteln. Solche Lehrer sind eine große Bereicherung, und ich bin froh darüber, bei solchen Lehrern gelernt zu haben: Muriel Dawn, John Francis und Geoffrey Gilbert.

9.
Der Ton

Musik soll nicht nur schön klingen, sondern auch etwas mitteilen. Sie drückt Gefühle aus, wie Freude oder Schwermut, Spott oder Flehen, Ruhe oder Erregung. Man kann ein ganzes Register an Nuancen aus der Flöte herausholen, aber nur, wenn dies vom Spieler auch eingebracht wird.

Der Ausdruck

Hier geht es um zwei Dinge: Erstens soll das Spiel von einem persönlichen Ausdruck getragen werden. Meines Erachtens versteht der ausdrucksvolle Spieler genau, was er spielt, und kann seine Gefühle direkt in die Musik einfließen lassen. Natürlich müssen diese persönlichen Empfindungen dem Charakter des Stücks entsprechen. Ich bin ganz dagegen, mit seinen Gefühlen, wie schön sie auch sein mögen, über die Absichten des Komponisten rücksichtslos hinwegzugehen. Die eigene Auffassung der Komposition sollte allerdings in der Spielweise zu hören sein. Ausdruck kommt nur von innen heraus, und wenn man sich scheut, seine Persönlichkeit beim Flötespielen mit einzubeziehen, wird das Spiel völlig nichtssagend bleiben.

Ich habe schon viele technisch hervorragende Flötisten gehört, die es nicht geschafft haben, dem Zuhörer ihre eigene Persönlichkeit zu vermitteln. Es gehört zum Spielen eines Instrumentes, sich selbst kennenzulernen, denn wie kann man sich dem Zuhörer mitteilen ohne das Wissen um den Ausdruck der Musik. Wenn meine Schüler Töne spielen, die mir merkwürdig vorkommen, und ich sie frage, was sie sich beim Spielen gedacht haben, kommt oft die Antwort: »Ich denke an gar nichts.« Auf diese Weise wird unklar gespielt und Langeweile erzeugt. Beim Spielen darf man sich nicht alles mögliche durch den Kopf gehen lassen, sondern muß genau darüber nachdenken, was man spielt, und versuchen, den Inhalt zu erfassen.

Es gibt viele Wege, sich selbst kennenzulernen. Dem einen liegen eher Körpertechniken wie Joga oder die Alexandertechnik, eine Entspannungstechnik, genannt nach ihrem Erfinder, dem Schauspieler Frederick Mathias Alexander (1869–1955), bei der die Verspannungen im Hals- und Schulterbereich abgebaut werden sollen. Andere bevorzugen intellektuelle Beschäftigungen wie Lesen oder Meditieren. Dritte wiederum können über Kontakte mit den Mitmenschen zu sich selbst finden.

Das Flötespielen betreffend, gibt es jedoch nur einen Weg. Ich habe ihn schon früher erläutert, aber da man diese Dinge nicht oft genug hören kann, werde ich ihn wiederholen. Alle Töne, die Finger und Lippen formen, müssen im voraus innerlich vorgestellt werden. Deshalb sollte der Spieler von Anfang an alle Möglichkeiten der Flöte erkunden. Er darf sich nicht damit zufriedengeben, den Nachbarn nachzuahmen, der zwei Stockwerke tiefer seine Freizeit mit Flötespielen ausfüllt, sondern sollte sich eine Aufnahme von einem wirklich guten Flötisten besorgen und sie aufmerksam anhören. So erweitert er sein Vorstellungsvermögen und stachelt seinen Ehrgeiz an.

Man kann sein Verständnis für die Musik (und damit seine Ausdruckskraft) durch das Anhören von guten Konzerten schulen. Dabei sollte man nicht nur Flötisten, sondern auch anderen Instrumentalisten und Sängern zuhören. Genauso interessant ist es, sich verschiedene Interpretationen des gleichen Stücks anzuhören; dadurch lernt man, was musikalisch alles möglich ist. Ich würde gerne bei diesem Thema verweilen, denn ich habe in meinem Unterricht junge begabte Flötenspieler erlebt, die die Noten sauber und dynamisch richtig (und zwar sehr gekonnt), aber völlig ausdruckslos heruntergespielt haben. Aus welchen Gründen auch immer, ob aus Faulheit oder aus Schüchternheit, in die Privatsphäre von Bach oder Debussy einzudringen, das Ergebnis klang banal und vermittelte dem Zuhörer nicht die Musik. Man denke doch einmal an den armen Komponisten: Damit andere seine Musik spielen können, muß er sie in irgendeiner Weise notieren. Dazu stehen ihm aber nur ein paar Noten zur Verfügung, die er in einem Notensystem unterbringen muß. Shakespeare mußte sich bei seinen Stücken auch auf die Buchstaben des Alphabets beschränken. Aber welch große Inhalte und Gefühle ein Schauspieler damit darstellen kann! Wie dieser Schauspieler soll auch der Flötist den Sinn hinter den geschriebenen Zeichen entdecken, so daß sein Spiel etwas aussagt und nicht nur ein Herunterspielen von Tönen ist.

Zweitens muß der Spieler die notwendigen Techniken erlernen, um die Emotionen ausdrücken zu können. Am wichtigsten dabei ist die Kontrolle des Tones.

An dieser Stelle möchte ich einige Definitionen geben. Die Sprache ist zum Erklären von Musik zwar nicht sehr geeignet, Musikbeispiele – insbesondere von hervorragenden Musikern – zöge ich vor. Da ich aber im Augenblick nur über die Sprache verfüge, werde ich versuchen, das Beste daraus zu machen. Einen ›Klang‹ erzielt man durch einfaches Blasen in die Flöte, egal, ob schön oder nicht. Man sollte jedoch bestrebt sein, ihn so schön wie möglich zu spielen. Der ›Ton‹ ist ein bewußt geformter Klang, der durch viel Üben so elastisch geworden ist, daß der Spieler mit ihm Verschiedenes ausdrücken kann. Die nächste Stufe der Verfeinerung ist die ›Klangfarbe‹. Hier wechselt die Metapher aus dem Bereich des Hörens in den des Sehens. Deshalb verwenden einige lieber das Wort ›Nuance‹, weil es den Vorteil der Unbestimmtheit hat. Ich bleibe bei dem Wort ›Klangfarbe‹, mit dem ich die vielen verschiedenen Effekte bezeichne, die ein gut entwickelter Ton erzeugt.

Die Elastizität des Tons

Der Flötenton ist mit dem Gesang verwandt. Daher kann der Flötist eine ganze Menge von den Sängern lernen. Zum Warmsingen zum Beispiel werden nur Vokale und nicht ganze Wörter verwendet. Die einzelnen Vokale klingen nicht nur anders, sie haben auch eine unterschiedliche Klangfarbe. Diese kann man auf der Flöte spielen, ohne den Vokal aussprechen zu müssen. Helle Klangfarben werden mit geschlossenen Vokalen, die vorne im Mund gebildet werden, erzeugt, dunkle Klangfarben mit offenen Vokalen, die im Rachen geformt werden. Der Spieler sagt eine Reihe von Wörtern auf, die von geschlossenen Vokalen zu offenen übergeht: Fisch, Fries, Fleck, Flug, Floh, Farn. Er achtet darauf, wie unterschiedlich die Mundhöhle bei diesen Vokalen agiert. Danach verzichtet er auf die Wörter und verwendet nur noch den Vokalklang.

Er singt nun, ohne die Flöte, eine Durtonleiter auf dem Vokal ›u‹ wie in ›Flug‹, und zwar so lange, wie er ein genaues Gefühl für die Stellung des Mundraums beim ›u‹ entwickelt hat.

Jetzt spielt er die gleiche Tonleiter auf der Flöte und behält die U-Stellung der Mundhöhle bei. Er muß dabei den Mund etwas verrenken, da die Lippen nicht mehr gespitzt, sondern seitlich gedreht sind. Trotzdem ist es möglich. Die Embouchure muß unbedingt gespannt bleiben, um die Lockerheit und Offenheit im Mundraum auszugleichen. Auch wenn man die Vokalstellung beim Spielen halbwegs anwenden kann, sollte man es nicht übertreiben. Denn der Spieler kann dabei die Flöte nicht stabil genug halten, weil die Mundplatte zu locker an den Lippen liegt. Die Flöte muß an dieser Stelle völlig unbeweglich sein, sonst klingen die Töne geräuschvoll und unschön. Der Spieler ist auch nicht in der Lage, das Luftband so zu bündeln, daß Klangfarben erzeugt werden.

Die nächste Übung: Der Spieler singt zwei Vokale, ›u‹ wie in ›Flug‹ und ›a‹ wie in ›Farn‹, zunächst abwechselnd, um sich die Mund- und Kehlkopfstellung bei beiden Klängen klarzumachen. Dann versucht er dasselbe auf der Flöte. Der Anstoß des Tones ist ein großes Problem, und der Wechsel zwischen den verschiedenen Klangfarben ist zunächst nicht so einfach zu bewältigen. Deshalb sollte der Spieler zu Beginn den Anstoß üben, so lange, bis die Töne gut klingen. Das Ziel ist, den Ton am Anfang, in der Mitte und am Ende gleich schön spielen zu können.

Die Aufmerksamkeit des Spielers gilt also der ganzen Länge des

Tones. Wenn er auf diese Weise alle Vokale durcharbeitet, lernt er, den Ton kontrolliert zu spielen. Er sollte sich um einen schönen, singenden und fröhlichen Klang bemühen, den er zunächst auf einen Ton aushält. Der nächste Schritt ist, mehrere Töne hintereinander kontrolliert zu spielen. Dabei kommen zwei weitere Schwierigkeiten hinzu: die Finger leicht zu bewegen und die Lippen elastisch zu halten.

Die Elastizität der Lippen

Manche Flötisten sind der Auffassung, daß sich die Lippen beim Spielen überhaupt nicht bewegen dürfen. Ihrer Meinung nach soll der Ton durch das Zwerchfell kontrolliert werden. Diese Methode

Die Richtung des Luftbands
Querschnitt der Flöte am Blasloch

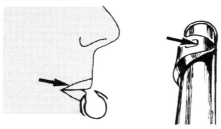

Die Pfeile zeigen das auf die äußere Kante des Blaslochs gerichtete Luftband
Bei hohen Tönen muß der Winkel des Luftbandes etwas flacher sein

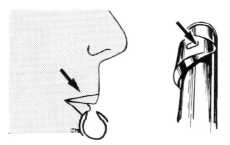

Bei tiefen Tönen muß man steiler in die Flöte blasen

116

erscheint mir sehr umständlich, so als wolle man etwas vom Boden aufheben, ohne sich zu bücken. Denn wenn der Flötist das Zwerchfell zusammenzieht, kann der Ton wackeln, was eine weiche Spielweise erschwert. Die Lippen sind ein wesentlich geeigneteres Instrument für die Tonkontrolle.

Nach der gängigen Schulmeinung zu meiner Zeit kann man das tiefe H nicht mit der gleichen Embouchure spielen wie das H zwei Oktaven höher. Der Flötist muß bei tiefen Tönen ein klein wenig tiefer in die Flöte hineinblasen als bei hohen Tönen.

Aber zur Erinnerung: Die Bewegung der Lippen darf nicht zu sehen sein. Elastizität bedeutet in diesem Zusammenhang nicht Lockerheit. Die Lippen bleiben gespannt, und ihre Veränderungen müssen so winzig ausfallen, daß selbst der Spieler sie kaum spürt.

Wie man sich vorstellen kann, muß man ziemlich lange an diesen Minimalbewegungen arbeiten. Doch da sie für einen schönen Ton von entscheidender Bedeutung sind, sollte der Spieler sofort mit ihrem Üben beginnen. Ich empfehle tägliche Übungen für die Elastizität der Lippen, die auf der von Marcel Moyse in seinem Buch »De La Sonorité« dargestellten Methode basieren.

Der Spieler beginnt mit seinem schönsten Ton – einem Ton in der mittleren Lage, beispielsweise dem H in der zweiten Oktave. Dann geht er zum B weiter, mit einem gleich schönen Klang, dann einen Halbton abwärts zum A und vergleicht dieses mit den beiden ersten Tönen. Alle Töne sollten gleich klingen. Auf diese Art fährt er bis zum tiefsten Ton der Flöte fort und spielt die Töne anschließend wieder hinauf, immer mit gleichem Klang.

Beim Angleichen der Töne wird der Spieler feststellen, daß jeder Ton eine andere Embouchure benötigt. Sie verändert sich minimal von Ton zu Ton. Die Lippen sollten bei jedem Ton die richtige Stellung automatisch formen. Für die Beherrschung aller

117

Töne muß der Spieler also sehr viele verschiedene Lippenstellungen erlernen. Es braucht etliche Zeit, bis diese Lippenbewegungen automatisch funktionieren. Man kann zwischendurch immer wieder folgenden Test machen: Der Spieler hält mitten in einer Übung an und überprüft die Embouchure. Töne, die besonders schwierig sind, übt er gesondert. Wenn er sich über die Stellung der Embouchure bei diesen Tönen noch nicht klar ist, versucht er, diese herauszufinden und sich zu merken.

Nun sollte der Spieler – er klettert immer noch die Register in Halbtönen herauf und herunter – Crescendos und Diminuendos üben. Er beginnt auf irgendeinem Ton so leise wie möglich und spielt ein Crescendo; er beginnt mit dem nächsten Ton in der erreichten Lautstärke und spielt ein Diminuendo und so fort.

Als nächstes befaßt sich der Spieler mit Bindungen über größere Intervalle. Er beginnt zunächst mit den kleineren Intervallen (den Terzen) und schreitet dann zu den Quarten, Quinten, Sexten fort. Alle Töne sollen gleich schön klingen, ohne Schwankungen dazwischen. Der Wechsel zwischen den Tönen muß klar zu hören sein, ohne Geräusche, die auftreten, wenn der Fingerwechsel nicht exakt ausgeführt wird oder die Lippen den folgenden Ton nicht richtig formen. Das Ziel ist, die Tonverbindung zwischen den tiefsten und höchsten Tönen ohne Probleme spielen zu können. Das ist sehr schwierig, denn es verlangt von der Embouchure höchste Elastizität (deren Bewegungen natürlich nicht zu sehen sein dürfen). Bei den Tonverbindungen muß die Lippenstellung während des Intervallsprungs verändert werden, so daß die Lippen schon zu Beginn des neuen Tones die erforderliche Lippenstellung einnehmen. Es bedarf vieler Übung, bis die Embouchure die Kontrolle und Elastizität für diese schwierige Technik erreicht. Dies gelingt am besten durch das Spielen langer Töne, die zunächst in

118

Halbtönen, dann in Tonleitern und später in Intervallen und gebrochenen Akkorden ausgehalten werden.

Ein anderes Problem ist das obere Register, das gewöhnlich am schlechtesten entwickelt ist. Die oberen Töne auf der Flöte müssen mit einem größeren Luftdruck geblasen werden, damit sie kräftig klingen und kontrolliert ausgehalten werden können. Der Weg dazu führt wiederum nur über das Üben. Dem gegenüber steht das Problem der tiefen Töne. Sie können so viel Schwierigkeiten bereiten, daß der Spieler froh ist, sie überhaupt irgendwie herauszubekommen. Das reicht natürlich nicht aus. Diese Töne sagen ja auch etwas aus. Den Spieler möchte ich hier warnen, aber gleichzeitig auch ermuntern: Die tiefen Töne sollten nicht forciert gespielt werden. Sie verfügen über eine eigene Palette von Klangfarben, die nicht ganz so kräftig ist wie die der höheren Töne. Der Spieler muß sich damit abfinden, daß die Töne immer schwächer klingen, je tiefer sie werden. Er soll sich aber trotzdem bemühen, sie so schön und schwingend wie möglich zu spielen.

Durch die oben skizzierten Übungen – die von nun an zum täglichen Programm gehören – werden verschiedene Dinge gleichzeitig trainiert. Erstens wird das Ohr mit dem Klang verschiedener Intervalle vertraut gemacht. Zweitens lernen die Finger die Griffe und Schnelligkeit. Drittens, das wichtigste, erwirbt die Embouchure die Elastizität für die Tonverbindungen. Schließlich, als Folge aus dem Vorherigen, wird der Ton verbessert – so hoffe ich jedenfalls.

Das Spielen von pp und ff

Die Schwierigkeit mit Lehrbüchern besteht darin, daß sie die Probleme nacheinander behandeln, so wie man Stufe um Stufe eine Treppe emporsteigt. Aber Flötespielen entspricht nicht dem Treppensteigen eines einzelnen Menschen, sondern eher dem wohlgeplanten Manöver einer ganzen Armee. Bei der Organisation unseres Manövers mußten wir zunächst einige wichtige Themen außer acht lassen. Eines davon ist die Lautstärke.

Wenden wir uns also wieder dem einzelnen Ton zu. Es gibt noch viel an ihm zu lernen, so zum Beispiel – als nächsten Schritt – ihn in verschiedenen Lautstärken zu üben.

Der Spieler wählt einen Ton in mittlerer Lautstärke und spielt ihn, sagen wir, fünf Schläge lang. Bei der Wiederholung wird der Ton etwas leiser, ohne jedoch ganz zu verklingen. Der Spieler fährt in dieser Weise fort, jede Wiederholung sollte ein wenig leiser klingen. Es geht bei dieser Übung nicht darum, in einer bestimmten Lautstärke zu beginnen und halb so leise zu werden. Um eine volle Ausdruckskraft zu entwickeln, müssen alle winzigen dynamischen Schattierungen beherrscht werden, vom kaum hörbaren bis zum tosenden Klang. Wenn der Spieler bei seinem leisesten noch schwingenden Ton angelangt ist, dreht er die Richtung um und spielt bei jeder Wiederholung etwas lauter, wiederum bis zur äußersten Grenze. Auf diese Weise erweitert er seine dynamischen Grenzen und differenziert die zahlreichen Abstufungen.

Bei dieser Übung spielt die Elastizität der Embouchure eine große Rolle. Für das laute Spiel benötigt man einen schnelleren Luftstrom und eine größere Lippenöffnung, für das leise Spiel einen langsameren Luftstrom und eine kleinere Öffnung.

Der Spieler wählt wieder einen Ton. Es sollte nicht immer der gleiche sein, damit er nach und nach alle Töne kennenlernt. Viele Zuhörer sind beeindruckt, wenn man tiefe Töne laut spielen kann. Tiefe Töne leise zu spielen, ist ebenso beeindruckend. Für die hohen Töne gilt das gleiche. Deshalb sollten die dynamischen Veränderungen in allen drei Registern geübt werden.

Es ist wichtig, alle Möglichkeiten auszuschöpfen. Wenn der Spieler bei den leisen Tönen angelangt ist, sollten diese *sehr* leise klingen und die lauten Töne so laut wie nur möglich. Beides ist anfangs sehr schwierig, insbesondere weil der Ton immer schön klingen soll. Das leise Spiel ist dabei sogar schwieriger. Jeder, der genügend Luft hat, kann durch lautes Spielen Eindruck schinden, aber um klar, musikalisch *und* leise zu spielen, bedarf es einer guten Tonführung und einer großen inneren Kraft. Daher sind diese Anfangsübungen – gewissenhaft und genau geübt – von großem Nutzen.

120

Ich möchte noch einmal darauf eingehen, wie hilfreich es bei technischen Übungen ist, sich den Ton vorher vorzustellen. Es scheint, als ob die Vorstellung in irgendeiner Weise die Glieder beim Spielen führt. In meiner Imagination ist ein leiser Ton weiß und ein lauter und harter Ton, der durch einen leicht nasalen Vokalklang kantig gespielt werden kann, farbig. Diese Dinge sind schwer zu erklären. Am besten ist Zuhören und Nachahmen eines guten Vorbildes.

Man sollte täglich einige Minuten für diese trockenen Dynamikübungen verwenden. Da das Flötespielen nicht nur aus einzelnen Tönen besteht, empfehle ich, sich ab und zu etwas Abwechslung zu verschaffen, indem man das gleiche in einer ganzen Melodie übt. Manche Stücke dürfen nur laut gespielt werden, andere nur leise. Es gibt aber noch eine dritte Kategorie von Stücken, die sowohl laut als auch leise gut klingen, wie das Largo von Händel. Wenn man das Largo in vielen verschiedenen dynamischen Abstufungen durchspielt, ist man einige Tage lang beschäftigt.

Die Fingerbeweglichkeit

Wenden wir uns nun den Fingern zu. Nachdem sie so lange einzelne Töne ausgehalten haben, mögen sie vielleicht etwas eingerostet sein und dringend Auflockerung benötigen. Wir gehen wieder schrittweise vor, diesmal von langsam zu schnell. Der Spieler nimmt sich beispielsweise folgende einfache Übung vor:

Bei dieser Übung geht es um Gleichmäßigkeit. Ganz egal, in welchem Tempo, jeder Ton sollte gleich lang sein und gleiche Klangqualität besitzen. Der Spieler beginnt langsam und steigert dann das Tempo (diese Übung muß mehrmals wiederholt werden). Er achtet darauf, mit einem leichten Anschlag zu spielen, bei dem die

Finger behutsam von Ton zu Ton wechseln. Die Finger dürfen nicht durch ungleichmäßiges Greifen den Klang stören. Wer diese Übung weich spielt, kann sich die folgende vornehmen:

Diese Übungen entsprechen den Fünffingerübungen auf dem Klavier. Dabei lernt man, die Finger auch bei hohem Tempo zu beherrschen.

Das Vibrato

Das Vibrato zählt auch zu den Themen, über die sich die Experten völlig uneins sind. Es drückt in besonderem Maße die Persönlichkeit des Spielers aus. Man kann sich dies an Vergleichen von Aufnahmen des Geigers Jascha Heifetz und der Sängerin Maria Callas veranschaulichen. Heifetz spielt mit einem sehr intensiven Vibrato, wohingegen Maria Callas mit einem großen und langsamen Vibrato singt. Beide machen das Vibrato richtig, obwohl es völlig unterschiedlich ausfällt. Es gibt keine Regel, was für ein Vibrato benutzt werden muß oder wie man es der Musik entsprechend zu variieren hat. Die Persönlichkeit und Musikalität des einzelnen Spielers sind für die Art des Vibratos entscheidend.

Trotzdem bin ich mir mancher Dinge sicher genug, um einige Regeln aufstellen zu können. Zunächst einmal bin ich generell für das Vibrato. Es existiert eine puritanische Spielauffassung, die besagt, daß der Flötenton genauso schlicht klingen soll wie ein englischer Knabensopran. Deshalb wird ihm ein Vibrato verboten, denn durch das Vibrato (so die Behauptung) werde der Klang zu sinnlich, was die Qualität des Tons schmälere. Ich bin da völlig anderer Meinung. Für mich macht das Vibrato den Ton lebendig, verleiht ihm Intensität und erhöht die innere Spannung beim Spielen. Bei einer ruhigen Phrase ist es manchmal von Vorteil, einen oder zwei Töne ohne Vibrato zu spielen. Aber im allgemeinen ist Musik ohne Vibrato ziemlich leblos.

Zweitens finde ich es ziemlich langweilig, wenn das Vibrato sich niemals verändert und die Spannung immer gleich bleibt. Manche Musiker spielen mit einem gleichbleibenden Vibrato. Doch andere zeigen deutlich, daß man es nicht so halten sollte. Der Mensch verfügt über eine ganze Skala von Lebensintensitäten, vom ruhigen Schlaf bis zum Hundertmeterlauf. In der Musik sollte es genauso sein. Dabei muß der Grad der Intensität immer vorausgeplant und kontrolliert werden. Das höchste Ziel ist, das Vibrato in jeder Geschwindigkeit, auf jedem Ton und in jeder Lautstärke spielen zu können.

Drittens sollte der Spieler von Anfang an auf dieses Ziel hin arbeiten. Das Vibrato kann sehr früh im Unterricht behandelt werden; einerseits klingt es gut und motiviert dadurch den Anfänger, andererseits hilft es ihm, den Ton klar zu formen.

Was ist nun das Vibrato und wie wird es erzeugt? Es ist ein Schwingen des Tons und entsteht durch eine schnelle, mehr oder weniger starke Veränderung des Blasdrucks. Und wo wird es erzeugt oder anders gefragt, welche Atmungsorgane bringen diese Druckschwankungen hervor? Ich frage mich das oft selbst. Es wird immer behauptet, die Zwerchfellmuskeln seien dafür verantwortlich. Ich glaube jedoch, daß das nicht richtig ist oder zumindest nicht ganz. Man kann dies mit einer Hechelübung selbst ausprobieren, indem man einen Ton wählt und auf diesem langsam stimmlos Ha-Ha-Ha formt. In welchen Körperregionen nun sind diese Stöße am deutlichsten zu spüren? Ein gut erzogener, gehorsamer und respektvoller junger Mensch wird antworten: »Natürlich im Zwerchfell!« Ich wage aber zu behaupten, daß er sich täuscht. Nach meinen Beobachtungen kontrollieren die Kehlkopfmuskeln die Druckveränderungen des Vibratos, und das Zwerchfell schwingt lediglich mit. Zudem glaube ich, daß Spieler mit einem Kehlkopfvibrato sehr gute Ergebnisse beim Spielen erzielen können.

Wir machen nun die Hechelübung auf Ha-Ha-Ha. Da dieser Laut in allen Sprachen vorkommt, dürfte er keine Probleme bereiten. Wir artikulieren auf einem Ton deutlich Ha-Ha-Ha, wiederholen es etwas schneller und noch einmal in gesteigertem Tempo, bis wir allmählich bei einer rasanten Geschwindigkeit angelangt sind. Wenn wir dann das ›H‹ weglassen, verschmelzen die Töne zu einem vollkommen gleichmäßig schwingenden Ton. Nach Erreichen unseres höchsten Tempos stellen wir das Metronom einen Strich höher, um uns noch zu steigern. Auf dem Ton soll ein helles Flimmern entstehen. Man geht in folgender Reihenfolge vor:

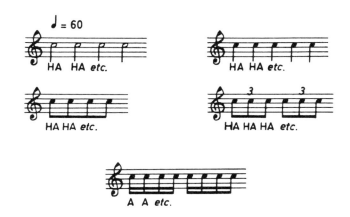

An diesem Punkt ist absolute Gleichmäßigkeit wichtig. Man gewöhne sich niemals ein schwankendes, unsicheres und ungleichmäßiges Vibrato an. Später ist ein gewisser Spielraum erlaubt, in dem das Vibrato auf einem Ton beschleunigt oder verlangsamt werden kann, je nach Interpretation. Vorerst sollte man an einem kontrollierten Vibrato arbeiten. Jeden Morgen übe ich drei Minuten lang alle Stadien des Vibratos vom einzelnen Ha-Ha-Ha bis zu den ultraschnellen Schwingungen. Um das Vibrato in jeder Geschwindigkeit spielen oder ganz weglassen zu können, muß der Spieler nach dieser Methode üben.

Der Anfänger übt zunächst mechanisch, indem er einen Ton spielt und das Vibrato bewußt hinzufügt. Es sollte aber so klingen, als ob es automatisch wäre. Nur wenn er, wie einige wenige, eine besondere musikalische Begabung hat, die ihm die technischen

124

Fähigkeiten von Anfang an eingibt, kann er darauf verzichten. Die anderen Spieler sollten sich aber dadurch nicht entmutigen lassen. Bei einer verbesserten Technik und größeren Erfahrung wird das Vibrato von selbst zu einem Bestandteil der Spieltechnik.

Wir haben natürlich noch nicht alle Probleme behandelt: Wie hält man das Vibrato über eine Phrase hinweg, wie spielt man ein gutes Vibrato auf hohen Tönen oder in schnellem Tempo, was für ein Vibrato benutzt man in langsamen Stücken? Der Spieler kann diese Probleme nur lösen, indem er das Vibrato bis zur völligen Beherrschung übt. Noch etwas zu langsamen Sätzen: Man ist versucht, die Töne mit einem langsamen und nachdenklichen Vibrato breit auszuspielen, im Glauben, daß dies der Musik entspräche. Das ist ein Irrtum; gedehntes Vibrato verlangsamt das Stück noch mehr als beabsichtigt. Das Vibrato erfüllt die ruhigen Stücke mit Leben und benötigt deshalb ein gewisses Tempo (über die Schnelligkeit muß der Spieler selbst entscheiden). Genauso muß leise Musik schneller schwingen, denn je leiser der Ton ist, desto mehr Spannung benötigt man beim Spielen.

10.
Das Üben

»Wieviel muß ich üben?« – Diese Frage wird von Flötenschülern immer wieder gestellt. Die prompte Erwiderung lautet: »Mehr!« Aber mit einem so wichtigen Thema wie dem Üben sollte niemand Scherze treiben. Wenn mich ein Schüler fragt, auf welche Weise oder wie lange er üben soll, weiß ich, daß er sich noch nicht kritisch zuhören kann. Denn sonst wüßte er genau, was zu tun ist. Was, wie und wie lange der Spieler üben muß, ergibt sich aus der Beurteilung des eigenen Spiels. Diese kann man zu einem großen Teil erlernen – und zwar wiederum durch Üben. Eigentlich geht es beim Üben genau darum: Man soll nicht nur die geschickte Handhabung des Instrumentes und das Notenlesen lernen, sondern auch ›das Lernen lernen‹, also bis zu einem gewissen Grad sein eigener Lehrer sein, sich selbst beurteilen und Fortschritte abverlangen. Das Üben bezweckt gleichzeitig die Verbesserung des Spiels und die kontinuierliche Entwicklung der Tonvorstellung (und damit des Urteils); so wird der Schüler immer selbstkritischer.

Obwohl beim Üben und der Entwicklung der musikalischen Fähigkeiten vieles von einem selbst abhängt, gibt es doch einige grundsätzliche Richtlinien. Es mag überraschend klingen, aber die erste Richtlinie besagt, als Anfänger nicht zuviel zu üben. Solange der Schüler die Grundlagen des Flötespiels noch nicht erlernt hat, besteht die Gefahr, sich durch zu viel Üben Fehler in der Technik anzueignen. Ich gebe zu, das hört sich unlogisch an, denn die Fehler und Schwierigkeiten können nur durch Üben korrigiert werden. Wichtig ist aber, nur eine Sache auf einmal zu üben, geduldig zu sein und sich über kleine Fortschritte zu freuen. Die Frage nach dem Übungspensum kann nicht allgemein beantwortet werden; es hängt von Körperbau, Größe und Alter ab. Ich gehe aber davon aus, daß fünfzehn bis dreißig Minuten täglich ausreichen. An diesem Anfangspunkt der musikalischen Ausbildung hängt viel vom Lehrer ab. Er beurteilt, wie kräftig die Embouchure ist, wie schnell der Schüler vorankommt und wann die Übungszeit entsprechend verlängert werden kann. Wenn der Schüler sich die Grundlagen des Flötespiels angeeignet hat – sicheres Halten der Flöte, schnelles Finden der Töne, richtige Atmung und Embouchure –, ist er in der Lage, sich auf die Musik zu konzentrieren. An diesem Punkt kann er beginnen, so viel zu üben, wie er Lust und Zeit dazu hat.

Wer zur Schule geht und daneben noch andere Freizeitbeschäftigungen ausübt, teilt mit dem berufstätigen Musiker ein Problem: Beide müssen die Übungszeit in ihrem Tagesablauf unterbringen. Für einen Musikstudenten, der Flötist und eventuell ein guter Musiker werden möchte, liegen die Dinge ganz anders. Für ihn gehört das Üben zu seinem Beruf wie auch zu seinem Leben. Natürlich kommen auch noch andere Fächer dazu, wie Musiktheorie, Harmonielehre, Gehörbildung usw., und in Deutschland auch noch Pädagogik (es ist vielleicht gar nicht so schlecht, daß die angehenden Musiker lernen, daß nach ihnen nicht die Sintflut, sondern eine weitere Generation kommt). Alle diese Fächer sind sehr wichtig und notwendig, und die Professoren sollten darauf achten, daß die Studenten den Unterricht nicht versäumen. Das Üben ist der Teil ihres Stundenplans, den sie sich selbst zumessen. Am Umfang ihres Übungsprogramms zeigen sich ihr Durchhaltevermögen und ihr Ehrgeiz.

Es gibt Studenten, die sich damit begnügen, irgendwie durchzukommen, oder darauf vertrauen, mit Gottes Hilfe trotz schludriger Vorbereitungen die Examina zu bestehen. Wollen sie aber die – wie ich sie nenne – ›besonderen Mitteilungsgaben‹ erlernen, müssen sie das Üben als festen Bestandteil in ihren Tagesablauf integrieren, ununterscheidbar von einem Instinkt, einem Bedürfnis oder einem Gefühl. Sie sollen lernen, üben zu müssen, genau wie man (jedoch ohne die Schwierigkeiten des Erlernens) essen und schlafen muß. Wenn sie das Üben solchermaßen zur Routine gemacht haben, sind sie auf dem richtigen Weg.

Der Leser wird vielleicht meinen, daß ich übertreibe oder zuviel verlange; ich spreche aber aus Erfahrung. Oft genug (ich sage nicht ›immer‹, damit mich niemand wegen Verleumdung verklagen kann) macht ein Musiker sein Hochschulexamen, erhält eine Stelle und hört auf zu üben. Einerseits glaubt er, alles zu können, und andererseits hat er einfach keine Zeit mehr dazu. Er ist ständig mit seinem Auto unterwegs, schiebt hier eine kurze Sinfonie und dort eine sinfonische Dichtung ein und verfügt über keine Zeit mehr, sich Gedanken über sein Tun zu machen. Zu viele Berufsmusiker üben während ihres Studiums zwar vier Jahre lang gewissenhaft, lassen es dann aber dabei bewenden. Es mag für den Leser desillusionierend sein, aber oft verhält es sich so. Auch Musikstudenten, die auf etwas hinarbeiten und sich einen Beruf wünschen, vernachlässigen das Üben. Sie üben während des Semesters pflichtbewußt jeden Tag vier bis fünf Stunden. Sobald die Ferien anfangen, legen sie die Flöte und die Musik beiseite und machen Urlaub. Bei Semesteranfang müssen sie wieder von vorn anfangen. Die Muskeln haben ebenfalls Urlaub gemacht und sind schlaff geworden. Ich rate jedem Studenten von dieser Art zu üben ab. Wenn man jung ist, können sich die Muskeln am besten ausbilden. Deshalb sollten die Studenten ihre Muskeln rechtzeitig ausbilden, ohne Unterbrechung, damit diese nicht wieder erschlaffen und ihre Fähigkeiten verlieren. Ein wirklicher Musiker kennt keine Ferien. Ich übe jeden Tag in meinem Leben Flöte, ob ich zu Hause bin oder auf Reisen, wenn es sein muß, sogar während der Fahrt. Aber ich will auch zur Spitze gehören. Wer das ebenfalls möchte, muß genauso handeln.

Was soll man üben? Ich empfehle, das tägliche Üben mit Atemübungen, Tonbildung, Vibrato und Zungenübungen (der Zungenstoß wird im nächsten Kapitel behandelt) zu beginnen, dann folgen Tonleitern und Arpeggien, danach Etüden und zum Schluß die Musikstücke. Man verwendet ungefähr dreiviertel der Zeit für Tonübungen, Tonleitern, Arpeggien und Etüden und nur den Rest der Zeit für Stücke. Das ist natürlich keine feste Regel; bei einer Konzertvorbereitung verteilt man die Schwerpunkte anders. Bevor ich zu Tonleitern und Arpeggien mit ihren Einzelheiten komme, möchte ich noch einige allgemeine Ratschläge geben.

Erstens soll sich der Spieler beim Üben Mühe geben. Er muß

blasen, blasen, blasen (und zuhören, zuhören, zuhören). Üben hat nichts mit Meditation zu tun. Zweitens soll das Üben fröhlich klingen. Welcher Komponist hatte schon die Absicht, langweilige Stücke zu schreiben? Die meisten Werke sind fröhlich, und selbst traurige müssen Leben ausstrahlen. Deshalb soll der Spieler ein wenig *joie de vivre* in die Übungen einfließen lassen, um sich auf die Expressivität der Stücke einzustimmen. Ich erinnere an das Motto, daß man für Konzerte übt. Drittens soll der Spieler immer mit einem schönen Ton spielen, und zwar mit der Überzeugung, daß eine Übung, eine Tonleiter oder auch nur ein einzelner Ton bereits Musik ist. Welch anderen Grund gäbe es sonst, sie zu spielen? Etwa um die Welt mit langweiligen Tönen zu übersäen? Gleich vom ersten Ton an, den man morgens nach dem Aufstehen spielt, muß das Zimmer mit fröhlichen, lebendigen und schönen Tönen erfüllt werden. Schließlich sollte der Spieler keinen Ton beiläufig spielen. Je mehr Aufmerksamkeit er jedem Ton schenkt, desto besser ist sein gesamtes Spiel.

Die Tonleitern und Arpeggien

Ich halte es für absolut notwendig, Tonleitern und Arpeggien methodisch zu üben, vor allem, wenn man Berufsmusiker oder einfach nur ›sehr gut‹ werden will. Ich empfehle dazu das Buch »Méthode Complète de la Flûte« von Gaubert und Taffanel. Bei einfachem Herunterspielen der Tonleiter wird der Spieler unkritisch und ungenau. Diese beiden Herren haben viel über die Probleme beim Flötespielen und deren Lösungen nachgedacht. Der Spieler kann sich ihre Arbeit zunutze machen. Er wählt eine Methode und arbeitet sich allmählich in sie ein. Mit der Zeit kann er sämtliche Tonleitern spielen. Sie bilden die Grammatik der musikalischen Sprache. Sehr viele Werke – besonders aus der Barockzeit, aber auch bis in die Gegenwart – basieren auf Tonleitern und Arpeggien. Wenn er diese perfekt spielen kann, beherrscht er die Werke schon halb, bevor er sie anfängt zu spielen. Am Pariser Konservatorium müssen die Studenten einmal in der Woche alle Dur- und

Molltonleitern ohne Unterbrechung durchspielen. Das finde ich sehr gut. Selbst wenn der Lehrer den Spieler nicht dazu anhält, sollte er es nachahmen. Irgendwann muß er alle Tonleitern in verschiedenen Intervallen und Artikulationen beherrschen, ohne nachdenken zu müssen, so daß Fehler fast ausgeschlossen sind. Hoffentlich wird es niemandem bei diesen Ratschlägen mulmig.

Anfangs übt der Spieler die Tonleitern über zwei Oktaven, zum Beispiel die F-Dur-Tonleiter:

Zum Erkunden der Tonleitern spielt er sie langsam. Schnelligkeit kommt später dazu. Zunächst müssen Finger und Embouchure mit allen Tönen in diesen zwei Oktaven vertraut werden. Nach einigen Tagen kann der Spieler das Metronom einen Strich schneller stellen und dieses neue Tempo üben, bis es keine Schwierigkeiten mehr bereitet. Dann stellt er das Metronom wieder höher ein und so fort. Auf diese Weise lernt er allmählich, die F-Dur-Tonleiter virtuos zu beherrschen.

Als nächstes erweitert er die F-Dur-Tonleiter über den ganzen Umfang der Flöte: so hoch wie möglich und tief bis zum eingestrichenen C. Er beginnt mit einer oder zwei Oktaven wie die Piani-

sten, sollte aber mit der Zeit die gesamte ›Tastatur‹ benutzen können. Angenommen, die Flöte besäße eine Tastatur und keine Klappen, kann er sich mit jedem Ton auf ihr vertraut machen. Danach steigert er das Tempo wieder, wie für die ersten zwei Oktaven vorher beschrieben. Manche Flötisten meinen, daß man Tonleitern langsam üben müßte. Meiner Meinung nach ist das unsinnig;

130

es ist das gleiche, als ob man von einem Vierzehnjährigen verlangt, wie ein vierjähriges Kind zu sprechen. Ich halte es für genauso unsinnig, Tonleitern zu schnell zu üben. Mit einer einfachen Methode läßt sich das richtige Tempo für eine Tonleiter herausfinden: Verspielt man sich bei einer Tonleiter ständig, ist man zu schnell. Das Tempo wird dann soweit verlangsamt, bis man alles richtig spielt. Fühlt der Spieler sich sicher, kann er die Geschwindigkeit wieder steigern.

Alle Erläuterungen zur F-Dur-Tonleiter lassen sich natürlich auf sämtliche Tonleitern übertragen. Manche sind einfacher zu spielen als andere, deshalb ist es sinnvoll, mit den einfachen zu beginnen. Eine schwierige Tonleiter wie es-moll, in der einige komplizierte Griffwechsel vorkommen, übt der Spieler eine ganze Weile langsam. Er soll aber nicht sein ganzes Übungsprogramm auf die Verbesserung der langsamsten Tonleiter aufbauen. Denn wenn er die F-Dur-Tonleiter auf Schnelligkeit erst übt, nachdem er es-moll einigermaßen beherrscht, hält er seine gesamte musikalische Entwicklung auf. Er wählt ein vernünftiges Tempo, spielt die einfachen Tonleitern schneller und die schwierigsten langsamer und übt nur so schnell, wie er einen Nutzen daraus zieht. Wenn es-moll wie ein Blitz herausschießt, macht das großen Eindruck – auf jeden Fall bei Flötisten, die die Probleme ja kennen.

Als nächstes übt der Spieler die Tonleitern mit unterschiedlichen Artikulationen, die im nächsten Kapitel behandelt werden, deshalb nur kurze Bemerkungen an dieser Stelle: Man übt, um Musik zu spielen, und wählt deshalb nur solche Artikulationen für die Tonleitern, die in den Stücken vorkommen.

Eine weitere Komplikation besteht darin, Tonleitern in unterschiedlichen Intervallen zu üben – in Terzen, Quarten, Quinten usw.:

etc.

Später gehe ich auf die Notwendigkeit des Gehörtrainings ein, um die verschiedenen Intervalle unterscheiden zu können. In der Zwischenzeit bitte ich mir einfach zu glauben, daß die Quälerei mit den Tonleitern zwar mühevoll ist, den Weg zur Beherrschung der Musik aber abkürzt.

Dann ist der Ausdruck an der Reihe. Der Flötist spielt eine Tonleiter laut oder leise, fröhlich oder traurig, gefühlvoll oder rasant. Auch wenn er erst einige Oktaven in F-Dur bewältigt, kann er diese mit unterschiedlichem Ausdruck spielen. Wenn Ausschnitte dieser Tonleitern in Stücken auftauchen, muß er sie auch expressiv spielen, deshalb übt er diese Aufgabe gleich mit.

Arpeggien sollten ebenfalls nicht mit langweiligem Ausdruck geübt werden. Sie gehören – wie die Tonleitern – zu der Grundstruktur, auf der die Musik aufgebaut ist. Sie werden gleichermaßen in irgendeiner Form in den Stücken immer wieder auftreten. Der Spieler übt sie wie die Tonleitern mit einer genauen Klangvorstellung.

Die Arpeggien können ihm Schwierigkeiten bereiten, da komplizierte Griffwechsel vorkommen, bei denen vielleicht die Flöte wegrutscht – beispielsweise der gebrochene Dreiklang in C-Dur, der auf dem tiefen C beginnt und bis zum hohen G hinaufreicht. Beim ersten Ton liegen alle Finger auf den Klappen, wobei das Halten der Flöte keine Schwierigkeiten macht. Für den nächsten Ton gleitet der kleine Finger von der C-Klappe auf die Es-Klappe, während die E-Klappe geöffnet wird. Das muß sehr weich geschehen, damit die Embouchure nicht beeinträchtigt wird. Viele Flötenspieler finden Arpeggien problematisch, weil sie zu stark auf die Klappen schlagen, so daß die Lippen die Töne nicht richtig formen können. Man sollte also besonders darauf achten, daß die Flöte bei Arpeggien nicht hin und her rutscht.

132

Die Klarheit der Töne

Manche Flötisten meinen fälschlicherweise, daß bei Tonleitern und Arpeggien die Fingertätigkeit am wichtigsten sei. Doch wie beim Reden kommt es besonders auf den Inhalt an. Für einen kontrollierten Ausdruck konzentriert sich der Spieler auf die Embouchure. Bei jungen Flötenspielern ist mir des öfteren aufgefallen, daß sie bei Tonübungen in einem langsamen Tempo einen sehr schönen Ton hatten. Im schnellen Tempo klangen jedoch nur der erste und letzte Ton schön und alle dazwischen undeutlich. Das passiert, wenn sich der Spieler nicht genügend mit der Embouchure befaßt.

Wird der Spieler mitten in einer Tonleiter unterbrochen, muß dieser Ton schöner klingen als alle anderen jemals gehörten. Alle Töne sollen klar und im richtigen Verhältnis zu den anderen klingen. Der Spieler erreicht dies durch Üben – nicht zu schnell und nicht zu langsam.

Einige zusätzliche Gedanken zum Üben

Den nächsten Punkt auf dem täglichen Übungsplan nehmen Etüden ein. Diese sind wichtig genug, um ihnen ein eigenes Kapitel zu widmen.

Zum Ende dieses Kapitels möchte ich aber noch einiges zum Üben bemerken. Zunächst erinnere ich wiederholt daran, beim Üben guter Laune zu sein – auch wenn man sich nicht danach fühlt. Vielleicht muß man einmal ein Konzert geben nach einem Flug über den Atlantik oder etwas gleichermaßen Anstrengendem. Selbst wenn man die Arme kaum noch hochbekommt, sollte man in bester Stimmung sein. Deshalb übt der Spieler von vornherein mit Heiterkeit. Womit er sich auch beschäftigt – ob mit Tonleitern, Tonübungen oder Etüden –, es muß stets schön klingen.

Zweitens soll das Üben Spaß machen. Da Flötespielen harte Arbeit bedeutet, steht es mit dem Üben ebenso. Dennoch darf der Spieler dabei nicht verbissen sein. Es ist allgemein bekannt, daß es dem Menschen nicht bekommt, ohne Vergnügen zu arbeiten. Das gilt selbst für Musiker, für die Spielen und Arbeiten verwandte Tätigkeiten sind. Hat der Spieler gewissenhaft seine Übungen erledigt, kann er auch etwas vom Blatt oder ein bekanntes schönes Stück spielen. Er soll sich dabei an seinem Spiel erfreuen und es genießen. Dadurch erhält die Inspiration neue Nahrung und die harte Arbeit einen Sinn. Es motiviert dazu, am nächsten Tag wieder konzentriert an die Arbeit zu gehen.

Der dritte Ratschlag folgt in gewisser Weise daraus. Der Spieler soll regelmäßig üben, möglichst jeden Tag, aber keine Zwangsarbeit daraus machen. Kann er sich einmal überhaupt nicht konzentrieren, verschwende er seine Zeit nicht mit erfolglosen Übungsstunden, sondern lege eine Pause ein, gehe spazieren oder trinke einen Kaffee, bis er sich wieder sammeln kann. Wenn sich beim Üben Inspiration und schöpferische Kraft einstellen, nicht einfach abbrechen, nur weil die übliche Zeit vorbei ist, sondern weiter spielen – und sei es den ganzen Tag!

»Wir sind alle nur Menschen.« Diese Bemerkung entschuldigt in der Regel irgendwelche Schwächen. Man kann dieser Bemerkung auch den gegenteiligen Sinn verleihen. Gerade weil wir Menschen sind, können wir unsere Schwächen durch Willenskraft und Selbstdisziplin überwinden und – wenn alles nichts hilft – durch Genialität. Ich kenne genau wie alle anderen Menschen das Gefühl, morgens aufzustehen und völlig lustlos zu sein. Ich verstehe sehr gut, wenn man ab und zu überhaupt keine Lust zum Üben hat. Wie gesagt, manchmal hat es keinen Sinn, sich dazu zu zwingen. Hoffentlich kommt es nicht so oft vor. Für sonstige Fälle mache ich folgenden genialen Vorschlag: Man sagt sich, also gut, ich bin heute nicht in Übestimmung, also werde ich einfach *spielen*. Ich werde die Übungen und Etüden als die bedeutendste Musik ansehen, die jemals geschrieben wurde (was meistens nicht der Fall ist) und sie so spielen, als ob ich vor einem Publikum stünde, das dafür bezahlt, mich zu hören.

Solche kleinen Tricks wirken Wunder auf die Moral und, noch wichtiger, auf die Musik.

Das Üben darf aber nicht zum alleinigen Lebensinhalt werden.

Der Spieler muß sich ja auch als Mensch weiterentwickeln und nicht nur perfekt im Herunterspielen der Tonleitern in Terzen sein. Solches Spiel bleibt wertlos und lohnt auch die Mühe des Zuhörens nicht. So wie niemand vierundzwanzig Stunden am Tag essen oder schlafen kann, so läßt sich nicht allein vom Üben leben. Man soll auch zuhören, wie andere spielen, sich mit den übrigen Künsten beschäftigen, Freunde haben, Sport treiben und Hobbies nachgehen – alles Vergnügungen einer reifen und entwickelten Persönlichkeit. Man muß das Leben kennenlernen. Die Persönlichkeit des Spielers fließt in sein Spiel ein, und je entwickelter diese ist, desto interessanter wird das Spiel sein. Ich schließe diese Warnungen vor zu enger geistiger Ausrichtung auf das Üben der Vollständigkeit halber mit ein. Meiner Erfahrung nach können die meisten Spieler sie getrost vergessen, der Fehler des zu viel Übens wird nicht so häufig gemacht.

Die übrigen Ratschläge sind mehr praktischer als philosophischer Natur:

– nicht immer alles in vollem Tempo spielen. Der Spieler soll natürlich schnell spielen können. Aber ab und zu wählt er lieber ein langsameres Tempo, um seinem Spiel genau zuhören zu können;

– nicht einfach über die Schwierigkeiten hinwegspielen, sondern schwierige Stellen oft wiederholen, falls nötig, hundertmal;

– immer auf Details achten;

– sich nicht scheuen, verschiedene Übungsmethoden auszuprobieren;

– sich völlig klar darüber werden, daß man ganz alleine für sein Üben verantwortlich ist.

Der Spieler muß seine Probleme und deren Lösungen selbst herausfinden. Andere mögen die Qualität des Spiels (und hoffentlich auch dessen Fortschritt) beurteilen und eventuell auch gute Tips geben. Sein strengster Kritiker sollte aber er selbst sein.

Die obengenannten Ratschläge richten sich an alle, die das Flötespielen ernsthaft erlernen möchten. Nicht nur an Musikstudenten, die davon leben wollen, sondern auch an Freizeit- und Feierabend-Musiker, denen Flötespielen einfach Spaß macht. Selbstverständlich können Musikliebhaber nicht die für Virtuosentum nötigen vielen Übungsstunden aufbringen, sie sollen sich aber dadurch nicht entmutigen lassen. Jeder, der sich für Musik interessiert, findet Erfüllung und Befriedigung in ihr. Und er hat teil an einer großen Errungenschaft der Menschheit, egal, wie er spielt. Er stelle sich einen Mini-Übeplan nach den oben erläuterten Richtlinien auf und erfreue sich an seinem eigenen Tempo des Weiterkommens.

Der Amateur sollte sich seiner Besonderheit bewußt sein. Einerseits bereitet ihm das Flötespielen viel Freude, andererseits wird er von Berufsflötisten wegen seines Enthusiasmus und seines Urteilsvermögens sehr geschätzt. Er entdeckt und fördert junge Talente und verhilft der Flöte schließlich zu einem höheren Ansehen in der Welt der Musik.

11.

Die Artikulation

Artikulation ist ein kompliziertes Wort für eine sehr einfache Sache. In bezug auf Sprache bezeichnet es einerseits die Art und Weise, wie man Zunge und Stimmbänder benutzt, um Worte auszusprechen, und andererseits den Eindruck, den diese Worte hinterlassen. Ein Mensch mit guter Artikulation ist wortgewandt und kann sich gut verständlich machen. Für das Flötespielen gilt das gleiche. *Artikulation* bezeichnet die Techniken des Legato- und Staccatospielens und die Gewandtheit und Ausdruckskraft, die mit diesen Techniken erzielt werden kann. Dieses Kapitel betrifft also das ausdrucksvolle Spiel, ein weites Feld, das den ganzen Menschen mit einschließt. Doch fangen wir zunächst mit den technischen Grundlagen an.

Der Zungenstoß

Die meisten Musiker gebrauchen den italienischen Ausdruck *staccato*; die Franzosen sagen *détaché*, was beides im Deutschen ›getrennt‹ bedeutet. Das englische Wort dafür ist *tonging*, weil die Zunge den erwünschten Effekt hervorbringt (*tongue* heißt ›Zunge‹). Der deutsche Ausdruck *Zungenstoß* entspricht dem englischen Wort *tonging*. Die Zunge unterbricht den Luftstrom, indem sie den harten Gaumen über den Zähnen berührt. Dadurch werden die Töne voneinander getrennt. Die Trennstärke muß jeder selbst entscheiden oder besser gesagt erforschen und erlernen. Der Zungenstoß kann in verschiedenen Geschwindigkeiten und Stärkegraden von hart bis weich ausgeführt werden. *Staccato* bedeutet auf keinen Fall ›kurz‹. Eine Anweisung für kurze Töne ist der Streicherausdruck *pizzicato*. Dieser wird ab und zu für besondere Effekte verwendet. Junge Spieler verwechseln manchmal diesen Sachverhalt.

Man kann den Zungenstoß auf unterschiedliche Weise erlernen. Manche Lehrer lassen ihre Schüler »tu« sagen, andere ziehen »du« vor und wieder andere »tee«. Die Ursache für die kleine Uneinigkeit unter den Experten liegt darin, daß die Hälfte von ihnen nicht die gleiche Sprache spricht und wenn doch, dann in verschiedenen Dialekten. Ich bevorzuge das französische Wort »tu«. Es kommt weder in der englischen noch in der deutschen Sprache vor. Wenn man es aufgreifen möchte, aber noch nie ausgesprochen gehört hat, sollte man sich das Wort von einem Franzosen beibringen lassen. Ich ziehe »tu« den anderen Möglichkeiten vor, weil die Zunge dabei weit nach vorne kommt und die Lippen in eine für das Flötenspielen sehr günstige Position gebracht werden. Jeder Franzose sagt mühelos »tu«. Das mag erklären, warum Frankreich in den letzten Jahrhunderten so viele hervorragende Flötisten hervorgebracht hat.

Wenn der Spieler sich für eine Möglichkeit des Zungenstoßes entschieden hat, bläst er einen Ton und wiederholt über die ganze Länge seines Atems »tu-tu-tu« (oder was auch immer). Er muß damit langsam beginnen und darauf achten, daß sich die einzelnen Wiederholungen in Länge und Intensität gleichen. Danach übt er in zwei verschiedenen Richtungen weiter. Zum einen muß der Zungenstoß schneller werden. Zum anderen muß er ihn vom zartesten, weichsten und behutsamsten Berühren des Gaumens bis zum harten und knalligen Anstoß variieren können. Erst müssen die einzelnen Möglichkeiten erforscht und dann Schritt für Schritt erarbeitet werden.

Zum Spielen eines schnellen Staccatos oder détaché wird die Doppelzunge verwendet. Dabei sagt der Spieler abwechselnd »tu«, wobei die Zungenspitze gegen den vorderen Gaumen stößt, und »ku«, wobei die Zungenmitte gegen den hinteren Gaumen schlägt. Das stellt keinen Zungenbrecher dar, wie es zunächst scheint. Der Spieler wählt sich wieder einen Ton und sagt beim Blasen »tu-ku-tu-ku-tu-ku« usw., bis ihm die Luft ausgeht. Er muß es bis zur schnellen Beherrschung üben. Mir wurde als Anfänger beigebracht, »tu« und »ku« einzeln zu üben, »tu« auf einem Ton und »ku« auf dem nächsten. Erst als ich beide gut bewältigte, durfte ich sie zusammen aussprechen. Mittlerweile glaube ich, daß diese Methode nicht viel taugt. Bei der Doppelzunge sollte man gleich von Anfang an »tu-ku« zusammen üben.

Nach dem Erlernen des einfachen und doppelten Zungenstoßes wendet der Spieler diese Technik bei Tonleitern und Fingerübungen an. Er probiert verschiedene Arten des Zungenstoßes – ein forsches Staccato, dann ein sehr lebhaftes und danach ein ruhiges – zur Vorbereitung auf Stücke, in denen diese vorkommen. Er darf das Staccato aber nicht übertreiben, ab einem gewissen Punkt wird es unerträglich für die Ohren. Es sollte immer schön, leicht und grundsätzlich fröhlich klingen.

Das Legato

Beim Legatospielen sind die Fingerbewegungen das wichtigste (abgesehen davon, daß die Zunge nicht in die Quere kommen darf). Bei einer ruhigen Musik dürfen die Klappen nicht wie die Tasten einer rostigen Schreibmaschine scheppern. Es ist nicht schwierig, zwei Töne miteinander zu verbinden – was ja das Legato ausmacht –, aber es wird nur dann wirklich gut klingen, wenn die Töne weich gegriffen werden. Diese Weichheit, Zartheit und Ruhe muß der Spieler in seinem Inneren spüren und sie durch die Finger auf die Klappen übertragen.

Indische Flötenspieler können auf ihren *Bansari* besonders gut Legato spielen. Diese Bambusflöten besitzen sieben Löcher, eins zum Blasen und sechs zum Greifen der Töne, und keine hinderlichen Klappen. Die Spieler können dadurch zum nächsten Ton gleiten und Schleifer auf eine Art spielen, die uns versagt ist.

Wir dagegen müssen mit Klappen zurechtkommen. Deshalb sollten die Finger so kleine Bewegungen wie möglich machen und so der Flöte die Musik entlocken.

Am besten kann man das Legato üben, indem man Stücke spielt, die jene singende ›bel canto‹-Weichheit erfordern, wie bei-

spielsweise das Largo von Händel, der Schwan aus Saint-Saëns'
»Karneval der Tiere« oder Gounods »Ave Maria«.

Die Artikulation

Nachdem der Spieler Zungenstoß und Legato erlernt hat, muß er
als nächstes diese beiden Spielweisen miteinander verbinden.
Beim Flötespielen werden gestoßene und gebundene Töne nach
den in klassischen Stücken üblichen Mustern kombiniert. Zum
Spielen der Stücke muß er diese kennen, zunächst abstrakt.
    Dabei stellen die Tonleitern wieder eine große Hilfe dar. Der
Spieler kann sie verschieden artikulieren, beispielsweise zwei
Töne gebunden, zwei gestoßen oder im Drei-und-drei- oder Eins-
und-zwei-Wechsel. Damit ist der Spieler einige Wochen beschäftigt. Aber es ist keine Zeitverschwendung, denn zum Spielen eines
Mozartkonzertes wird er diese Artikulationsmuster benötigen.
    Meiner Meinung nach kann man Artikulation auch übertreiben.
Die Franzosen denken sich die ausgefallensten Artikulationsfor-
men aus und treiben damit ihre Studenten in den Wahnsinn. Sie
erfinden Artikulationen, die kein Komponist jemals verwerten
wird – es sei denn in einem Prüfungsstück für das Konservatorium. So schrieb Fauré etwa die »Fantasie« (opus 79 für Flöte und
Klavier) für den *Concours*: Sie strotzt vor Artikulationen, die nirgends sonst vertont wurden. Ich mutmaße, daß er einfach zum
Professor für Flöte am Konservatorium gegangen ist und ihn gefragt hat, was auf der Flöte nicht so leicht zu bewältigen ist. Der
Professor zählte ihm einige Schwierigkeiten auf – lange Töne, Triller, Staccato-Tonleitern und andere komplizierte Artikulationsfor-
men –, und Fauré notierte sie sich, dankte dem Professor und
kochte daraus seinen musikalischen Eintopf. Wer die »Fantasie«
meistert, beherrscht fast alle Artikulationen – einige davon wird er
nie wieder benötigen.

Der Anfang eines Tons

Der Zungenstoß hat zwei Funktionen: Zum einen spielt man mit ihm staccato, zum anderen verleiht man dem Ton einen charakteristischen Anfang. Um einen Ton oder eine Phrase schön, sauber und klar zu beginnen, sagt man »tu«. Wie beim Zungenstoß für das Staccato erlernt der Spieler verschiedene Stärkegrade. Nicht alle Stücke werden mit der gleichen Wucht eingeleitet wie das 5. Klavierkonzert von Beethoven. Der Spieler darf nicht jedes »tu« gleich stark spielen, sondern muß die Stärke des Anstoßes nach der jeweiligen musikalischen Situation richten und die Zunge für die Ausführung trainieren.

Wie man »Nachmittag eines Fauns« beginnen sollte

Manche Flötisten meinen, daß jeder erste Ton, ob eines Stücks, nach einer Pause oder am Beginn einer Phrase grundsätzlich angestoßen werden sollte, der Musik entsprechend kraftvoll oder weich.

Ich denke, man sollte den ersten Ton manchmal mit einer offenen Embouchure und ganz ohne Zunge spielen, einem Sänger vergleichbar, der einen Ton auf einem Vokal statt auf einem Konsonanten beginnt. Dadurch kann der Flötist den Ton sehr weich anspielen und langsam anschwellen lassen.

Das Solo in »Nachmittag eines Fauns« muß in der gleichen Weise eröffnet werden. Es ist eines der berühmtesten und zugleich schwierigsten Soli für die Flöte, denn der Komponist hat dem Spieler keine Atemmöglichkeiten gelassen. Den ersten Ton richtig zu spielen, ist schon ein Schritt zur Lösung der Probleme. Ich spiele ihn ohne Zungenstoß, mit einer offenen Embouchure und blase ganz sacht, bis der Ton aus dem Nichts herangeschwebt kommt.

Nun zum Problem der Atmung: Ich habe keine Tricks anzubieten, sondern nur die generelle Ermunterung, das Solo so gut wie möglich zu spielen, es zu üben und sich von den Schwierigkeiten der Aufgabe nicht einschüchtern zu lassen. Ich will, mehr als Beispiel denn als Belehrung, eine Geschichte aus meiner eigenen Erfahrung erzählen.

Ich spielte das Solo in »Nachmittag eines Fauns« das erste Mal mit den Berliner Philharmonikern, von denen man allgemein annimmt, daß sie erwachsene Menschen sind und ihre Instrumente beherrschen. Auf den Notenblättern, die ich erhielt, waren in der ersten Phrase des Solos so viele Atemzeichen eingezeichnet, daß ich entsetzt war. Es gab derart reichliche Atemmöglichkeiten, Notatmungen und Erste-Hilfe-Koffer auf dem Weg, daß es eher einem Stück für Asthmatiker als einer Herausforderung für Flötisten glich. Ich dachte also: Ich bin doch nicht mehr zehn Jahre alt, sondern ein erwachsener, gesunder Mann. Der Komponist wünschte, daß diese Phrase auf einem Atem gespielt wird, also mache ich es auch. Ich fiel dabei fast in Ohnmacht, aber da ich es einmal geschafft hatte, gelang es mir beim nächsten Mal schon viel besser. Das gab mir zu denken. Warum sollte ich das nicht auch bei anderen Stücken ausprobieren? Seitdem lasse ich alle unnötigen Atmungen beiseite.

Solche Atemleistungen müssen vorbereitet werden. Man muß vom Erfolg überzeugt sein und die Lungen vollständig mit Luft füllen, mit einem zusätzlichen Schnaufer obendrauf, wie ich es in dem Kapitel über Atmung beschrieben habe. Ohne anzustoßen läßt der Spieler dann die Luft herausfließen. Da das Stück ein Solo ist, gibt es keine Konkurrenten außer einem geschwätzigen Publikum. Mit Glück und einer wohlerzogenen Zuhörerschaft kann man diesen wunderschönen und feinen Ton vom ersten Moment seiner Entstehung an vernehmen.

Zum Abschluß: Das Solo in »Nachmittag eines Fauns« wird im Sitzen gespielt. Deshalb sollte es auch im Sitzen geübt werden, falls man es nicht in einem Tanzorchester vortragen muß.

142

Das Spielen langsamer Sätze

Das Wesen langsamer Sätze ist, wahrscheinlich wegen ihrer Tiefgründigkeit, schwieriger zu erfassen als dasjenige schneller Sätze, die zwar die Sinne kitzeln, deren Aussage aber leichter zu begreifen ist. Natürlich bereiten schnelle Sätze dem Spieler größere technische Schwierigkeiten. Langsame Sätze müssen dafür aber sehr beredt und expressiv gespielt werden.

Man kann es mit dem Sprechen vergleichen. Es gibt brillante Redner, die mit einem Tempo loslegen, das einem *Allegro* oder *Presto* entspricht. Sie lassen den Zuhörer aber so geblendet zurück, daß er sich nicht an den Inhalt der Rede erinnern kann. Andere geben den Hörern Zeit, das Gesagte zu verdauen. Als Churchill im letzten Weltkrieg eine ernste und tiefgreifende Ansprache an das englische Volk richtete, redete er *Largo* und *Lento*, um der Nation Zeit zu lassen, über seine Worte nachzudenken.

Das gleiche gilt für langsame Sätze. Ihre Mitteilung muß herausgehört und verstanden werden, doch dazu muß der Spieler sie selbst erfaßt haben und über die Fertigkeiten verfügen, sie auszudrücken.

Nicht alle langsamen Sätze sind ernst und getragen. Johann Sebastian Bach, der die feierlichsten langsamen Sätze der abendländischen Musik geschrieben hat, hinterließ uns auch relativ unbeschwerte langsame Sätze. Spätere Musik erfordert natürlich eine völlig andere Einstellung, ein anderes Nachdenken und eine andere Spielweise, wie das Zwischenspiel im dritten Akt von »Carmen« (welches fließend und singend gespielt werden sollte) oder das Solo in »Daphnis und Chloë« (das voller Nuancen steckt).

Man muß vor dem Spielen Ausdruck und Gefühl geklärt haben und sich in die Stimmung versetzen können. Dies ist manchmal schwierig, weil nach einem langsamen Satz gewöhnlich sofort ein schneller folgt. Die übliche klassische Abfolge der Sätze war ein schneller Satz, ein langsamer Satz, ein Menuett (oder etwas anderes) und als Abschluß wieder ein schneller Satz. Auf alle diese Wechsel des Tempos, der Stimmung und des Inhalts muß der

Spieler vorbereitet sein und schon vor Beginn jedes Satzes wissen, was er vermitteln möchte.

Für die Artikulation von langsamen Sätzen erinnere ich an meine Worte über das Legatospielen, besonders daran, die Klappen nicht mechanisch zu betätigen, sondern zart mit ihnen umzugehen. Artikulation ist wichtiger Bestandteil des Ausdrucks. Ein langsamer Satz in einer falschen Stimmungslage ist unverständlich. Wenn der Spieler die richtige Stimmung trifft, aber mit ungeschickten Fingern und einer Zunge, die um gebundene und gestoßene Töne nicht Bescheid weiß, wird er ebenfalls undurchschaubar spielen. Eine genaue Vorstellung und die Technik, diese zu vermitteln, müssen gleichzeitig heranreifen. Nur so kann man dem Komponisten gerecht werden und dem Zuhörer bieten, was des Hörens wert ist.

12.
Die Intonation

Zunächst einmal ist eine in sich richtig gestimmte Flöte wesentlich. Es gibt sehr viele schlecht gestimmte Flöten. Seit aber Albert Cooper aus London Flöten nach präzisen mathematischen Berechnungen baut, statt nach Faustregeln, die über Generationen weitergereicht wurden, hat er damit auch anderen Flötenbauern den richtigen Weg gewiesen.

Grundsätzlich geht es um das Verhältnis von Rohrlänge und Tonhöhe. Versteht man dieses, kann man Flöten in jeder Tonhöhe bauen. Ich möchte beim Flötenkauf davon abraten, eine auf 440 Herz gestimmte Flöte zu erwerben (das heißt 440 Schwingungen pro Sekunde für A'). 440 Hz ist ein frommer Wunsch englischer Oboisten, existiert ausschließlich in englischen Konzertsälen und auch nur, bis der Oboist zu Ende gespielt hat. Ich rate zu einer Flöte, die auf 442 Hz gestimmt ist, da es einfacher ist, eine zu hohe Flöte tiefer zu stimmen als umgekehrt. Es gibt erstaunlich viele Stimmungen auf der Welt. Aus meiner Erfahrung ist sie in Deutschland am höchsten, wesentlich höher als in Amerika. Aber solange der Spieler noch kein reisender Virtuose ist, braucht er sich über die unterschiedlichen Stimmungen in den Ländern nicht den Kopf zu zerbrechen.

Trotzdem muß jeder Spieler die Stimmung ab und zu korrigieren. Bei manchen Instrumenten sind einige Töne zu hoch, und der Spieler muß etwas tiefer in das Mundloch hineinblasen. Bei zu tiefen Tönen bläst er ein wenig weiter nach außen. Vielleicht wird er eines Tages von einem exzentrisch gestimmten Klavier begleitet werden, auf das er sich einstellen muß. Und schließlich sollte er damit rechnen, daß Mitspieler auf schlecht gestimmten Instrumenten spielen könnten.

Abgesehen von der Gesamtstimmung achte man beim Kauf eines Instruments auf die Anordnung der Tonlöcher (die auch auf mathematischen Berechnungen basiert) und auf eine präzise Verarbeitung. Möchte und kann man sich das Beste leisten, dann empfehle ich sämtliche Flöten, die Albert Cooper selbst gebaut hat. Man kann auch eine andere Marke wählen, die die Cooper-Skala aufweist (die ja ebenfalls auf mathematischen Berechnungen beruht) und somit auf jeden Fall in sich stimmt. Bei solchen Flöten braucht man sich wegen der Mechanik keine Gedanken zu machen.

Die Entwicklung des Gehörs

Es ist außerordentlich wichtig, sein Gehör zu entwickeln. Viele Menschen stellen sich das schwieriger vor, als es ist. Ein absolutes Gehör hat etwas Geheimnisvolles und Magisches und ist zweifellos manchmal sehr hilfreich. Aber wir streben gar nicht nach dieser Gabe einer guten Fee. Vielmehr wollen wir ein Gefühl für das Verhältnis der einzelnen Töne untereinander gewinnen. Viele Leute behaupten von sich, kein Gehör zu haben und keine zwei Töne voneinander unterscheiden zu können. Bittet man sie aber, die Nationalhymne zu singen, werden neun Zehntel der Bürger sie sauber singen. Diese Menschen besitzen, ohne es zu wissen, eine rudimentäre Vorstellung der Verhältnisse zwischen den Tönen oder, wie wir Musiker sagen, von Intervallen. Jeder vermag diese Vorstellung durch Übung und Erfahrung klarer werden zu lassen. Es ist nicht schwieriger, als beim Autofahren zu lernen, wo sich der Bordstein befindet und wieviel Abstand man zum Vordermann halten sollte. Dieses Wissen kann man sich allerdings nur beim Fahren aneignen. Fast jeder beherrscht das Autofahren, der eine besser, der andere schlechter. Genauso kann jeder sein Gehör entwickeln.

Bei den Hörübungen schenkt man drei Intervallen besondere Beachtung: der Oktave, der Quint und der Quart. Sie sind die reinen Intervalle, was heißt, daß sie nicht in die temperierte Oktave gezwängt wurden. Sie sind im mathematischen Sinne rein wie eine

146

richtig gebaute Flöte. Um diese reinen Intervalle ins Ohr zu bekommen, übt der Spieler eine Tonleiter jeweils in Oktaven, Quinten und Quarten, und zwar sehr langsam. Er muß sich genau zuhören und Zeit genug haben, sich den folgenden Ton vor dem Spielen vorstellen zu können. Diese Tonleitern sollte er unermüdlich und mit aufmerksamen Ohren üben, bis die Intervalle in Fleisch und Blut übergegangen sind.

Geiger haben in dieser Angelegenheit einen unfairen Vorteil. Sie stimmen ihre Instrumente in Quinten und lernen so automatisch, dieses Intervall zu hören. Kann der Spieler Quarten, Quinten und Oktaven sicher benennen, nimmt er die anderen Intervalle in den Übungsplan auf. Hat er ein gestimmtes Klavier zur Verfügung und einen Pianisten zur Hand, kann er die Intervalle vorerst mit ihm zusammen ausprobieren.

Beim Blasen wird der Spieler feststellen, daß sich die Tonhöhe durch festeres oder weicheres Blasen verändert. Je fester er bläst, desto höher fällt der Ton aus. Das ist, besonders bei den oberen Tönen, spürbar. Zur Korrektur dieser Abweichung verändert er in der schon vorher beschriebenen Weise die Embouchure ein wenig. Durch ein leichtes Zurücknehmen des Kiefers und ein ebenso leichtes Nachvorneschieben der Oberlippe wird die Luft steiler in das Blasloch gerichtet, und der Ton verliert an Schärfe. In diesem Zusammenhang gehört auch die Veränderung in der Tonhöhe beim Crescendo oder Diminuendo. Eine elastische Embouchure und ein scharfes Gehör lösen die dabei entstehenden Intonationsprobleme.

Tonleitern in reinen Intervallen bilden den besten Weg, letztere hörend zu erfassen. Es schadet nicht, sich ständig der Intervalle bewußt zu sein, egal, was man spielt. Mittlerweile sollte der Spieler die Intervalle und Arpeggien fest im Kopf haben und sie jederzeit abrufen können. Die melodische Vorstellung wird durch diese Übungen weiterentwickelt. Zusätzlich erlangen die Lippen eine größere Elastizität und die Finger mehr Beweglichkeit. Ich darf nochmals daran erinnern, daß der Klang zunächst innerlich vorgestellt werden muß, bevor man ihn spielt.

Eine saubere Intonation ist eine grundsätzliche Forderung an den Spieler, deshalb sollte er sich sehr darum bemühen. Durch das intensive Zuhören beim Üben – wie ich es vorgeschlagen habe – erwachsen ihm noch weitere Vorteile. Das Ohr entwickelt nicht nur ein Gefühl für Tonlagen, sondern auch für Unterschiede in Tonqualität, Klangfarbe und im Ausdruck; es lernt die unterschiedlichen Klangfarben der Tonarten zu differenzieren. Denn die Tonarten haben sowohl eigene Charaktere als auch unterschiedliche Bedeutungen für einzelne Komponisten. F-Dur beispielsweise klingt von sich aus hell, Des-Dur wirkt ganz anders. In a-moll läßt es sich bequem spielen, wohl hauptsächlich aus der Tradition heraus. Bach und seine Zeitgenossen im 18. Jahrhundert schrieben viele Stücke für Flöte in a-moll, da diese Tonart auf den alten Flöteninstrumenten gut zu greifen war. Diese technische Ursache beförderte quasi a-moll zu einer Art ›Heimattonart‹ für Flötisten. Da man aber nicht sein Leben lang zu Hause bleiben kann, muß man sich auch mit den anderen Tonarten vertraut machen, bis jeder Ton in jeder Tonart gut klingt.

Das Transponieren

Transponieren ist eine vortreffliche Hörübung und – nicht zu vergessen – Fingerübung. Dabei läßt sich sehr gut ein Gefühl für das Instrument entwickeln. Außerdem ist die Fähigkeit zu transponieren manchmal dringend gefragt, beispielsweise wenn der Sänger abends mit einer überanstrengten Stimme eintrifft und alles um einen Halbton heruntergesetzt werden muß, da er das hohe C nicht mehr erreicht. Oder wie ich es einmal erlebt habe, als ich eines Tages zu einem Aufnahmetermin erschien und feststellte, daß die Partitur in C notiert war, die Piccolostimme aber in Des. Ich mußte also alles vom Blatt transponieren. Für Flötisten ist das – verglichen mit Pianisten – noch relativ einfach. Pianisten begleiten ständig irgend jemanden und müssen dabei die schwierigsten Stücke auf dem Klavier hinauf- und hinuntertransponieren. Wenn sie im Geschäft bleiben wollen, lernen sie es ziemlich schnell.

Abgesehen von seiner Wichtigkeit macht Transponieren aber

auch Spaß. Der Spieler nimmt sich eine kurze, einfache Melodie vor, etwa ein Volkslied oder einige Takte aus einer Händelsonate und spielt diese – sagen wir – in G. Dann geht er einen Halbton herauf und spielt das Ganze in As. Er bleibt an diesem Punkt nicht stehen, sondern wechselt zum Fis und spielt derart das Volkslied – oder was immer – allmählich in allen Tonarten durch. Kommt er ohne notierte Gedächtnisstütze aus, ist es besser, die Transpositionen nicht aufzuschreiben. Bei dieser Übung wird nicht das Notenlesen geprüft, sondern das Gehör und die Kenntnis der Tonarten. Der Spieler wird so bald in der Lage sein, fließend zu transponieren. An diesem Punkt ist sein Gehör (zusammen mit den anderen Fähigkeiten) schon recht gut entwickelt.

13.

Die Etüden

Etüden haben mit dem Bohrer des Zahnarztes etwas gemeinsam: Sie spüren die schwachen Stellen auf und setzen ihnen erbarmungslos zu. Im musikalischen Fall wird ein technischer Aspekt isoliert behandelt, wie etwa ein bestimmtes Intervall oder eine bestimmte Artikulation, die durch die ganze Etüde hindurch in allen möglichen Tonarten wiederholt werden. Dadurch trainiert der Spieler Kondition und befaßt sich intensiv mit dem jeweiligen Problem. Hiermit enden die Gemeinsamkeiten mit dem Bohrer, denn um aus den Etüden einen Nutzen zu ziehen, muß der Spieler sie als Musik betrachten. Manche Etüden – die Engländer nennen sie *studies* und die Franzosen *études* – sind wirkliche Musikstücke. Die technischen Probleme, um die es eigentlich geht, sind in eine musikalische Form verpackt, mit einer Einleitung, einer Durchführung und gewöhnlich auch einer Reprise und selbstverständlich mit einem Thema, das durch verschiedene Tonarten moduliert.

Eine einfachere Form von Etüden verziert die technischen Probleme nicht mit melodischen Ausschmückungen. Beispiele dafür sind Etüden, die auf Tonleitern und Arpeggien aufgebaut oder für Tonqualität und Klangfarbe gedacht sind. Der Spieler muß trotzdem mit der gleichen musikalischen Ernsthaftigkeit an ihnen arbeiten wie an einer geliebten Komposition. Auch für Etüden gilt, niemals schlecht klingende Töne, Tonleitern oder Arpeggien zu spielen.

Etüden stellen eine Möglichkeit dar, Selbstsicherheit und objektive Selbsteinschätzung zu entwickeln. Diese Fähigkeit kann der Spieler nur erlangen, indem er engagiert und ausdauernd übt. Lehrer, Freunde und Flötenspieler können natürlich Ratschläge und Hinweise geben, die Unklarheiten beseitigen und das Gehör schärfen können. Etüden sind ein objektiver Test, mit dem der Spieler den Stand seiner technischen und musikalischen Fähigkeiten messen kann. Im Endeffekt garantieren nur ein klares Verständnis der Etüden und ein richtiger Umgang mit ihnen den Lernfortschritt.

Dieser wird nicht über Nacht eintreten, was aber nicht bedeuten muß, daß der Spieler sich nicht bemüht hat. Die einen lernen schneller, die anderen langsamer. Das Ergebnis ist wichtiger als die Lerngeschwindigkeit. Man darf sich nicht von der Ferne des Ziels abschrecken lassen oder von den Hindernissen auf dem Weg, sondern muß möglichst viele Etüden durcharbeiten und darauf vertrauen, so dem Ziel näherzukommen.

Man darf nicht zu niedrige Anforderungen an sich selbst stellen. Ehrgeiz kann den Fortschritt niemals hemmen, eine bescheidene Ergebenheit ins Mittelmaß dagegen schon. Wenn, wie ich hoffe, die kritischen Fähigkeiten gleichzeitig mit den technischen heranwachsen, braucht keiner sich vor Eitelkeit zu ängstigen. Der Spieler sollte sich nicht scheuen, dem Lehrer sein Verständnis der Etüden darzulegen, um ihn darüber urteilen zu lassen. Die Ansichten eines kompetenten Außenstehenden sind immer interessant und lehrreich. Möglicherweise hat er die Sache noch nie von diesem Standpunkt aus betrachtet, so daß die Fragen auch dem Lehrer neue Aspekte eröffnen können.

Mich hat immer wieder erstaunt, wie man in der Musik (ohne Zweifel auch in den anderen Künsten) kontinuierlich reifen, ja sogar neugeboren werden kann. Jeder vermag dieses wunderbare Gefühl des Neuanfangs und Neugeborenwerdens zu erleben. Man soll es genießen und pflegen, aber nicht als einziges Ziel ansehen. Man muß die Dinge immer wieder überdenken und sich weiterentwickeln. Hat Einstein nur halbwegs recht, dann ist das Weltall unendlich.

Der Anfänger

Wie das Weltall entstand, ist noch nicht genau geklärt, der Fall des Anfängers liegt da etwas einfacher. Nach so vielen Erläuterungen über die Eigenverantwortlichkeit mache ich – um dem Anfänger etwas entgegenzukommen – einige Einschränkungen. Technische Übungen sollte er nicht unsystematisch und ohne fremde Hilfe üben, genauso wie Tonleitern und Arpeggien. Ich empfehle ihm das Buch »Der Flötenanfänger« von Marcel Moyse.

Um die früheren Ratschläge noch einmal zusammenzufassen: ernsthaft an Etüden herangehen, sie als Mittel zum Fortschritt betrachten und wie Musikstücke behandeln.

Zu diesem Zeitpunkt muß sich der Anfänger noch der Führung eines Lehrers anvertrauen. Ein geduldiger und geschickter Lehrer wird ihm viel beibringen. Er kann aber schon jetzt einiges für sich ausprobieren, indem er versucht, den Zweck einer Etüde und die technischen Probleme, die es zu üben gilt, herauszufinden.

Eine neue Etüde sollte meines Erachtens zunächst vom Blatt gespielt werden, besonders wenn sie in einer schwierigen Tonart steht oder einige komplizierte Griffwechsel vorkommen. Auf diese Weise übt der Spieler das Vom-Blatt-Spielen und, noch wichtiger, seine Schwachpunkte zu erkennen.

Er kann von Anfang an alles, was er über Artikulation, Griffe, Intonation usw. gelernt hat, anwenden, selbst wenn es wenig ist. Alle Probleme lassen sich lösen – falls die üblichen Mittel versagen, mit Phantasie. Sucht er ständig nach Lösungsmöglichkeiten, wird er immer vertrauter mit der Etüde.

Der Spieler sollte sich die harmonische Struktur des Stücks veranschaulichen, die Modulationen nicht nur lesen und verstehen, sondern auch innerlich hören. Wenn er die Klänge im Gedächtnis behält, kann er sie sich beim nächsten Lesen vorstellen. Dadurch fällt das Blattspielen wesentlich leichter.

Intervalle sollten auf Klarheit, Leichtigkeit und Intonation geübt werden.

Schwierige Passagen wiederholt der Spieler sehr oft, damit Gehör und Finger vollständig aufeinander abgestimmt werden.

152

Etüden sollten auswendig gelernt werden. Wenn er alle vorher beschriebenen Hürden gemeistert hat, kennt er die Etüde sowieso auswendig. Aber er muß sich dessen vergewissern. Mit der Zeit sollte er in der Lage sein, die Etüden von vornherein auswendig zu lernen. Dadurch kann er das übliche Flötenrepertoire jederzeit im Kopf abrufen. Stücke auswendig zu lernen, ist gut für Disziplin und Gehör und vielleicht auch für die spätere Laufbahn als Lehrer oder Solist. Ein Lehrer, der die Stücke auswendig spielt, vermittelt mehr Vertrauen als einer, der ständig nachschauen muß. Solisten spielen ihre Konzerte gewöhnlich auswendig. Deshalb sollte der Spieler schon früh das Auswendiglernen an den Stücken und Etüden üben. Auch wenn er nicht öffentlich auftritt, ist es ein gutes Training für das Ohr.

Letzter Punkt: Ist der Spieler mit der Etüde so vertraut wie mit seinem Namen, versucht er, sie einen Halbton höher oder tiefer zu transponieren.

Der fortgeschrittene Schüler

Den großen Nutzen der Etüden habe ich bereits erläutert. Sie tauchten auch im Kapitel über Anfänger wieder auf, weil ihr Üben von Anfang an ernsthaft sein sollte und aus den einfachsten Etüden noch viel gelernt werden kann. Die Ratschläge gelten aber ebenso für fortgeschrittene Schüler.

Ihnen empfehle ich besonders, »De la Sonorité« von Marcel Moyse durchzuarbeiten. Als Anreiz dafür werde ich meine weiteren Ausführungen darauf beziehen. Zum einen ist es schwierig, alle Bereiche der Technik ohne Beispiele darzustellen, zum anderen ist »De la Sonorité« ein ausgezeichnetes Werk. Kurioserweise ist dieses wunderbare Lehrbuch für Flötisten zufällig entstanden. Moyse brauchte Geld für seinen Urlaub, deshalb stellte er dieses Buch zusammen, verkaufte es für einige Francs und reiste los. Was er aber – ohne es zu wissen – geschrieben hatte, war eine Art »Zen und die Kunst des Flötespielens«.

Man muß ungefähr vier Jahre lang täglich üben, um diese

Übungen zu verstehen und von ihnen zu profitieren. Danach aber wird man nicht mehr nachdenken müssen, wie man einen schönen Klang erzeugt; er wird einfach von innen herausströmen und einen Teil des Spielers bilden. An diesem Punkt angelangt, kann der Spieler die Töne nach seinem Willen formen.

Bevor wir uns den verschiedenen Aspekten der Technik zuwenden, möchte ich noch zu Tempo und Dynamik allgemein etwas sagen. In einem früheren Kapitel habe ich die Bedeutung der Fähigkeit, Tonleitern schnell spielen zu können, erläutert. Das gilt in besonderem Maße für fortgeschrittene Flötenspieler. Dabei werden die Finger und – nicht zu vergessen – die Lippen beweglich. In den Büchern »Etüden und technische Übungen« und »Tägliche Übungen« von Marcel Moyse findet der Spieler verschiedene Etüden, die diese technischen Probleme behandeln. Nach ihrem Studium sollte er sie auf Tempo üben.

Die Tonbildungsübungen von Moyse sollten jedoch langsam geübt werden, sogar super-langsam, um von jedem Ton genau seine Lage auf dem Instrument herauszufinden – also nicht einfach blasen und die Finger bewegen, sondern jeden Ton bewußt formen. Übt der Spieler zu schnell, hat er nicht genügend Zeit, sich zuzuhören, das Gespielte zu verbessern und dadurch die Lippen zu erziehen.

Die Dynamik wählt er nach seinem Geschmack. Dabei muß er den Charakter der Etüde beachten. Eine Etüde von Marcel Moyse beispielsweise besteht aus einer Tonfolge, die leise beginnt, dann über laut, lauter nach sehr laut crescendiert und über dieselben dynamischen Abstufungen wieder leiser wird und dabei nach einem unterschiedlichen Vibrato für die einzelnen Stufen der musikalischen Gestaltung verlangt.

Der Spieler muß natürlich zunächst alle dynamischen Nuancen beherrschen, das heißt, alle winzigsten dynamischen Schattierungen müssen vorher geübt worden sein.

Wenn er beim Üben auf ein schwieriges Problem stößt, sollte er es nicht durch leises Spielen vor sich und eventuellen Zuhörern verbergen, sondern frei und laut herausspielen. Hat er das Problem in normaler Lautstärke gelöst, kann er wieder leiser spielen.

Der Spieler sollte dabei nicht vergessen, daß es wichtiger ist, schön als laut oder leise spielen zu können.

Hier folgen ohne bestimmte Reihenfolge einige Etüden in der Art, wie man sie täglich spielen sollte. Wir betrachten zunächst einige Übungen von Marcel Moyse für Tonverbindungen, bei denen keine Brüche zwischen den Tönen entstehen dürfen.

Aus »Etüden und technische Übungen« Nr. 3

Bei den zwei nächsten Übungen achtet der Spieler auf die Stellung der Embouchure bei sämtlichen Tönen. Die Töne müssen sehr exakt geformt werden, sonst klingen sie nicht optimal, und diese Tonübungen wären dann nur Zeitvergeudung. Der Spieler muß die Töne vorausdenken. Da diese Übungen sehr langsam ausgeführt werden, hat er Zeit dazu.

Beispielsweise spielt er ein F, auf das ein E folgt. Beim Spielen des F stellt er sich schon den Klang (und die Lippenstellung) des E vor. Nachdem der Wechsel geklappt hat, wiederholt er ihn noch einige Male, bis er ihn fest in seinem Gehirn verankert hat.

Aus »De la Sonorité« Nr. 1

156

157

Aus »Comment j'ai pu maintenir ma forme« Nr. 7

Die obengenannten Übungen für die Embouchure verbessern nicht nur die Tonkontrolle im allgemeinen, sondern auch die Fingertechnik. Das ist ein wunderbarer Gesichtspunkt dieser Übungen: Man nimmt ein Problem in Angriff und bereinigt dabei viele andere Schwächen gleich mit. Speziellere Fingerübungen findet man in dem Buch »Tonleitern und Arpeggien« von Marcel Moyse – ein wichtiges Buch – als Fortsetzung der gleichermaßen zentralen »Täglichen Übungen«. Mit diesen Übungen werden nicht nur die Finger stärker, beweglicher und präziser, sondern man lernt auch, mit einer minimalen Bewegung einen maximalen Effekt zu erzielen.

Einige der erwähnten Übungen fordern den Flötisten bis zum Äußersten. Die Beispiele auf den Seiten 161 bis 163 aus den »Täglichen Übungen« und »Le Developpement du son par l'interprétation« sind Übungen für die Embouchure, die Finger und die Tonführung mit der Erschwerung durch große Intervallsprünge. Ich finde große Sprünge von tiefen Tönen zu hohen und umgekehrt

Aus »Tonleitern und Arpeggien«

außerordentlich kompliziert. Es bedarf einiger Jahre, bis der Spieler sie ganz beherrscht.

Andere Probleme ergeben sich aus tiefen Tönen (sie werden in der Übung auf S. 164 behandelt, die den »Etüden und technischen Übungen« entnommen ist), Legatopassagen (siehe S. 165 aus »Melodische Übungen«, Nr. 1) und Triller (der Spieler sollte einmal die letzte Nummer aus »17 große tägliche Mechanik-Übungen« ausprobieren; s. S. 166).

Mein Eindruck ist, daß niemand Triller richtig übt. Wer von sich meint, sie zu beherrschen, sollte es an einigen Trillerübungen aus dem Buch »Grand Liaison« testen.

Die Etüden von Marcel Moyse haben den Sinn, die Technik zu verbessern, damit das Spiel hörenswert wird. Dorthin führt der Weg nur über die Kontrolle von Lippen, Fingern und Atmung bis zur automatischen Beherrschung des Tons und der Klangfarbe. Eine sehr schwierige Übung findet man auf S. 23 in »De la Sonorité«. Hierbei soll versucht werden, einem einzelnen Ton möglichst viele Klangfarben zu entlocken. Als fortgeschrittener Flötist kann man nicht mit irgendeinem beliebigen Ton zufrieden sein, nur weil die Intonation stimmt. Erstens muß der Ton von Beginn an kräftig klingen, und zweitens muß er der Absicht entsprechen. Der Spieler muß bei einem Stück natürlich zunächst die Töne lernen. Aber als nächstes muß er sich über den Klang der Töne Gedanken machen. Da es sehr viele Klangvariationen gibt, muß er sie alle spielen können, um den jeweils passenden Ausdruck verwenden zu können. Die Klangfarben sollten nicht zufällig herausgegriffen sein, sondern der Aussage des Stücks entsprechen. Ausdruck und Klangfarbe decken sich in diesem Fall. Die oben erwähnte Etüde ist eine sehr gute Klangfarbenübung. Der Spieler wählt eine bestimmte Klangfarbe, die er im folgenden beibehält. Er beginnt leise und wird allmählich lauter, als ob er eine Wand mit mehreren Farbschichten anstreichen würde. Nach der ersten Schicht sieht man die Wand noch, auch nach der zweiten, obwohl nur noch sehr schwach. Nach dem dritten Auftrag sieht man ausschließlich die Farbe, nach dem vierten sticht sie hervor und nach dem fünften springt sie ins Auge. Der Sicherheit wegen trägt der

Gebrochene Akkorde aus »Tägliche Übungen«

162

Aus »Le Développement du son par l'interprétation«

etc.

Andantino

Spieler noch eine sechste und siebte Schicht auf. Diese nuancierte Spielweise wird durch Moyses Etüde perfektioniert, um sie bei Werken von Bach, Händel oder Debussy einsetzen zu können. Keine Etüde darf vernachlässigt werden. Man muß sie alle meistern, um ein vollkommener Flötist zu werden.

Ich möchte noch einmal auf den Charakter – ich bin versucht zu sagen den Sinn – der einzelnen Tonarten eingehen. C-Dur verhält sich zu F-Dur wie Grün zu Rot. Der Spieler muß lernen, den Unterschied zu spüren und darzustellen. Ein Musikstück moduliert durch viele Tonarten, selbst wenn der Titel besagt, daß es sich beispielsweise um a-moll handelt. Der Titel dient nur zur Abgrenzung gegenüber anderen Kompositionen. Im Laufe eines Musikstückes spielt man viele Tonarten. Um es richtig interpretieren zu können, muß der Flötist sich diese verdeutlichen. Zum Glück existiert das Buch »De la Sonorité«, das diesen Aspekt des Flötespielens zusammen mit all den anderen behandelt.

Notenbeispiel für Seite 160

Wie das Erlernte auf Stücke angewendet werden kann

Grundsätzlich sollte man beim Üben den öffentlichen Auftritt als Ziel im Kopf haben. Das Üben steht nicht für sich selbst. Gewöhnlich macht man es allein, verstohlen, hinter verschlossenen Türen. Der Spieler darf aber nicht seine Augen (oder Ohren) davor verschließen, daß der Sinn des Übens im Spielen der Musik vor anderen Menschen liegt. Die Übestunden sollten also nicht klingen, als ob man *übt*, sondern als ob man *spielt*.

Der Spieler kann sich bei einer Übung ein entsprechendes Musikstück vorstellen. Bei langen Tönen beispielsweise die »Leonoren-Ouvertüren« von Beethoven oder ein anderes Stück mit langsamen Tönen. Dabei kann er auch einige Töne des Stücks in die Übung einfließen lassen. Auf diese Weise überträgt er den Ausdruck der Übung auf das Stück und umgekehrt. Ein anderes Beispiel: Der Spieler übt die Artikulation, zwei gebunden, zwei gestoßen. Er denkt dabei an ein Mozart-Konzert, in dem diese häufg auftauchen, und versucht, die Tonleiter oder Etüde dem Charakter des Mozart-Konzerts anzugleichen.

Nimmt man folgende Stelle der vierten Übung aus den »17 täglichen Übungen« von Gaubert und Taffanel und vergleicht diese mit den aufgeführten Takten aus dem letzten Satz des Konzerts für

Flöte und Harfe von Mozart, wird man feststellen, daß sie so gut wie austauschbar sind: Wenn man sich solche Ähnlichkeiten bewußtmacht, betrachtet man Etüden nicht mehr als eine mindere Kategorie von Musik.

Die Entwicklung des *Anschlags*

Am Ende dieses Abschnitts möchte ich noch einiges über die Feinheiten des *Anschlags* auf der Flöte bemerken. Nach wie vor gilt,
daß man mit der Flöte immer vorsichtig umgehen und Achtung
vor seinem Instrument haben sollte. Man darf es niemals grob
oder aggressiv behandeln. Trotzdem verlangt unterschiedliche
Musik verschiedene Anschläge.

Das läßt sich anhand von Klaviermusik einfacher erklären. Ein
schneller Satz von Mozart oder Beethoven verlangt nach einem
bestimmten Anschlag. Würde der Pianist romantische Musik, wie
Liszts »Liebestraum«, mit demselben Anschlag und Schwung spie-

len, es klänge recht merkwürdig. Wer die Möglichkeit hat, sollte sich einmal anhören, wie Artur Rubinstein die Nocturne Es-Dur von Chopin spielt. Er berührt die Tasten auf eine so wunderbare Weise, daß die Töne wie ganz sachte angeschlagene Glocken klingen.

Der Flötist sollte das ebenfalls lernen: Die Töne sehr zart aus der Flöte herausströmen zu lassen oder mit einem stärkeren und prägnanteren Anschlag zu spielen, je nach Art der Musik. Aber niemals darf der Anschlag hart ausfallen.

»Der Schwan« aus dem »Karneval der Tiere« von Saint-Saëns ist eine gute Übung für den weichen Anschlag. Andere geeignete Werke sind »Reigen seliger Geister« aus der Oper »Orpheus und Euridice« von Gluck und »Syrinx« von Debussy. Diese Liste ließe sich noch endlos fortsetzen.

Die Lektionen

Manche Dinge lassen sich mit Hilfe von Büchern lehren, andere –
wie die Musik – nicht. Trotzdem hat sich deshalb noch niemand,
mich eingeschlossen, vom Bücherschreiben abhalten lassen. Seit
Erfindung des Buchdrucks werden ununterbrochen Spielanwei-
sungen gedruckt und veröffentlicht. Gesetze wurden festgelegt,
Regeln aufgestellt, Hinweise ausgegeben – nur die Welt hat sich
dadurch nicht beeinflussen lassen.

Verändert hat sich die Welt allerdings durch das Spielen von
Musik, besonders in den heutigen Tagen durch die Plattenindu-
strie. Denn die Musik wurde und wird immer durch Hören erlernt.
Das gilt für Musikliebhaber (es gibt keine theoretischen Musikliebhaber, nur Liebhaber von klingender, dargebrachter Musik)
und noch mehr für Musiker. Sie müssen sich in die Konzerthallen
begeben, sich die Musik anhören, nach Hause gehen und versuchen, das Gehörte nachzuspielen. Sie müssen sich eine Plattensammlung zusammenbetteln, -leihen, -stehlen oder -kaufen und
mit der Platte mitspielen.

Ein Großteil des Lernens sollte autodidaktisch erfolgen, schon
zu Beginn und noch mehr im fortgeschrittenen Stadium. Denn der
Spieler muß ja sein eigenes Musikverständnis und Ausdrucksver-
mögen entwickeln. Das heißt nicht, daß Lehrer überflüssig sind.
Die Mehrzahl der Spieler brauchen einen Lehrer – jedenfalls die,
denen ich bisher begegnet bin; sie sind vor allem wichtig, um den
kürzesten Weg beim Erlernen der Technik zu zeigen. Das Leben
schreitet voran, indem eine Generation ihr Wissen an die folgende
weiterreicht. Dieses System ist beim Studium der Musik unersetz-
lich. Der angehende Flötist ist also auf einen Lehrer angewiesen,
der ihm kritisch und verständlich den Weg zeigt und seinen Ehrgeiz anstachelt. Wer den Beruf eines Flötisten ergreifen möchte,
sollte auf jeden Fall den Unterricht mehrerer Lehrer nacheinander

besuchen. Es gibt so viele Aspekte und Interpretationen: Neue Einsichten schaden nie.

Ich habe in meinem Leben schon recht viel unterrichtet. Generell würde ich sagen, daß der Einzelunterricht musikalisch bessere Ergebnisse zeitigt. In Klassenstunden beziehen viele Schüler gerne Anweisungen auf sich, die nur für den Spieler gelten, um den es sich gerade dreht. Jeder Lehrer wünscht sich natürlich Aufmerksamkeit, aber sie sollte nicht unkritisch ausfallen. Musik hat auch etwas mit Kritikfähigkeit zu tun.

Auch das ist mit ein Grund, warum Bücher keine guten Lehrer sind. Sie verbreiten ihre Botschaft, ohne die besonderen Bedürfnisse des einzelnen Lesers berücksichtigen zu können.

Jetzt, da ich das nutzlose Unterfangen dieses Buches dargelegt und den Leser und mich gründlich entmutigt habe, möchte ich ein paar Spielerläuterungen für einige wichtige Gebiete der Flötenmusik geben. Stünde ich nun vor einer Klasse und ein Schüler spielte vor, würde ich öfters unterbrechen und allerlei dazu bemerken. Die Möglichkeit, ins Detail zu gehen, ist hier nicht gegeben, deshalb sind meine Darlegungen allgemein gehalten. Zumindest sind sie das Ergebnis eines langen Umgangs mit den jeweiligen Werken; auch bin ich der Ansicht, daß diese Werke oft nicht so gut gespielt werden, wie sie es verdienten.

14.

Wie man Bach spielen sollte

Flötenspieler werden besonders häufig der Musik Johann Sebastian Bachs nicht gerecht. Das ist aus verschiedenen Gründen auch kein Wunder. Eine Ursache liegt in seiner Größe. Man nähert sich ihm mit feierlichem Respekt, wodurch seine Musik sehr langweilig klingen kann. In seiner Musik steckt so viel Bedeutung und Tiefe, daß nur ein reifer Mensch sie erfassen kann. Zudem wirft seine Musik reichlich technische Probleme auf. Es war ein Kunstgriff von ihm, seine Musik nicht bestimmten Instrumenten zuzuordnen. Es kümmerte ihn nicht, wieviel er dadurch seinen Musikern abverlangte. Ein Beispiel dafür ist die Partita in a-Moll für Flöte Solo, die sehr schön komponiert ist – jedenfalls für die Geige. Das hat natürlich den Vorteil, daß Bachs Werke auf vielen Instrumenten spielbar sind. Vielleicht lag das in seiner Absicht: Zunächst die Musik sich zu erdenken und sie dann auf die Instrumente zu übertragen; falls die erste Flöte ausfällt, übernimmt die erste Geige deren Stimme. Es existiert kein Originalmanuskript Bachs, auf dem die Partita als Flötenstück ausgewiesen ist (obwohl man annimmt, daß das Stück für Buffardin geschrieben wurde). Doch Bach machte sich beim Komponieren im allgemeinen keine Gedanken über Flötenspieler. Er verfaßte das Stück, sah über Kleinigkeiten wie das Atmen hinweg und überließ es dem Spieler, damit zurechtzukommen.

Trotzdem stellt Bach für jeden Flötisten ein unbedingtes Muß dar. Wir sind es ihm schuldig, ihn so gut wie möglich zu spielen, nur dadurch verdient man, ihn spielen zu dürfen.

Zunächst rate ich davon ab, zu früh mit Bachs Musik zu beginnen. Ein Anfänger, der sich an eines seiner großen Werke wagt, ist wie ein Autofahrer, der gerade seinen Führerschein bestanden hat und in der Londoner Innenstadt im Berufsverkehr mit einem neuen Straßenkreuzer zurechtkommen soll – ein gefährliches Unterfangen, wie mir jeder zustimmen wird. Der Spieler sollte die stattlichen Werke zurückstellen, bis er ihnen gewachsen ist, und mit kleinen Menuetten oder dergleichen anfangen.

Das Atmen

Es ist von Vorteil, sich dem Meister erst zu nähern, wenn man ihm geistig, musikalisch und technisch gewachsen ist und die körperlichen Voraussetzungen, wie etwa ein großes Atemvolumen, entwickelt sind. Bach hat sich – wie gesagt – nicht den Kopf zerbrochen über die Atemprobleme der Bläser. Die erste Schwierigkeit in seiner Musik liegt in der Länge der Phrasen. Es gibt zur Lösung dieses Problems keine Zauberformel: Die Phrasen bleiben immer lang, die Atemkapazitäten beschränkt, und von den Lungen wird gefordert, bis zum Ende der Phrasen durchzuhalten. Die erste Phrase in der e-Moll-Sonate beispielsweise sollte immer mit einem Atem gespielt werden. Dazu muß der Spieler ganz einfach lernen, wie ein Erwachsener zu atmen.

Hier zum Vergleich die Eröffnungstakte der e-Moll-Sonate, zunächst mit den Atemstellen für einen jungen Spieler, oder vielmehr mit den am wenigsten störenden Atemmöglichkeiten und anschließend in der Version, die man anstreben sollte:

Die Klangfarbe

Als zweiter Punkt müssen die jeweiligen Klangfarben für diese
langen Phrasen ausgearbeitet werden. Viele Spieler setzen die
Flöte einfach an die Lippen und legen los, gleichgültig, wie ihr
Spiel klingt. Vielleicht wissen sie auch gar nicht, wie die Töne klingen werden, und sind von dem Ergebnis genauso überrascht wie
ein zufälliger Zuhörer. Doch wir sind aufgeklärte Menschen und
müssen unser Tun genau planen. Der Spieler sollte wissen, was er
mit der Musik ausdrücken möchte, und deshalb bestimmen, ob
eine Phrase dunkel oder hell, traurig oder heiter klingen soll und
sie entsprechend darbieten. Dieser Bereich ist im vorigen Teil ausführlich behandelt worden, deshalb gehe ich davon aus, daß der
Spieler um die Wahl des passenden Ausdrucks für die Stimmung
weiß.

Ich möchte noch vor einer unnötigen Masche warnen, die ich
das ›Crescendo-auf-einem-langen-Ton-Syndrom‹ getauft habe.
Jeder lange Ton scheint eine Versuchung für ein Crescendo zu
sein. Geiger wie Pianisten spielen lange Töne, ohne dieser Verlok-
kung zu erliegen. Flötisten sind doch genauso musikalisch! Oder
etwa nicht? Es existieren genügend Möglichkeiten und Stellen, wo
ein Crescendo angebracht ist. Aber ein gewohnheitsmäßiges, auto-
matisches Crescendo auf jedem langen Ton raubt dem Musizieren
seinen Sinn.

Die Artikulation

Wie die Klangfarbe muß auch die Artikulation gewissenhaft ausgewählt werden. Einen langsamen Satz artikuliert man weich, wie ein Geiger. Auch er kann einen Ton unterschiedlich anspielen. Beim einen Extrem beißt sich der Bogen geradezu in die Seite fest, so daß der Ton zischend explodiert, beim anderen bewegt sich der Bogen so leicht, daß der Ton aus dem Nichts heraus heranschwebt. Der Spieler sollte bei den langsamen Sätzen Bachs den ersten Fall vermeiden und sich an den zweiten halten.

Zusammengefaßt kann man also sagen: Kontrolle der Atmung, bewußte Wahl der Klangfarbe und weiche Artikulation tragen zu einem schönen und klaren Spielen langsamer Sätze bei.

Die Artikulation schneller Passagen sieht selbstverständlich anders aus. Hier besteht die Gefahr eines zu starken und übertriebenen Staccatos, bei dem jeder Ton wie ein Ausrufungszeichen herausgeschleudert wird. Artikulation soll deutlich sein und nicht übertrieben, sondern natürlich und rund klingen. Falls der Leser nicht ganz nachvollziehen kann, was ich meine, ist das verständlich: Diese musikalischen Feinheiten muß man hören, nicht erzählt bekommen. Die sinnvollste Methode ist, sich mit guten Interpretationen Bachscher Musik vertraut zu machen.

Die Tempi

Für meinen Geschmack werden die schnellen Sätze von Bach zu langsam und die langsamen zu schnell gespielt. Die Tiefe der langsamen Passagen geht dadurch verloren; die schnellen, brillanten Stücke dagegen klingen, als ob der Spieler den ganzen Tag Schwerstarbeit mit den Händen verrichtet hätte.

Man vergißt bei dem Denkmal Bach oft, daß er ein Virtuose war und von seinen Zeitgenossen dafür bewundert wurde. Erst die Nachwelt hat ihn auf einen unnahbaren Sockel gestellt. Bei Quantz findet sich zu diesem Thema eine einleuchtende Geschichte:

Quantz begleitete Friedrich den Großen auf all seinen Märschen, um verfügbar zu sein, wenn musiziert werden sollte – was meistens der Fall war. Auf einer solchen Reise kamen sie auch durch Leipzig, gingen in eine Kirche und hörten – wie es Quantz beschrieb – das außerordentlichste Orgelspiel, das er je vernommen hatte. Er notierte sich den Namen des Orgelspielers. Es war Johann Sebastian Bach. Er versicherte seinen Lesern, daß sie dergleichen selten zu hören bekämen. Wir müssen uns also klar darüber sein, daß Bach virtuos spielte. Neben der Orgel beherrschte er auch die Violine. Seine Qualität als Komponist und seine allgemeinen musikalischen Fähigkeiten zogen andere glänzende Musiker an. Seine Werke waren fast ausschließlich für Virtuosen geschrieben, Kompositionen also, an denen sie ihre Talente unter Beweis stellen konnten.

Beim öffentlichen Spielen dieser Stücke sollte der Flötist deshalb nicht vergessen, an den geeigneten Stellen Virtuosität einfließen zu lassen, das heißt, energisch, leidenschaftlich und schnell zu spielen. Das Publikum möchte am Feierabend in einem Konzert gefesselt werden. Das lag auch in der Absicht Bachs. Man darf weder das Publikum noch Bach enttäuschen.

Das sind meine grundsätzlichen Ratschläge zu schnellen Sätzen. Es reicht aber nicht aus, nur schnell spielen zu können. Der Spieler muß das langsame Spiel ebenso gut bewältigen, mit der notwendigen Aufmerksamkeit auf Atmung, Klangfarbe und Artikulation. Außerdem soll er die Unterschiede zwischen Andante, Adagio, Largo usw. kennen. Diese Tempobezeichnungen sind aber nicht präzise, ihre Übergänge sind fließend. Trotz Metronom muß der Spieler im Endeffekt das Tempo selbst bestimmen. Als Hilfe kann er verschiedene Aufnahmen eines Stückes zu Rate ziehen und das Tempo, das seiner Auffassung entspricht, wählen. Doch es sei gewarnt: Aufführungen mit Orchestern stellen immer einen Kompromiß dar. Ich selbst habe unter der Leitung einiger Dirigenten langsame Sätze schneller gespielt, als ich wollte.

15.
Wie man Barockmusik spielt

Die Werke Bachs und Händels – beide im gleichen Jahr geboren und im gleichen Jahrzehnt gestorben (Bach 1750, Händel 1759) – bilden den Höhepunkt der Barockmusik. Danach wurden sie vom klassischen Stil Haydns, Mozarts, Glucks und anderer Komponisten abgelöst. Trotz gewisser Gemeinsamkeiten zwischen der Musik Bachs und der frühen Barockmusik um 1600 liegt doch mehr als ein Jahrhundert Musikentwicklung dazwischen. In diesem Zeitraum fanden vielschichtige Veränderungen statt. Die Dur-Moll-Tonalität als Grundlage unserer Musikkultur wurde entwickelt, die temperierte Stimmung mit nicht zu unterschätzenden harmonischen Konsequenzen erfunden. Des weiteren nahmen die wichtigsten musikalischen Formen Gestalt an – Oper, Sonate, Sinfonie, Konzert, Kantate, Oratorium, um nur einige anzuführen. Schließlich wurde die Instrumentalmusik aufgewertet und der Vokalmusik gleichgestellt (in der Klassik überflügelten die Instrumente sogar die Stimmen). Eine Folge davon war die Erfindung neuer und die Reformierung alter Instrumente. Und schließlich gewannen Solisten und Orchestermusiker in jener Zeit ein immer größeres Ansehen.

Wir sollten aus diesen Gründen der Barockmusik Interesse entgegenbringen und versuchen, sie zu verstehen – trotz einiger berechtigter Beschwerden von seiten der Flötisten. Denn die Komponisten schrieben mehr für die Blockflöte als für die Querflöte, auch bevorzugten sie die Streichinstrumente. Doch gegen Ende der Barock-Epoche wurde die Querflöte mit mehr Musik bedacht. An ihr vorgenommene Verbesserungen erweiterten ihre musikalischen Möglichkeiten, was sich in den Stücken niederschlug.

Da ich auf Bach schon im vorigen Kapitel kurz eingegangen bin, werde ich mich in dieser Lektion auf weniger beachtete Komponisten des Barock konzentrieren – weniger beachtet als Bach bedeutet aber nicht, daß sie keine großen Komponisten darstellten. Die Liste beinhaltet Namen wie Monteverdi, Lully, Scarlatti, Telemann, Vivaldi, Rameau, Couperin, Corelli und Purcell. Sie alle verdienen große Aufmerksamkeit.

Das Verzieren einer einfachen Melodie

Die Barockmusik brachte eine Revolution in Gang, die sich wie andere Revolutionen als ein weniger radikaler Bruch mit der Vergangenheit erwies, als ursprünglich beabsichtigt. Die polyphone Renaissance-Musik kam aus der Mode. Den damaligen Avantgarde-Komponisten ging es um die Solostimme, den Kontrast zwischen Melodie und Baßlinie sowie die dazwischenliegenden expressiven Harmonien. Die Solostimme muß natürlich die Flötisten besonders interessieren; das Verzieren einer einfachen Melodie gehört wesentlich zu dieser Musik.

Je nach Geschmack kann man solches Verzieren als unnötige Komplizierung oder bloße kosmetische Aufbereitung betrachten. Die gleichen Formen tauchen jedoch in der Architektur dieser Zeit ebenfalls auf (die Entsprechungen von musikalischen und bildnerischen Formen sind sehr faszinierend). Vor dem Barock wurden die Kirchen mit unverzierten Säulen und Bögen gebaut, im Barock dagegen schmückte man sie aus. So geschah es auch mit der Musik: Die Melodie, die nicht komplizierter zu sein braucht als ein Volkslied, wird phantasievoll garniert.

Darin liegt der Reiz dieser Musik: Das Volkslied von der Straße hat sich unter die vornehme Gesellschaft der Salons (oder Kammern – der Ausdruck »Kammermusik« stammt ebenfalls aus dieser Zeit) gemischt, und die Aufgabe des Spielers besteht in der Ausbalancierung beider Anteile. Das heißt, die Architektur des Stückes muß trotz der Verfeinerungen deutlich bleiben, aber von der Melodie verführerisch umspielt werden.

Die Verzierungen sollen ein elegantes Fortschreiten von Ton zu Ton ermöglichen; das ›Wie‹ ist dem Spieler überlassen, wobei es

178

durchaus eine gewisse Ordnung gibt. Der Barockmusik ist ein improvisatorisches Moment eigen, die Verzierungen sollen der Stimmung der Passage entsprechen. Wie bei jeder improvisierten Musik existieren Regeln, viele von ihnen betreffen das sich damals entwickelnde harmonische System.

Einige Verständnishilfen

Für den Barockstil ist es wichtig, die Grundsätze und Vorschriften kennenzulernen.

Sprachkundige können die Erläuterungen im Originaltext nachlesen. Die Abhandlung von Quantz wurde schon im ersten Kapitel erwähnt; ein weiteres Lehrbuch aus dem 18. Jahrhundert nennt sich »L'Art de toucher le clavecin« und stammt von François Couperin. Darin werden alle Verzierungsarten dargestellt und gezeigt, wie man sie den Intentionen des Komponisten entsprechend anwendet.

Zweitens kann man sich die »Methodischen Sonaten« von Telemann vornehmen, eine hervorragende Illustration des barocken Lebensgefühls. Telemann schrieb diese Sonaten zweimal aus, einmal mit der ursprünglichen Melodie, dann – in einem darunterliegenden System – in einer verzierten Version (ein Beispiel aus einer solchen Sonate ist auf den Seiten 180–182 abgedruckt). Ich bezweifle, daß er seine Musik so überladen gespielt haben wollte, vielmehr stellte er wohl sämtliche möglichen Verzierungsformen mit deutscher Gründlichkeit dar.

Drittens kann man sich anhand von trefflichen Interpretationen in das Wesen der Barockmusik hineinhören. Ich empfehle besonders Aufnahmen mit Frans Brüggen. Im 19. Jahrhundert kam Barockmusik völlig aus der Mode, hat aber in letzter Zeit eine mächtige Renaissance erlebt. Einige Musiker haben sich auf sie spezialisiert. Vorbilder gibt es also genug.

Ich selbst spiele ziemlich viel Barockmusik. Daher weiß ich, daß man bei dieser Musik sehr viel Erfahrung sammeln muß. Diese kann aber auch hinderlich sein, denn die Spielpraxis ist von

181

Aus den »Methodischen Sonaten« von Telemann, Sonate in G-moll

Land zu Land verschieden, sogar von Stadt zu Stadt, deshalb ist es von Vorteil, für Konzertreisen alle Verzierungen zu beherrschen.

Nach dem Studieren der Regeln und Vorschriften klärt der Spieler, wie er die Verzierungen passend zur Baßstimme gestaltet. Das Verhältnis ist – wie ich schon dargestellt habe – ein harmonisches. Im 17. und 18. Jahrhundert war die Moll-Dur-Tonalität mit ihren Möglichkeiten, in andere Tonarten zu modulieren, eine neue und aufregende Sache. Der Spieler sollte bestrebt sein, diese Freude an harmonischen Entdeckungen nachzuempfinden.

Zum Schluß eine Warnung: Der Spieler mag sich beim Interpretieren alter Musik unsicher fühlen, besonders wenn sie von so zahlreichen Leitlinien, Vorschriften und Konventionen reglementiert wird, daß Bände mit deren Auflistung und Erläuterung gefüllt werden könnten. Man ist vielleicht versucht, diese Musik korrekt und steif wiedergeben zu wollen. Dieser Versuchung muß widerstanden werden. Es wäre schön, man vergäße beim Spielen, daß die Komposition zu einem bestimmten Zeitpunkt, in einem bestimmten Land und in einer bestimmten Entwicklungsstufe unserer Kultur geschrieben worden ist, und betrachtete sie einfach als etwas ganz Neues. Im Fall der Barockmusik muß der Spieler sich mit ihrer Epoche auseinandersetzen, um ihr für unsere Zeit eine Bedeutung zu verleihen. Dies heißt aber nicht, die »Vier Jahreszeiten« von Antonio Vivaldi schulmäßig vortragen zu müssen. Gleichgültig, aus welcher Zeit die Musik stammt, ein Gesichtspunkt bleibt immer gleich: den Sinn der geschriebenen Noten im Klingen zu verwirklichen. Jeder Jigtanz sollte die Vitalität der Dubliner Straßen ausströmen. Jedes traurige, sanfte, nachdenkliche Stück sollte dem Zuhörer in dieser Weise nahegebracht werden, unabhängig von den musikalischen Konventionen des jeweiligen Jahrhunderts.

Der Spieler sollte sich bei Barockmusik nicht scheuen, Gefühle auszudrücken. Es sei daran erinnert, daß sie geschrieben wurde, um dem Zuhörer Freude zu bereiten, und dieses Ziel sollte man auch heute anstreben.

16.

Wichtige Flötensoli

Dieses Kapitel behandelt einige Stücke, die kein westlicher Flötist auslassen darf. Zum einen sind die Werke sehr schön, zum andern kommt die Flöte in ihnen sehr wirkungsvoll zur Geltung. Jeder Spieler wird früher oder später der Versuchung erliegen, sie zu spielen, und das wahrscheinlich zu früh. Daher rührt wohl auch mein Eindruck, daß diese Stücke oft nicht gut genug gespielt werden. Leider werden zudem die unterschiedlichen Charaktere der Stücke nicht immer verstanden.

Wie ich schon in dem Abschnitt über die Barockmusik formuliert habe, ist unser Ziel natürlich nicht musikwissenschaftliche Gelehrsamkeit, die der Musik das Leben austreibt und das Flötenspiel zur bloßen Illustration einer Abhandlung degradiert. Wir wollen aber auch nicht die Intentionen des Komponisten mißachten, denn die Ideen und Konventionen der jeweiligen Zeit schlagen sich in ihren Kompositionen nieder. Man muß also ein Gefühl für die verschiedenen Musikepochen entwickeln. Doch das reicht noch nicht aus. Ein Komponist gehört zwar einer bestimmten Ära an, ist aber zugleich ein Individuum mit einer persönlichen Note. Diese muß man hörend erfassen, und Mittel müssen ersonnen werden, sie zu vermitteln.

Dabei nehme man das Geschriebene nicht zu wörtlich. Ich habe schon bemerkt, daß die begrenzten Symbole der musikalischen Notation sich hemmend auf viele junge Spieler auswirken. Sie meinen wohl, eine vorgeschriebene Norm erfüllen zu müssen – beispielsweise in der Interpretation einer Viertelnote, eines Pianissimos oder der Tempowahl eines Allegros. Genau betrachtet, sind diese Dinge alle relativ. Ein Vergleich mit der geschriebenen Sprache mag dies verdeutlichen: Gedichte können lebendig und energisch wirken, nachdenklich und philosophisch oder zart und reizend. Doch die Worte all dieser Gedichte sehen auf dem Papier alle sehr ähnlich aus. Der Unterschied in Tempo, Rhythmus, Stimmung und Inhalt kann nicht durch die Setzmaschine erfaßt werden. Ebenso verhält es sich bei der Musik.

Ein anderes Beispiel: Volksmusik wurde von Generation zu Generation durch Spielen weitergegeben, ohne je notiert zu werden. Das Resultat ist, daß sie mit einem großartigen Freiraum ausgestattet ist, der sich manchmal – zugegebenermaßen – in einer Handvoll rivalisierender Versionen äußert, die von Ort zu Ort, Land zu Land und Kontinent zu Kontinent differieren. Damit will ich nichts gegen die authentischen Notentexte der seit Jahren oder sogar Jahrhunderten geliebten Stücke einwenden. Aber die Vorstellung, Musik durch Hören statt durch gedruckte Notentexte zu erlernen, mag helfen, sich von unnötigen Zwängen zu befreien.

»Syrinx«

Dies ist schlechthin das bedeutende Standardwerk, das kein Flötist auslassen darf, das einzige Stück für Soloflöte, das Claude Debussy je geschrieben hat. Als Zehnjähriger wird man sich sicherlich von den technischen Schwierigkeiten dieses Stücks abschrecken lassen; das wird noch einige Jahre so bleiben, und das ist gut so.

Denn kein Zehnjähriger und nur wenige Jugendliche sind in der Lage zu verstehen, worum es in »Syrinx« geht. Debussy ließ sich zu dem Stück durch eine griechische Sage inspirieren, in der die Götter mit allen menschlichen Schwächen behaftet sind. Pan, die Hauptfigur der Sage, war ein rauher Geselle, halb Ziegenbock und halb Mensch. Er entwickelte trotz seines unvorteilhaften Äußeren eine Leidenschaft für die Nymphe Syrinx und stellte ihr voll Begierde nach. Sie konnte sich nur vor ihm retten, indem sie sich in Schilfrohre verwandelte. Pan war ein talentierter Musiker. Er schnitt aus diesen Schilfrohren eine Flöte, »Syrinx« ist das Lied Pans an die Nymphe. Anfangs ruft er nach ihr; als sie nicht erscheint, redet er ihr gut zu, will sie von seiner Sehnsucht überzeugen und stellt ihr seine Gefühle und die Schmerzen seiner Einsamkeit dar. Am Ende verliert er alle Hoffnung. Wie man sieht, eine ziemliche *tour de force* der Gefühle.

Gewöhnlich werden beim Spielen dieses Stücks zwei Fehler gemacht. Erstens wird es oft zu distanziert gespielt, was es jeden Sinns beraubt. Beherrscht man alle Töne und sind die technischen Probleme gelöst, sollte man das Stück mit größerer Freiheit spielen, als es im allgemeinen passiert. Mit dieser Musik muß spielerisch umgegangen werden. Sie ist eindringlich, flehend, protestierend, beredte Musik, bei der in jeder Phrase die richtige emotionale Empfindung zum Vorschein kommen muß. Dies ist nicht möglich, wenn die Gefühle in die Zwangsjacke peinlich genau eingehaltener Tempi gesteckt sind.

Zweitens wird fast immer zu langsam gespielt. Das hängt wohl mit folgendem Grund zusammen: Meistens spielt man »Syrinx« erstmals in jungen Jahren, wo man dem Stück technisch noch nicht gewachsen ist. Vernünftigerweise wählt man Pans Liebeslied in einem Tempo, das Durchkommen gewährt. Mit der Zeit verbessert sich die Technik, »Syrinx« wird aber nicht schneller gespielt. Die Klage an ein unempfindliches Schilfrohr bleibt in dem vor einigen Jahren erlernten Tempo stecken. Dadurch verliert das Stück seine Kraft und Eindringlichkeit, und die Leidenschaft schwindet.

Meine Anregungen sollten mit Einfühlung und ohne Übertreibungen aufgenommen werden. Ein *wenig* mehr Freiheit und ein *klein* wenig schneller als üblich, darum geht es. Doch zunächst sollte der Spieler die Aussage des Stücks klären und dann seine Interpretation finden.

»Reigen seliger Geister«

Dieses Stück handelt von etwas völlig anderem. Die Freuden und Leiden des Fleisches beschäftigen uns hier überhaupt nicht, sondern reinere und ernstere Gefühle.

Zweifellos ist die Musik traurig – wie soll man traurige Musik

186

spielen? Es ist natürlich nicht schlecht, dem Publikum die ein oder andere Träne zu entlocken, aber man möchte es ja nicht völlig deprimiert nach Hause gehen lassen, oder gar selbst deprimiert werden. Die Gefahr, in Tränen aufgelöst zu werden, darf bei Glucks »Reigen« nicht aufkommen. Denn traurige Musik (wie traurige Literatur) hebt die Gemüter, statt sie niederzudrücken – bei richtiger Präsentation. So zeigt sich, daß auch in den Tragödien Schönheit zu finden ist. Dies ist einer der Aspekte, bei der die Kunst das Leben übertrifft.

Um genauer zu sein, die Traurigkeit im »Reigen seliger Geister« kann ein Gefühl der Hoffnung erwecken. Denn aus ihm strömen Gelassenheit, Tiefe und Größe. Diese Eigenschaften muß man in der Musik erspüren und beim Spielen ausdrücken. Niemand darf sich die Aufnahme mit Kathleen Ferrier entgehen lassen, in der sie Orpheus' Klage um Eurydice aus der gleichnamigen Oper von Gluck singt (wer diese historische Aufnahme noch nicht kennt, sollte ihr nachgehen). Kathleen Ferrier trifft die Gelassenheit und Tiefe dieser überaus traurigen Musik so präzis, daß ihre Aufnahme in Wunschkonzerten immer wieder gespielt wird. Wie schon bemerkt, soll man sich Interpreten von der außergewöhnlichen Qualität Kathleen Ferriers anhören und sich um eine möglichst genaue Nachahmung bemühen.

Ein technischer Hinweis: In der Mitte des Stücks taucht eine Passage auf mit Punkten über den Noten. Diese bedeuten – wie wir wissen – Staccato. Aber Staccato heißt – wie wir auch gesehen haben – *getrennt*, was nicht mit *kurz* zu verwechseln ist. Diese Töne werden zwar kurz angestoßen, fließen aber gleichzeitig auf der Luft heraus. Sie werden also weder forsch noch kurz oder lebhaft gespielt.

Spielen mit Klavierbegleitung

»Syrinx« ist ein Solostück. Der »Reigen seliger Geister« wird von einem Orchester begleitet. Als nächstes möchte ich mich der Musik zuwenden, die zu einer anderen Kategorie gehört, aber mit beiden Gattungen Gemeinsamkeiten teilt. Ich denke dabei nicht an Flötensoli mit Klavierbegleitung, sondern an Stücke für Flöte und Klavier, die man ebenso als Stücke für Klavier und Flöte bezeichnen könnte. Beide Instrumente sind gleichberechtigt und tragen gleichermaßen zu der Aussage des Stücks bei. Die »Sonate pour Flute et Piano« von Bohuslav Martinu und Schuberts Variationen über die »trockenen Blumen« sind Beispiele dieser Gattung.

Bei einer solchen Art von Musik müssen beide Spieler den Part des anderen genau kennen. Obwohl das selbstverständlich scheint, wird es häufig nicht beachtet. Bei Kindern, die ihre erste Sonate einüben und froh sind, mit dem Klavier einigermaßen gleichzeitig beim Schlußton anzulangen, ist es noch verständlich. Leider spielen aber auch erwachsene Flötisten die Stücke ohne Kenntnis des Klavierparts. Sie wissen daher nicht, was sie eigentlich spielen.

Beim Studieren des jeweiligen Parts hat der Pianist einen Vorteil. Er übersieht den vollständigen Notentext, während in den Noten des Flötisten nur die Flötenstimme notiert ist. Trotzdem muß sich der Flötist die Klavierstimme aneignen und wie seine eigene einprägen. Das Auswendiglernen des eigenen Parts ist hilfreich beim Spielen von Soli, Sonaten und überhaupt jeder Art von Kammermusik. Am Auswendiglernen kann man erkennen, daß der Spieler um sein Tun weiß. Es bildet eine notwendige Voraussetzung, um über das Stück nachdenken zu können, was wiederum eine adäquate Darstellungsweise erst ermöglicht. Selbstverständlich ist bei dieser Musikart die genaue Kenntnis des Klavierparts beim Memorieren der eigenen Stimme von Nutzen. Denn dabei ist man auf Fixpunkte angewiesen, die durch das Klavier wie durch die Flöte gegeben werden können.

Haben nun beide Partner die jeweils andere Stimme präzise wie die eigene im Gedächtnis, müssen sie als nächstes zu einer gemeinsamen Interpretation finden. Aus meiner Erfahrung ergibt sich eine solche eher durch Spielen als durch Diskutieren, obwohl einige klärende Worte hie und da dem keinen Abbruch tun. Doch am allerwichtigsten ist das Zuhören – dem Mitspieler wie der idealen Musik, die man im Kopf hat.

Ich habe schon die hemmende Wirkung von Notentexten erläutert und gefordert, sich ein wenig davon zu lösen. Das gilt für das Zusammenspiel mit Klavier ebenso wie für Soli. Jedoch muß beim ersteren die freiere Geisteshaltung gemeinsam gefunden werden. Ein Satz einer Sonate ist beispielsweise mit der Tempobezeichnung Allegro oder Moderato vorgezeichnet. Es ist weder ratsam noch musikalisch vernünftig, den ganzen Satz durchweg in ein und demselben Tempo zu spielen. Denn häufig sind die Gedanken des Komponisten differenzierter und subtiler, als es die Tempovorzeichnungen andeuten. So wechselt die Musik – ohne eine Tempoänderung anzugeben – zu einer ruhigeren Legato-Passage oder wird umgekehrt drängender und erregter. Man wird dem Komponisten nur gerecht, wenn man auf diese Feinheiten eingeht und das Tempo entsprechend verlangsamt oder anzieht. Führt der Komponist insbesondere neue Gedanken ein, darf der Spieler sie nicht in der gleichen Weise wie die vorherigen behandeln, sondern muß sich mit dem veränderten Inhalt auseinandersetzen.

Spielen zwei Musiker zusammen, ist die Freiheit des einzelnen natürlich eingeschränkt. Da diese Art von Musik wie ein Dialog funktioniert, müssen sie sich im voraus einigen, was sie sagen möchten. Die Interpretation soll das Ergebnis gemeinsamer Bemühungen sein und nicht einfach ein Nacheilen des Pianisten hinter einem wild spielenden Flötisten.

Wer die Martinu-Sonate spielen möchte, sucht sich am besten einen meisterhaften Pianisten aus, denn der Klavierpart ist so schwer, daß ihn nur perfekte Pianisten vollkommen bewältigen können. Nicht daß die Aufgabe für die Flöte einfacher wäre. Es kommen hauptsächlich drei Arten von Schwierigkeiten vor: Zunächst stellt die Sonate ein virtuoses Stück dar, das sehr stark auf Tonleitern aufbaut. Jeder Ton muß exakt mit dem Klavier zusammenfallen, um nicht den Reiz dieses Stücks zu verderben. Zweitens steckt es voller Synkopen, die ungenau gespielt den Eindruck erwecken könnten, daß Flöte und Klavier nicht harmonieren. Und drittens spielt sich ein großer Teil dieser Sonate in der dritten Lage ab, in der sich nicht allzu viele Flötisten ganz und gar zu Hause fühlen.

Ich bin sicher, daß jeder, der sich ein wenig für Musik interessiert und jünger als die Jazz-Generation ist, weiß, was eine *Synkope* ist: eine absichtliche Verschiebung des Rhythmus, so daß der Akzent auf einen unerwarteten Punkt fällt. Der Begriff wird auch in der Medizin verwendet. Dort bezeichnet er eine mit plötzlichem Bewußtseinsverlust verbundene (harmlose) Störung der Gehirndurchblutung. Die musikalische Synkope zeigt selbstverständlich nicht solche Auswirkungen. Sie spielt mit dem natürlichen Taktzent nur, um die Spannung zu erhöhen, und nicht, um den Zuhörer bewußtlos zu machen. Komponisten benutzen Synkopen schon seit Jahrhunderten. Aber erst im 20. Jahrhundert taucht sie besonders häufig auf.

Der Beginn des ersten Satzes der Sonate muß geradezu ›gesungen‹ werden. Dann wird die Musik sofort weich und sehnsüchtig, mit einer gebundenen Synkope. Um die dynamischen Wechsel dieser Bewegung herauszuholen, spielt man sie mit geringsten und feinsten Abstufungen. Jedoch erst im dritten Satz wird das Spielen der Synkopen besonders kompliziert, wo sie schnell und mit vielen anderen Abläufen gleichzeitig erklingen. Hier muß man den Pianopart nicht nur kennen, sondern ihn auch ständig mitverfolgen, auf jeden Fall dann, wenn man mit dem Stück noch nicht so vertraut ist. Der Spieler muß den Klavierrhythmus und den Synkopenrhythmus der Flöte zugleich im Kopf haben. Hat man die Rhythmen vollkommen verinnerlicht, kann man das Zählen und den Klavierpart vergessen und die Musik im Sinne des Komponisten frei strömen lassen.

So viel zu den Synkopen. Aus zwei sich gegenseitig bedingenden Gründen werden die höchsten Register der Flöte vernachlässigt. Sie sind schwierig zu spielen und werden nicht oft gebraucht. Aber – wie schon früher hervorgehoben – alles, was man spielt, muß schön klingen. Jeder Ton, ob in der höchsten oder tiefsten Lage, muß geschmeidig sein. Viele Spieler vermeiden die harte Arbeit an den hohen Tönen. Martinus Sonate sollte nicht als Übungsstück für hohe Töne eingesetzt werden. Zur Vorbereitung auf die Sonate hält man lange Töne mit aufsteigenden statt absteigenden Tönen aus. Der Ton muß dabei auch an den äußersten

Grenzen des Tonbereichs weich und ausdrucksvoll klingen. Das ist nicht einfach, aber auch nicht unmöglich.

Bohuslav Martinu schrieb die Sonate für George Laurent, der direkt nach dem 2. Weltkrieg Soloflötist im Bostoner Sinfonieorchester war. Zu jener Zeit lebte Martinu in Neu-England. Im Stück hinterließ dies seine Spuren durch den in der Mitte des letzten Satzes einkomponierten »Ruf der Virginischen Nachtschwalbe«, die nur in Nordamerika vorkommt. Man darf aber deshalb nicht annehmen, daß es sich hier um Lautmalerei handelt, um in Töne gesetzte Naturklänge. Die Sonate ist künstlerisch geformt, sehr wertvolle Musik.

Besonders der langsame Satz ist eins der schönsten Stücke, die ich kenne. Er ist wie ein musikalisches Gebet, das dem spirituellen Geist der Welt sehr nahekommt. Jeder Eingriff durch die Person des Spielers kann die Botschaft stören. Man muß beim Spielen versuchen, eine aufrichtige und demütige Haltung einzunehmen und sich selbst so weit zurückstellen, daß man nur noch ein Medium für die Töne ist. Bei mancher Musik soll der Zuhörer unbedingt die Persönlichkeit des Spielers spüren. Dieser langsame Satz ist von ganz anderer Art. Er verlangt vollkommene Zurückhaltung, um die Stille auf dem Grund des Stücks zu erspüren.

Zurück zur Erde – im langsamen Satz steckt ein kleines technisches Problem, das im Zusammenhang mit dem Gebetscharakter des Stücks steht. Es dreht sich um das oft angesprochene Problem des Atmens bei langen Phrasen. Auch hier wird der junge Spieler, wenn er sich zum ersten Mal an diesem Stück versucht, einige Atmungen benötigen; und wiederum versäumen es viele Spieler, später auf ein paar dieser Atmungen zu verzichten. Wahrscheinlich gewöhnt sich ihr Gehör an diese Spielweise. Sie klingt richtig für sie und verhindert damit die Vorstellung, wie das Stück eigentlich gespielt werden sollte. Ich rate dringend, beim Älterwerden den Wechsel von musikalischer Jugend zum musikalischen Alter zu vollziehen – wenn diese Ausdrucksweise einmal erlaubt sein darf.

Der dritte Sonatensatz kann als Illustration eines meiner Steckenpferde dienen. Es treten zahlreiche Staccato-Töne auf, die –

wie schon öfter wiederholt – nicht unbedingt kurz, sondern getrennt gespielt werden sollen. Der Beginn dieses Satzes erhält seinen Sinn, indem die Töne nicht zu kurz angetippt werden, sondern ein Läuten beinhalten.

Weiter vorne wurden Tonleitern angesprochen. Sie bilden häufig die Infrastruktur in Martinus Kompositionen. Martinu hat einen Großteil seiner Jugend mit seiner Familie in einem Turm gelebt. Sein Vater war Feuerwehrmann. So bestand das Leben des jungen Bohuslav einige Jahre lang aus einem ständigen Herauf- und Heruntersteigen! Dieser biographische Umstand, denke ich, hat sich in seiner Musik niedergeschlagen. Viele Tonleiterpassagen sinken langsam herab, als ob Martinu eine Leiter herunterstiege, um festen Boden unter die Füße zu bekommen.

Die große Schwierigkeit bei Franz Schuberts Variationen über das Lied »Die trockenen Blumen« liegt in der Intonation. Dieses Stück ist für seine Intonationsprobleme berüchtigt, aus dem einfachen Grund, weil es in e-Moll geschrieben ist. Das E ist auf der Flöte ein heikler Ton. Gewöhnlich ist das tiefe E zu tief, das mittlere geht gerade so und das hohe ist zu hoch. Intonationsprobleme tauchen vor allem dann auf, wenn die Flöte nach einigen Takten Solo-Klavier wieder einsetzt. Soll das Publikum nicht zusammenzucken, muß die Tonhöhe genau übereinstimmen.

Natürlich besitzt dieses Werk nicht das Monopol auf dieses Problem. Orchestermusiker haben beispielsweise ständig damit zu tun. Manche unter ihnen lösen dieses Problem ziemlich direkt. Der Oboist Lothar Koch, mit dem ich bei den Berliner Philharmonikern zusammenspielte, probierte den Ton einfach laut aus, bevor er mit dem Spiel anfing. Seine Einsätze fielen alle sauber aus. Die Kunst, im Orchester richtig zu intonieren, ruht teilweise darin, in derselben Tonhöhe fortzufahren, in der der vorherige Spieler geendet hat, selbst wenn sie falsch war. Dann verändert man die Stimmung, bis man denkt, wieder korrekt zu sein.

Die Dinge verhalten sich in den Schubert-Variationen etwas anders. Die Stimmung des Klaviers wandelt sich nicht, und die stimmige Intonation liegt an der Flöte. Außerdem kann man Lothar Koch unter diesen Umständen nicht kopieren und den Ton laut und hörbar ausprobieren. Aber heimlichere Versuche kann das Klavier schon verdecken. Ich teste oft meinen Anfangston mit einem ganz leichten Hauch, der weit unter der Hörschwelle des Publikums ist. Dadurch weiß ich, ob ich den Ton durch nach Außendrehen der Flöte erhöhen oder durch nach Innendrehen erniedrigen muß.

Abgesehen von der Intonation verlangt dieses Stück eine sichere Beherrschung des Instruments, um alle seine Reichtümer zur Geltung bringen zu können. Es schenkt dem Spieler mit einer großen Skala von Gefühlslagen viele Möglichkeiten, seine Stärken und seine Freude an diesem Stück zu offenbaren. Am liebsten spiele ich – wenn möglich – alle sieben Variationen ohne Pause durch. Eine Pause ist aber wohl notwendig. Die fünfte Variation fordert dem Flötisten so viel ab, daß er – wie ich glaube – eine kurze Unterbrechung benötigt, um sich den Schweiß von der Stirn zu wischen und seine Kräfte für die folgende Variation zu sammeln.

Um den Schluß des Stücks lebend zu erreichen, lasse ich einige von Schubert vorgeschriebene Wiederholungen aus. Ich spiele alle Wiederholungen im Thema und lasse dann alle folgenden bis zum langsamen Satz, der dritten Variation, aus. Werden acht Takte immer und immer wieder gespielt, entsteht das Problem der Nuancierungen, und das Publikum droht bei all den vielen Wiederholungen schläfrig zu werden. Das läßt sich durch das Aussparen einiger Wiederholungen vermeiden. Auch wirkt das Stück so in sich geschlossener.

Der Spieler muß schon in der Introduktion um Klangvariationen bemüht sein. Als Einleitung zu einem Stück, in dem reichlich musikalisches Material verarbeitet wird, steckt sie voller Einfälle und Ausdrucksqualitäten, manche Takte kühl und nachdenklich, andere bestimmt, virtuos und brillant. Sie alle müssen unterschiedlich angegangen werden. Auf zwei Dinge sollte man dabei in erster Linie achten.

Zum einen auf das Tempo. Die Introduktion wird gewöhnlich zu langsam gespielt, und zwar von tiefschürfenden Spielern, die die Hälfte des Sinns gar nicht verstehen. Man muß ein geeignetes

Tempo finden, das leicht veränderbar ist, je nach der melodischen Linie ein wenig schneller oder langsamer. Am Ende der Introduktion, vor dem Themeneinsatz, taucht eine kleine Kadenz auf, die von vielen Spielern nicht als eine solche erkannt wird, da sie im Notentext nicht besonders gekennzeichnet ist. Sie spielen diese Stelle streng im Metrum, was ihrem Charakter nicht entspricht. Meiner Empfindung nach muß die Kadenz etwas schneller genommen werden, um ihr einen natürlichen Fluß zu verleihen und in die Melodie überzuleiten, die danach vom Klavier vorgestellt wird.

Zum anderen muß die Klangfarbe sorgfältig ausgewählt werden. Es empfiehlt sich, so viele Klangfarben wie möglich zur Darstellung der zahlreichen Ideen Schuberts in dieser Introduktion einzusetzen. Der Zuhörer darf nicht an einen Leierkasten erinnert werden, sondern muß den vielschichtigen Ausdruck deutlich vernehmen.

Selbstverständlich gelten diese Dinge – Wahl des Tempos und der Klangfarbe entsprechend des musikalischen Materials – für sämtliche Variationen des Stücks. Der unterschiedliche Charakter der Variationen ist aber offensichtlich. Nur völlig unmusikalische Spieler behandeln sie alle gleich. Mir geht es hier um die Verdeutlichung dieser Vielschichtigkeit in der Introduktion.

Meine weiteren Punkte sind schnell abgehandelt. Die erste Variation sollte – wie die Introduktion – nicht zu langsam gespielt werden. Sie sieht schrecklich schwarz auf dem Notenpapier aus, aber mit ein wenig Übung kann der Spieler sie doch in einem recht ordentlichen Tempo bewältigen.

Der langsame Satz, die dritte Variation, bedarf einer besonderen Aufmerksamkeit. Ich habe selten einen Flötenspieler diesen zu meiner Zufriedenheit spielen hören. Ich pflege mir vor Satzbeginn vorzustellen, wie Dietrich Fischer-Dieskau Schubert singt. Es ist erstaunlich, was er an Bedeutung in diese Musik hineinlegen kann. Man besorge sich einfach eine Aufnahme mit seinen Schubert-Liedern und studiere die langsamen Stücke gut.

Zum Schluß eine Aufmunterung für alle Staccato-Experten, die ich ständig bremse. Die sechste Variation bietet die Gelegenheit für ein möglichst kurzes Staccato. Doch soll dieses effektvoll wirken, benötigt man einen Pianisten, der ein weiches Staccato spielen kann.

Am Ende der vorletzten Variation nehme ich mir die Freiheit, Schubert zu verbessern. Ich verändere eine Note durch Versetzen in die nächsthöhere Oktave. Schuberts Fassung lautet:

Ich spiele:

Ein Schüler kam auf diese Idee, und da ich für gute Ideen immer zu haben bin, übernahm ich sie sofort. Man kann diesen versetzten Ton gut hören, während das von Schubert verwendete H in dem Getöse des Klaviers untergeht. Außerdem klingt mein H in Verbindung mit dem Klavier besser.

Die letzte Variation fange ich gern leise an, die Noten ein klein wenig verkürzend. Die folgenden acht Takte spiele ich etwas lauter und die Töne etwas länger. Diese Variation ist ein Marsch. Beim Spielen stelle ich mir eine kleine Kapelle vor, die schon von weitem zu hören ist und immer lauter und deutlicher wird, je näher sie rückt.

Die Coda bildet einen der Höhepunkte in Schuberts Musik. Um ihn zu zelebrieren, trete ich gleichsam aufs Gaspedal und lege den schnellsten Gang ein. Ich behalte dieses Tempo bis zum Schluß bei. Manche Spieler fügen Ralentandos an bestimmten musikalischen Einschnitten ein, um die Form zu verdeutlichen. Ich mache das nicht und schon gar nicht an dieser Stelle. Manchmal kann dieses Durchspielen bis zum Ende, ohne die Geschwindigkeit zu verringern, die spannendste aller Möglichkeiten darstellen.

Man behauptet, das Repertoire der Flöte sei beschränkt. Verglichen mit anderen Instrumenten stimmt das sicherlich. In diesen Lektionen wurde das beschränkte Repertoire noch mehr eingeengt. Ich hoffe trotzdem, einige interessante Bereiche und Gesichtspunkte angesprochen zu haben. Auch wollte ich durch die Darstellung meiner Konzertvorbereitungen für einige Stücke Flötenschüler zum Nachdenken anregen und ihren Ehrgeiz anstacheln.

Was mich betrifft, verliert das solistische Flötenrepertoire – das ich natürlich immer und immer wieder spiele – niemals seinen Wert. Es erscheint mir niemals einschränkend, abgespielt oder langweilig. Bei jedem neuerlichen Spielen dieser Stücke fühle ich mich als ein anderer Mensch. Heute bin ich jemand anders als gestern, gleichsam ein anderer James Galway, und ich denke, morgen werde ich wieder jemand anderes sein. Diese verschiedenen Individuen sehen die Musik selbstredend mit anderen Augen an und können manchmal sogar mit einigen Details der Ausführung ihrer Vorgänger, wie Betonungen, Wahl des Tempos usw., nicht einverstanden sein. Für niemanden, weder für mich noch für andere, gibt es eine endgültige Lösung. Musik dieser Güte bietet zahllose Entdeckungsmöglichkeiten.

17.
Der Nutzen von Schallplatten

Zur Erinnerung: Niemand ist durch die Lektüre eines Buches ein bedeutender Musiker geworden, sondern durch Musikhören, Musizieren und den Erfahrungsaustausch mit anderen Musikern. Ebenso sind Begabung und viel harte Arbeit nötig. Heutzutage ist das Musikhören durch zwei Erfindungen besonders vereinfacht worden: durch Radio und Schallplatten. In diesem Kapitel möchte ich mich auf Platten und Kassetten und deren nutzbringende Anwendung konzentrieren.

Der Plattenspieler als Lehrer

Der Plattenspieler ist mir schon lange als Lern- wie Vergnügungsmittel vertraut. In meinem Elternhaus war von Anfang an ein Plattenspieler vorhanden; er spielte eine wichtige Rolle in meinem Leben, obwohl er noch aufziehbar war, wie man ihn gegenwärtig nur noch in Museen antrifft. Wir besaßen nur zwei Platten. Auf der einen spielte Fritz Kreisler eigene, zur Beglückung des Publikums komponierte Zugaben; auf der anderen sang Al Jolson »Mammy«. Mein Bruder und ich stimmten in dieses Lied mit ein, obwohl wir den Sinn überhaupt nicht verstanden. Es machte uns einfach Spaß. Wir spielten die Platten vollkommen herunter. Dabei eignete ich mir meine Bewunderung für Kreislers Violinspiel an, die bis heute anhält. Erst später konnten wir uns einen elektrischen Plattenspieler leisten, aber es gab ja auch Nachbarn. Als ich mit dem Flötespielen anfing, suchte ich regelmäßig eine Dame in unserer Stadt auf, die es großartig fand, daß ein Kind zu ihr kam, um sich in ihrem kleinen Vorzimmer Mozart anzuhören. In ihrer Plattensammlung befanden sich einige Aufnahmen mit Flötisten, und ich begriff damals, daß ich noch viel zu lernen hatte. Ich versuchte, die Flötisten nachzuahmen. Durch Erklärungen läßt sich nicht erlernen, wie man Mozart spielen sollte, könnte oder müßte. Hier fand ich Vorbilder zum Nachspielen. Man kann sich über alle möglichen musikalischen Themen unterhalten, erfaßt man die Botschaft nicht hörend, kann man es genausogut bleiben lassen.

Später hatte ich eine Freundin, deren Eltern einen Plattenspieler besaßen und dazu noch eine ganze Menge Platten. Ich erinnere mich besonders an die Brandenburgischen Konzerte und das Violinkonzert von Beethoven in einer Aufnahme mit Yehudi Menuhin. Wir vertrieben uns die Zeit mit Plattenhören, so daß mir die Stücke vollkommen vertraut wurden. Dadurch erweiterte sich mein Repertoire, nicht des Gespielten, sondern dessen, was ich zu verstehen begann. Nachdem ich meine Liebe für die Klassik entdeckt hatte, hörte ich keine Popmusik mehr.

Mit dem Älterwerden wurde mein Plattenhören spezieller. Mein Londoner Lehrer John Francis verfügte über ein gutes Grammophon und Plattenaufnahmen mit Marcel Moyse – bis heute mein großes Idol. Zusätzlich hörte ich Sinfonien, um herauszufinden, wie verschiedene Flötisten spielten. Die Schallplatte erspart einem nicht nur den Weg ins Konzert an einem feucht-kalten Winterabend mit öffentlichen Verkehrsmitteln, sondern ermöglicht auch ein zweimaliges Durchhören oder – wenn man will – einen bestimmten Takt fünfmal zu wiederholen. Natürlich kann nichts den Reiz eines Konzerts ersetzen, aber zum Studium eines Stückes oder einer Spielweise ist die Platte vorzuziehen. Jedem, der ein Instrument erlernen möchte, sei eindringlich empfohlen, sich Platten guter Exponenten dieses Instruments zu besorgen und sich an deren Spielweise zu ergötzen.

Der Vergleich verschiedener Flötisten

Vielleicht sollte ich keine Namen von ausgezeichneten Interpreten nennen. Ich tue es doch, unter der Voraussetzung, daß man diese nur als eine Auswahl versteht. Für Frankreich führe ich Jean-

Pierre Rampal an, für England William Bennett und für Amerika als den bedeutendsten (unter anderen) Julius Baker.

Durch das Anhören von Flötisten dieser Güte lernt man die besten Vertreter der verschiedenen Schulen kennen. Man sollte auch Aufnahmen zweier oder mehrerer Flötisten desselben Stücks vergleichen. Einer spielt virtuoser, der andere gefühlvoller, der dritte wiederum mit ganz anderen Qualitäten. Die divergierenden Spielweisen von brillanten Flötisten zu vergleichen ist eine sehr gute Übung. Ich denke immer, daß es ein wenig gefährlich ist, bei einem einzigen Lehrer (oder einem Vorbild) hängenzubleiben und andere Möglichkeiten von vornherein auszuschließen. Genauso wie die christlichen Fundamentalisten einfach leugnen, daß Buddhas Lehren den Menschen etwas zu sagen haben. Man sollte sich aber aus jeder Lehre das Beste heraussuchen oder, wie in diesem Fall, aus jedem Flötenspiel.

Diese Ratschläge hören sich an, als ob sie auf Millionäre gemünzt seien. Wie aus dem Exkurs über das Grammophon meiner Jugend zu ersehen ist, bin ich mir selbstverständlich des finanziellen Problems bewußt, sich eine Aufnahme von jedem Stück zu besorgen, geschweige denn zwei oder drei. Aber es gibt ja auch Bibliotheken und, hat man sich genauer festgelegt, Eltern, Verwandte, Geburtstage und Plattengutscheine für diese Wünsche. Anstelle von zwei Aufnahmen des gleichen Stücks besorgt man sich von dem einen Flötisten eine Platte mit Stücken von Mozart und von dem anderen Flötisten eine Platte mit Stücken von Bach. Das reduziert die Kosten. Man kann sich von seinem Lehrer Ratschläge einholen, welche Platten zunächst am sinnvollsten sind. Auf keinen Fall darf man sich dieser Lernmöglichkeit für die Technik des Flötenspiels und der Interpretation von Musik verschließen.

Über die Flöte hinausgehend

Man darf nicht bei der Flöte stehenbleiben. Egal wie alt ein Kind ist, es sollte andere Instrumentalisten und Sänger anhören. Ich weiß, daß das Schwierigkeiten birgt. Kinder, meine eigenen eingeschlossen, sind oft von einer Sache so besessen, daß sie alles andere als störend empfinden, bis die Begeisterung wieder abgeflaut ist. Aus zwei Gründen sollte man sich auch anderes als Flötenmusik anhören: Zum einen werden Flöten in Ensembles und Orchestern gespielt, und muß man vielleicht einmal in einem solchen spielen, ist es hilfreich, die verschiedenen Instrumente zu kennen. Der zweite und wichtigere Grund ist, daß Musik sehr divergent erzeugt wird, und je mehr von diesen Möglichkeiten man kennenlernt, desto umfassender fällt die musikalische Bildung aus. Für mich gibt es ein Solistentrio (wenn der Leser versteht, was ich meine), das ich immer wieder anhöre: Jascha Heifetz auf der Geige, Vladimir Horowitz am Klavier und die Sängerin Maria Callas. Die Stimme der Maria Callas strömt so zahlreiche Klangfarben aus, solche Tiefe, Dramatik und Intensität und eine Expressivität, die auf der Flöte unerreichbar ist. Man muß sich Musiker ihres Niveaus anhören, um zu wissen, was Perfektion heißt.

Ein zentraler Punkt ist die Schulung der Kritikfähigkeit. Natürlich besitzen heutzutage Tausende von Menschen einen Plattenspieler und spielen irgendwelche Platten bei jeder passenden oder unpassenden Gelegenheit ab. Aber meistens hören sie gar nicht zu. Die Stücke plätschern vor sich hin, während man an etwas ganz anderes denkt. Eine gewisse Aufmerksamkeit ist notwendig, um eine kritische Beurteilung der Musik und der Spielweisen zu entwickeln. Man kann auch unter erschwerten Bedingungen konzentriert zuhören. Ein Freund von mir ist ein großer Opernkenner. Seine Musikkenntnisse eignete er sich mit einem Kassettenrekorder auf dem Weg zur und von der Arbeit an. Er begann mit den Klavierkonzerten von Johannes Brahms, die ihm zunächst unverständlich waren, ließ sich aber nicht beirren und machte solche Fortschritte, daß er sich mittlerweile Arien zum Frühstück anhört. Zur Weiterbildung nutzte er seine Zeit beim Autofahren. Wie es allen Menschen begreifbar ist, so lernte auch er, daß Musik zu verstehen viel schöner ist, als sie nur als Hintergrundmusik einer Cocktailparty laufen zu lassen.

Platten geben uns die Chance der Auswahl. Man braucht sich

200

nicht mit einem minderen Niveau zufriedenzugeben. Es existieren unterschiedlichste Aufnahmen von diesem oder jenem geliebten Stück, die alle ausbalanciert sind, von gleicher Güte, so daß die Wahl schwerfällt, selbst nach dem Anhören. Hier leisten Platten-bibliotheken und Freunde gute Dienste. Man kauft eine Aufnahme, leiht sich eine andere und erfreut sich an beiden.

Ein letztes Wort: Hat der Lehrer Platten-Aufnahmen gemacht, ist es ganz diplomatisch, sich diese zu besorgen, egal wieviel sie kosten.

Flötespielen als Beruf

Nicht jeder, der mit dem Flötespielen beginnt, wird einmal sein Geld damit verdienen. Es gibt zum einen viele Bewerber auf wenige Arbeitsstellen, zum anderen scheitern manche auf ihrem Weg dorthin, was mit einer persönlichen Tragödie verbunden sein kann. Für denjenigen, der später vorhat, seinen Unterhalt mit Flötespielen zu verdienen, lautet mein Ratschlag, realistisch zu sein, vor allem gegenüber den eigenen Fähigkeiten. Entgegenkommende Beurteilungen von Freunden und Verwandten haben in diesem Fall keine große Bedeutung. Sie bewundern ihren niedlichen kleinen Flötisten und ermuntern ihn zu diesem Schritt, ohne sich darüber im klaren zu sein, daß in der weiten Welt eine Meute von Haien darauf lauert, ihn oder sie lebendig aufzufressen.

Später werde ich Möglichkeiten aufzeigen, wie man (a) herausfinden kann, ob man dem Konkurrenzkampf gewachsen ist, und (b) wie man seine Talente optimal entwickeln kann, um Berufsmusiker zu werden. Die Alternative darf aber nicht lauten Berufsmusiker oder Aufhören mit dem Flötespielen. Ein früherer Schüler von mir ist Rechtsanwalt, eine andere Schülerin Krankenschwester, die beide außerhalb ihrer Dienstzeit viel Freude am Flötespielen finden. Außerdem existieren zahlreiche verschiedene Perspektiven, mit Musik sein Einkommen zu verdienen. Man kann Produzent werden, Toningenieur oder Orchestermanager usw. Vom Flötespielen ausgehend, eröffnen sich viele Wege und Möglichkeiten.

Die folgenden Kapitel behandeln einige Aspekte des Berufslebens eines Flötisten. Unter den verschiedenen Möglichkeiten, mit Flötespielen sein Brot zu verdienen, möchte ich mit der üblichsten Art und Weise beginnen, nämlich dem Spielen in einem Orchester.

18.
Das Orchester

Die Orchestermusiker in meiner Bekanntschaft zählen nicht zu den Millionären. Aber im allgemeinen haben sie ein Dach über dem Kopf und ein Auto; sie sind in der Lage, ihre Familie zu ernähren, ihnen Kleider und Schuhe zu kaufen und ihre Kinder in die Schule zu schicken. Finanziell gesehen geht es ihnen also ganz gut. Aber die Hauptsache ist, man kann – packt man es richtig an – ein erfülltes Leben führen. Wenig kann die Freude überbieten, in einem guten Orchester mit guten Kollegen gut zu spielen. Hier stehen nicht Worte im Mittelpunkt – die Musik ist die täglich verwendete alles umfassende Sprache. Das ist ein aufregendes und erfüllendes Erlebnis. Andere Menschen müssen ihr Geld mit weniger angenehmen Jobs verdienen.

Das Problem ist, ein Orchester zu finden. Zur Zeit gibt es nicht sehr viele, und auch die größeren unter ihnen benötigen gewöhnlich nur drei Flötisten, die kleineren lediglich zwei. Ein junger Spieler, der in die brüderliche Orchestergemeinschaft aufgenommen sein möchte, braucht deshalb unbedingt einen strategischen Plan. Die ersten notwendigen Schritte unternimmt man schon während des Studiums.

Die unterschiedlichen Orchesterstile

Das Studium der unterschiedlichen Orchesterstile bildet eine Art Marktforschung für den, der einmal im Orchester eine Stelle bekommen möchte. Denn wie kann man den Kunden zufriedenstellen, wenn man um seine Wünsche nicht weiß? Beim regelmäßigen Anhören von Plattenaufnahmen erfährt man, daß jedes Orchester über einen spezifischen Charakter und Klang verfügt. Das ist kein

Zufall, sondern bewußte Formung. Deshalb muß ein Aspirant um den Stil des jeweiligen Orchesters wissen.

Orchester gleicher Qualität können ganz unterschiedlich klingen, von technisch brillant bis musikalisch ausdrucksvoll. Ein Beispiel für technische Brillanz ist das Chicago Symphony Orchestra. Alle Mitglieder beherrschen ihr Instrument perfekt. Die Stücke werden gründlich und systematisch ausgearbeitet. Schnelle, bravouröse Musik, wie von Berlioz, klingt vom Chicago Symphony Orchestra gespielt phänomenal. Man vergleiche diese beispielsweise mit einer Bruckner-Sinfonie in einer Interpretation der Berliner Philharmoniker. Die Musiker der Berliner Philharmoniker stehen denen des Chicago Symphony Orchestra in nichts nach. Aber erstaunlicherweise scheinen sie alle genaue Kenntnisse darüber zu haben, welche Note länger oder kürzer gespielt werden muß. Die gesamte Phrasierung verläuft so wundervoll, und das Orchester spielt wie aus einem Guß, als ob es nur aus einer Person bestünde. Im Grunde verhält es sich auch so, denn die Musiker arbeiten schon sehr lange zusammen und spielen seit zwanzig Jahren unter den gleichen Dirigenten. Daher verfügen sie alle über die gleiche Wellenlänge.

Die verschiedenen Orchesterstile gelten ebenso für die Holzbläsergruppe und die Flötisten im besonderen. Die Holzbläser bei den Wiener Philharmonikern spielen ohne Vibrato. Alle Töne werden ganz gerade angeblasen; in Frankreich und England dagegen verwenden alle und in Amerika die meisten Holzbläser ein Vibrato.

Abgesehen von den Differenzen im Vibrato gibt es auch nationale Flötenstile. In Frankreich ist der Stil weich und elegant, in Deutschland akademisch, in Amerika sehr organisiert und in England eine Mischung aus allem. Falls eine englische Schule existiert, hat sie meines Wissens noch niemand entdeckt, und tendenziell spielen die Flötisten in jedem Orchester anders. Die Japaner, mit ihrer Art, aus dem Westen zu importieren, kopieren mehr oder weniger den französischen Stil, dem sie ein wenig amerikanische Organisation beigemischt haben.

Man muß Stilstudien betreiben und versuchen, in der Weise des

Orchesters zu spielen, in das man aufgenommen werden möchte. Da die erste Anstellung meist im näheren Umkreis gefunden wird, sollte man sich vielleicht zunächst auf die Orchester der Umgebung konzentrieren.

Am wichtigsten ist, die Konzerte zu besuchen, dann die Musiker kennenzulernen, die eventuell die zukünftigen Kollegen sein werden. Es ist günstig, Freunde an der richtigen Stelle zu haben.

Die technischen Voraussetzungen

Selbstverständlich muß man sein Instrument gut genug beherrschen. Das heißt nicht nur die Tonleitern, Arpeggien usw. zu meistern, sondern sich auch – bevor man Orchestermitglied wird – mit dem Repertoire vertraut zu machen.

Hier ist eine kurze und sehr unvollständige Liste der Werke, die man kennen muß: alle vorher genannten Haydn-Sinfonien, von Mozart die letzten drei Sinfonien, sämtliche Sinfonien von Beethoven und Tschaikowsky, Mahlers wichtigste Werke, die bedeutendsten Opern von Mozart, Puccini und Verdi und die großen Oratorien und Passionen von Bach. Dies bildet das Minimum.

Kennenmüssen besagt mehr, als die Partituren zu studieren und die Flötenstellen zu üben. Der Spieler muß zusätzlich eine genaue Vorstellung von dem Klang dieser Werke besitzen. Dafür muß er in Konzerte gehen und richtig und kritisch zuhören. Wer Musiker werden möchte, muß Engagement aufbringen. Das bedeutet zumindest regelmäßiges Anhören der Werke, die man einmal selbst öffentlich darbieten möchte.

Es gibt natürlich Musiker, die sehr gut vom Blatt spielen können. Die Fähigkeit des Blattspielens vermag die Kenntnis des Repertoires aber nicht zu ersetzen, obwohl dieses Talent in anderen Fällen ausgesprochen nützlich ist. Wer sich darauf verläßt, läuft Gefahr, die Töne mechanisch und routinemäßig herunterzuspielen, ohne die Gefühle, die der Komponist in dem Stück bekundet haben möchte. Das entspricht einem Fachmann in Stenographie, der seine Punkte und Schnörkel in die normale Schriftsprache übersetzt, ohne sich um den Inhalt zu kümmern. Das reicht nicht aus. Der Spieler muß sein Instrument beherrschen und seinen Part kennen. Er muß aber auch über den Gesamtklang Bescheid wissen. Nur so spielt er engagiert.

Das Probespielen

Für den angehenden Musiker, der sich in Form gebracht und umfassend vorbereitet hat, kommt nun der wichtige Moment des Engagements.

Das erste Probespiel kann etwas verwirrend ausfallen. Deshalb möchte ich den Vorgang kurz schildern. Die Umstände variieren selbstverständlich bei jedem Orchester etwas, aber ein allgemeiner Eindruck läßt sich schon vermitteln.

Das Probespiel wird zumindest von dem Dirigenten, dem ersten Flötisten, ein paar anderen Solisten und einigen Mitgliedern des Direktoriums abgehalten, insgesamt ungefähr zehn Personen. In Deutschland existiert ein demokratisches Entscheidungssystem, wobei mitunter das ganze Orchester die neuen Kandidaten beurteilen kann.

Die meisten Orchester führen im voraus die im Vorspiel gewünschten Stücke an. Die Bewerber erhalten eine Liste zugeschickt. Typische Stücke sind die Sinfonie Nr. 4 von Johannes Brahms, »Till Eulenspiegel«, der »Nachmittag eines Fauns«, »Daphnis und Chloe«, »Sinfonia Domestica« und vielleicht ein Ausschnitt aus einer Strauss-Oper – jedenfalls Stücke mit komplizierten Flötenstellen. Das Vorspielen soll ja nicht testen, wie man beispielsweise eine frühe Haydn-Sinfonie spielen kann, sondern wie man die schwierigen Stücke oder Stellen bewältigt, in denen die Flöte im Vordergrund steht. Gut organisierte Orchester senden den Bewerbern sogar Fotokopien von den Stellen zu, die sie vorgespielt haben möchten. Wenn das Orchester diesen Service nicht bietet, kann man sich nur auf seine Eingebung und Kenntnis des Repertoires verlassen. Man übt dann einfach die Passagen, die einem für ein Vorspielen naheliegend erscheinen.

206

Eine heutzutage gängige, aber meiner Meinung nach unangebrachte Praxis ist es, das Probespielen hinter einer Trennwand abzuhalten. Die Argumente dafür sind, daß die Richter nicht sehen, wen sie beurteilen, und die Chancen dadurch gleich verteilt sind. Der Kandidat soll den Posten ausschließlich aufgrund seiner Fähigkeiten und Musikalität erhalten. Ich bin aus mehreren Gründen damit nicht einverstanden; in erster Linie, weil die Trennwand oder der Vorhang den Klang trüben, wodurch die Nuancen verwischt werden. Hinter einer verschlossenen Tür klingen alle gleich, und im nächsten Zimmer klingen alle gut.

Die Methode, den Spieler zu verstecken, ist auch deshalb unsinnig, weil sie nicht den alltäglichen Bedingungen entspricht. Im gewissen Sinne sind alle Probespiele im voraus entschieden, denn es gibt so etwas wie einen Zusammenhalt unter den Flötisten, und die Musiker des Orchesters wissen meist von vornherein, welchen Bewerber sie bevorzugen. Man kann sich diesen Umstand zunutze machen: Der Aspirant studiert nicht nur den Stil des Orchesters, sondern muß auch genau herausfinden, wie der erste Flötist spielt. Um mit ihm und seinem Spiel vertrauter zu werden, sollte er ihn zu einigen Unterrichtsstunden überreden. Weiß der erste Flötist, wie man spielt, gefällt es ihm, und ist er außerdem der Meinung, man bewältige die Aufgabe gut, wird er im Probespiel eventuell für einen plädieren. Die Auffassung eines Experten übt einen großen Einfluß auf die anderen Anwesenden aus.

Gewöhnlich wird ein an einer Orchesterstelle interessierter Musiker sich bereits in Orchesterkreisen bewegen. Das ergibt sich aus der besonderen Aufgeschlossenheit dafür. Verkehrt man in der Gesellschaft von Orchestermitgliedern, lernen diese einen kennen, und wenn bei Gelegenheit zusätzliche Flöten benötigt werden, wenden sie sich natürlich zuerst an ihre Bekannten. Freunde sind, wie schon bemerkt, ein wichtiger Trumpf bei der Bewerbung um eine feste Anstellung.

Leider ist es manchmal sehr schwierig, an ein Probespiel heranzukommen. Als völlig unbekannter Spieler wird man oft noch nicht einmal zum ersten Auswahlverfahren zugelassen. Zur Überwindung dieser ersten Hürde ist eine persönliche Empfehlung das beste Mittel. Ein Brief des eigenen Lehrers wird wahrscheinlich nicht ausreichen. Ein gutes Wort, von einem Orchestermitglied für den betreffenden Bewerber eingelegt, hat wesentlich mehr Gewicht. Auf diese Weise bekam ich meine erste Stelle. Ich studierte damals in Paris, und mein Freund William Bennett spielte im Orchester der Sadlers Wells Opera. Dort wurde eine zweite Flöte gesucht. Er riet mir, nach London zu kommen, mein Glück zu versuchen, und was viel wichtiger war, er empfahl dem Orchester, mich als Bewerber zuzulassen.

Manchmal ist die Zahl der Bewerber nicht beschränkt. Bei dem Probespiel eines Orchesters in Amerika geriet die Situation einmal völlig außer Kontrolle. Denn das Anhören allein der ersten Runde, zur Ermittlung eines engeren Bewerberkreises, dauerte schon eine Woche. Dieses Verfahren führte hier das Probespiel ad absurdum. Wie soll auch der Richter das Spiel von vielleicht 187 Musikern innerhalb einer Woche beurteilen, geschweige denn genau in Erinnerung behalten? Das Ergebnis dieses ausführlichen Probespiels war das gleiche wie bei den meisten kleineren: Da man kein Genie entdeckte, engagierte man einen ortsansässigen Musiker.

Dieser wird so gut wie immer genommen, die Gründe dafür wurden ja schon oben genannt. Die Flötisten kennen ihn, sie wissen, wie er spielt, und vertrauen ihm. Also: Man muß der hiesige, bekannte und vertrauenswürdige Bewerber sein, dann kommt man zunächst zum Probespielen und dann zu einem Engagement.

Man ist also zu einem Vorspiel eingeladen worden und hat die geforderten Stücke parat. Die Vorgehensweise ist, wie bei Schönheits- und anderen Wettbewerben, daß die Bewerber nach und nach ausscheiden, bis der anscheinend beste Kandidat übrigbleibt – d. h., die Juroren nehmen an, daß er musikalisch und menschlich der Geeignetste ist. Ihm wird anschließend ein Vertrag angeboten. Es ist unwahrscheinlich, daß man alle vorher angegebenen Stücke durchspielen muß, und je schlechter das Spiel ausfällt, desto kürzer wird die Spieldauer sein.

Ein schlechtes Probespiel sollte vernünftigerweise so schnell wie möglich beendet werden. Doch nicht alle Probespiele werden mit Vernunft abgehalten. Ich habe von einem Wettbewerb gehört (was etwas anderes ist als ein Probespiel), in dem die Preisrichter zwei berühmte Kapazitäten auf dem Gebiet des Flötenspiels waren, ein Franzose und ein Deutscher. Jedem wären ihre Namen vertraut, deshalb nenne ich sie nicht. Diese zwei stritten sich wegen eines Spielers, der offensichtlich überfordert war. Aus Nervenschwäche oder anderen Gründen konnte er nicht mit dem Wettbewerbsstück beginnen. Der Franzose war dafür, abzubrechen und mit dem nächsten Kandidaten fortzufahren.

»Nein«, sagte der Deutsche, »ihm stehen zwanzig Minuten zur Verfügung, wie jedem anderen.«

»Das ist ja lächerlich!«

»Er ist zufälligerweise ein Schüler von mir.«

»Aha«, sagte der Franzose, »deshalb bestehen Sie auf den zwanzig Minuten!«

»Nicht ganz«, erwiderte sein Kollege, »er ist auch der erste Flötist in der örtlichen Polizeikapelle.«

Er dachte dabei wohl an zukünftige Strafzettel. Auch Probespielen kann ähnlich bizarr ablaufen.

Ob bizarr oder nicht, man muß es ernst nehmen. Das bedeutet unter anderem, daß man in guter Form sein muß. Deshalb sollte man vorher Alkohol meiden, auch am Tag davor. Viele werden bei den Prüfungsanforderungen nervös. Denn ein Probespiel kann die Tür zu einer Karriere aufstoßen oder endgültig zuschlagen. Da so viel davon abhängt, will man sich so gut wie möglich präsentieren. Aber der Leser kann mir glauben, Alkohol hilft dabei überhaupt nicht. Im Gegenteil, er schadet. Er verdirbt völlig die Technik, die man sich antrainiert hat, benebelt das Gehirn und legt die Phantasie lahm.

Dazu eine kleine Geschichte: Vor nicht allzu langer Zeit hatte ich in Paris eine Woche lang jeden Abend einen Auftritt und trank deshalb tagsüber keinen Alkohol. Eines Tages aß ich mit Artur Rubinstein zu Mittag, der bemerkte, daß ich nichts trank. »Ja«, sagte ich, »ich habe heute abend ein Konzert.« – »Sie sind sehr klug, Herr Galway«, antwortete er, »Alkohol geht direkt in die Finger.« Ich nehme an, der Leser zählt zu den Bewunderern Rubinsteins und vertraut dem Erfahrungsschatz seiner neunzig Jahre.

Zugegebenermaßen kann der Vorzug, den örtliche Musiker üblicherweise genießen, sich in einen Nachteil verkehren, wenn man durch ungünstige Umstände nicht zu dem vom Orchester begehrten Flötisten wird. Zu einer Ablehnung im Probespiel möchte ich folgendes sagen: Man darf sich nicht entmutigen lassen, nicht an ein Versagen denken oder daraus schließen, daß man schlecht gespielt hat. Es ist möglich, daß man besser spielte als der, der die Anstellung erhielt. Man mag sich ungerecht behandelt fühlen, jedoch werden in einem Probespiel nicht nur das Spiel beurteilt, sondern noch weitere Dinge. Alle Anfänger müssen erst einmal das Geschäft kennenlernen. Genauso Flötisten. Der erfahrene Musiker, der sich schnell einfügt, mag dem brillanten jungen Musiker vorgezogen werden, der noch nie in einem Orchester gespielt hat und erst eingewiesen werden muß.

Anfänger sehen sich einem Teufelskreis gegenüber: Für ein Engagement benötigt man Erfahrung, doch dafür braucht man eine Stelle. Dieser Kreis ist aber nicht so undurchdringlich, wie es scheint, und ein guter Spieler wird mit Beharrlichkeit schon seinen Weg machen. War also das erste Probespiel noch nicht erfolgreich, läßt man sich nicht entmutigen, sondern versucht es wieder, sich dabei auf die Umgebung konzentrierend, wo man bekannt ist.

Kurz gesagt, ein mißglücktes Probespiel ist keine Schande, und man ist auch nicht sofort auf das Sozialamt angewiesen. Ich denke, man muß es ein paar Male versucht haben, bevor man sich nach Alternativen umschaut.

Wird man aber ständig abgelehnt, sollte man seinen Berufswunsch doch neu überdenken. Nach der neunten oder zehnten Enttäuschung muß man sich fragen, ob man gut genug ist, ob man wirklich in ein Orchester gehört und ob die Flöte wirklich für den eigenen Lebensunterhalt sorgen kann.

Das Spielen in einem Orchester

Ich rechne mich selbst nicht zur arbeitenden Bevölkerung. Für mich ist Musik nicht ein Beruf, sondern eine Erfüllung. Flötespielen bereitet mir Spaß, ohne den es sinnlos wäre, sein Leben lang Flöte zu spielen. Außerdem soll es den Zuhörern Freude machen. Man muß das Musizieren unbedingt wollen, es muß dem Spieler wie dem Zuhörer das Gefühl vermitteln, an etwas ganz Besonderem teilzuhaben.

Das ist nicht nur meine Ansicht. Eines Abends spielte ich in der Schweiz mit einem Freund, der dort an einem Konservatorium klassisches Saxophon unterrichtet, Schach. Der Vater eines Schülers rief ihn an, der seinem Sohn Noten besorgen wollte. »Es soll nicht zu schwer für ihn sein«, sagte er, »lieber etwas Einfaches, damit das Spiel ihm Spaß bereitet.« Mein Freund antwortete in seiner direkten Art: »Hören Sie, so wie Ihr Kind Saxophon spielt, kann das keinen Spaß machen, weder ihm noch irgend jemand anderem. Sagen Sie ihm, daß er üben soll, damit es einmal Spaß macht.« Für Flötespielen gilt das gleiche wie für andere Tätigkeiten auch: Geht man nicht vollkommen darin auf und gibt nicht alles, wird es langweilig, für den Spieler und den Zuhörer.

Diese Mahnung gilt jedem Flötisten, aber ich habe sie absichtlich in dieses Kapitel über Orchesterspieler aufgenommen. Viele Musiker sterben einen geistigen Tod, sind sie erst einmal in einem Orchester gelandet. In ihrer Jugend strengen sie sich an und üben, bis ihnen fast die Flöte am Mund festwächst. Nachdem sie eine Stelle gefunden haben, ruhen sie sich auf ihren Lorbeeren aus, ohne den Wunsch nach Weiterentwicklung. Zu ihrer Enttäuschung stellen sie fest, daß das Orchester ein wenig einer Fabrik gleichen kann. Sie treten jeden Tag an, das Leben erstarrt zu Routine, die Begeisterung läßt nach, und die Erwartungen an sich selbst schmelzen auf die notwendigen Forderungen zusammen. Der Leser mag mir glauben, nichts klingt schlimmer als ein Orchester voll gelangweilter, die Musik herunterleiernder Musiker.

Den stumpfsinnigen Musikern gerät alles zu einer lästigen Pflicht, sie empfinden keine Freude mehr und sind von ihrem Berufs- wie Privatleben enttäuscht. Man hält es schwer aus in einem Orchester, in dem es mehr als nur ein paar solcher Musiker gibt.

Der entgegengesetzte Typ ist ebenfalls gefährlich für die Harmonie im Orchester und gleichermaßen schwer zu ertragen. Es handelt sich um den ›Ego-Typ‹, der denkt, er gehöre sowieso nicht in ein Orchester. Doch da er sich nun einmal dort befindet, muß er die Rolle des Stars übernehmen. Besonders bei Anfängern ist das zu beobachten. Diese Haltung erzeugt sofort eine feindselige Stimmung und trübt das Verhältnis zu den Mitspielern. Man spürt und hört sofort, ob ein Orchester in sich zufrieden ist. Es ist völlig falsch, ein Instrument zu erlernen mit dem Ziel, sein Ego zu fördern, um der Star eines Orchesters oder ein großer Solist zu werden. Musikinstrumente lernt man zu spielen, um anderen Freude zu bereiten.

Soweit die negativen Aspekte. Man kann aus ihnen zwei vorteilhafte Lehren ziehen.

Erstens, man muß die Langeweile bekämpfen, indem man jeden Tag als einen neuen Tag und jede Erfahrung als eine neue betrachtet. Folgende Fragen sollte man an sich selbst richten: Habe ich alles gegeben? Kann ich hier ein wenig leiser spielen? Können wir in dieser Passage das Zusammenspiel verbessern? Damit das Spiel in einem Orchester Sinn macht, muß man weiterüben, die Moral aufrechterhalten und jeden Morgen von vorne anfangen.

Zweitens sollte man den Versuchungen des Startums widerstehen, seine Selbstsucht zügeln und versuchen, ein Teil der Gemeinschaft zu werden. Das heißt nicht, zu einem geistlosen Rädchen zu werden, das fremde Interpretationen nachspielt. Jedes Instrument hat seine Bedeutung, die genauso wichtig ist wie die aller anderen. Jeder kommt einmal an die Reihe und hat seine glänzenden Momente, ohne sich vordrängen und die Kollegen aufregen zu müssen.

Gemeinschaftsgeist kann man nicht steuern, man vermag aber etwas dazu beizutragen. Als Neuling kann man nur hoffen, daß Gemeinschaftsgefühl herrscht, und versuchen, sich einzufügen. Bei manchen Orchestern sind die Strukturen festgelegter als bei anderen. Die Berliner Philharmoniker etwa bilden eine sehr geschlossene Gruppe. Man muß sich am Anfang nach ihnen richten, bis man seine Person innerhalb der Regeln des Teams einbringen kann. In anderen, unbekannteren Orchestern, in denen ich gespielt habe, waren die Mitglieder in Gruppen zerstritten. Und als genaues Gegenteil der Berliner Philharmoniker gibt es Orchester, die für ein einmaliges Ereignis – wie eine Plattenaufnahme – zusammengestellt werden. Dort existiert natürlich kein Gemeinschaftsgefühl und kein Zusammenhalt, was aber in dieser Situation auch nicht von Belang ist.

Wie kann man nun selbst zum Gemeinschaftsgefühl beitragen? Während des Alltags im Orchester sollten die Musiker untereinander Kontakte pflegen. Reden Menschen nicht mehr miteinander, bricht das ganze System zusammen. Das heißt für das Orchester, sie spielen dann nicht mehr miteinander, sondern gegeneinander. Streit ist besser als ein angespanntes Schweigen.

Was das Spielen angeht, ist der Stimmführer für die Integration verantwortlich, in unserem Fall der erste Flötist. Er muß sich um seine ›Untergebenen‹ kümmern – sofern er welche hat –, sowohl was das Flötenspiel als auch die Abstimmung mit den Streichern und anderen betrifft. Im Idealfall gibt es keinen Boß. Ein Orchester sollte demokratisch entscheiden und jeder seine musikalischen Ideen äußern können. Aber eine Gruppe ohne einen guten Solisten, auf den sie sich verlassen kann, ist schwach und führungslos.

Abgesehen von diesen grundsätzlichen Dingen kann man auch für sich selbst etwas tun. Man macht sich mit dem Stil des Orchesters, dem man angehört, vertraut. Das läßt sich schon in ein paar Proben bewerkstelligen. Dazu zählt nicht nur der Gesamtklang des Orchesters, sondern auch beispielsweise die Spielweise des ersten Oboisten. So kann man sich seiner Art zu spielen anpassen.

Oboen und Oboisten spielen für den Flötisten eine große Rolle. Und da der erste Flötist neben dem ersten Oboisten sitzt, tragen sie viel zum Teamgeist bei, indem sie miteinander harmonieren. Die Intonation zwischen den beiden Instrumenten stellt ein großes Problem dar. Die Tonhöhe des einen Instruments ist öfters ein wenig höher oder tiefer als das des anderen. Deshalb ist es ratsam, die zu hohen und zu tiefen Töne des anderen kennenzulernen und entsprechende Angleichungen vorzunehmen. Während meiner Zeit beim Royal Philharmonic Orchestra pflegten der Oboist Dereck Wickens und ich uns vor dem Konzert zu treffen, um die Intonation zu überprüfen. Es traten dabei keine Feindseligkeiten zwischen uns auf, was ein großes Problem zwischen Musikern sein kann: Wenn man jemanden darauf aufmerksam macht, daß seine Intonation nicht stimmt, kann er tödlich beleidigt sein. Aber Dereck und ich äußerten unsere Kritik mit Taktgefühl und blieben dabei Freunde; wir stimmten im doppelten Sinne des Wortes überein. Die Bereitschaft, einen Ton zu verändern, um ihn dem Mitspieler anzugleichen, stellt einen wichtigen Punkt für eine gute Orchestergemeinschaft dar.

Genauso steht es um die Dynamik. Beispielsweise ist es auf der Oboe sehr schwierig, tiefe Töne leise zu spielen. Ein freundlicher und kooperativer Flötist weiß in diesem Falle, wenn er leise spielt, dröhnt die Oboe heraus. Deshalb spielt er selbst etwas lauter, damit Flöte und Oboe einheitlich klingen und der Eindruck entsteht, daß dies zur Interpretation gehöre.

Welche Rolle spielt nun der Dirigent in dieser brüderlichen Gemeinschaft? Ein fester Dirigent, der schon eine Zeitlang bei einem Orchester weilt, wird wahrscheinlich seine Vorstellungen verwirklicht haben, sowohl kraft seiner Persönlichkeit als auch durch die Auswahl der Musiker. Der Stil des Orchesters wird gewöhnlich durch den Dirigenten bestimmt. So besaß das Cleveland Orchestra unter George Szell, einem Techniker, eine perfekte, maschinelle Spielweise. Ganz im Gegensatz dazu gewährt Herbert von Karajan innerhalb gewisser Grenzen größere Freiheiten. Aber nicht alle Dirigenten strahlen eine starke Persönlichkeit aus. Stößt ein weniger guter Dirigent als Gast auf eine festgefügte Gruppe, wird er wohl mit seinen Vorstellungen scheitern und dem Orchester seinen Willen lassen müssen.

Heutzutage trifft man nicht mehr auf die großen Dirigenten-Persönlichkeiten wie früher. In Berlin gab es in den dreißiger Jahren Leute wie Wilhelm Furtwängler, Bruno Walter, den jungen Otto Klemperer und gelegentlich Arturo Toscanini. In London arbeiteten Sir Thomas Beecham und Sir Malcolm Sargent. Die große Persönlichkeit dieser Dirigenten, menschlich wie musikalisch, wirkte sich in den Konzerten aus. Die Zeitungen schrieben über diese Dirigenten, und Cartoonisten hielten sie fest. Außerdem gewannen die Dirigenten die Achtung ihrer Orchester, die im allgemeinen gegenseitig war. Das zeigt sich etwa an den Musikern, die Sir Thomas für sein berühmtes Royal Philharmonic Orchestra auswählte – Musiker von hohem Rang wie den Klarinettisten Jack Brymer, meinen früheren Lehrer Geoffrey Gilbert für die Flöte, den Fagottisten Gwydion Brook und den Oboisten Terence Mac-Donough. Als Beecham starb, diskutierte das Orchester die Nachfolge. MacDonough, so lautet die Geschichte jedenfalls, erklärte, daß es ihm egal sei, wen man engagiere, er würde weiterhin für Sir Thomas spielen. Dies zeigt, wie schwer es ein durchschnittlicher Dirigent hat, in die Schuhe eines großen Vorgängers zu schlüpfen, vor allem bei einem mächtigen Schlachtroß wie einem Orchester, das dann einfach nach seinem Gusto spielt.

Man kann schnell feststellen, ob ein Dirigent das Zepter in die Hand nimmt. Die Musiker müssen spüren, daß er weiß, was er will. Das zu übende Stück ist wahrscheinlich schon häufig vom Orchester gespielt worden und die Klangvorstellung bereits in das Unbewußte der Musiker eingedrungen. Der unerfahrene Dirigent läßt das Orchester eine Weile spielen und sagt dann: »Vielleicht sollten wir das so und so probieren.« Klingt es dann noch nicht zufriedenstellend, versucht er es noch mal anders. Ein guter Dirigend kommt in die Probe mit einer genauen Vorstellung und erklärt im voraus, wie er sich das Stück wünscht. Er kann das Orchester unterbrechen und es einen Akkord oder eine Phrase wiederholen lassen, aber nicht um zu erforschen, wie es in sechs verschiedenen Versionen klingt, sondern um seine Ideen zu verwirklichen. Das ist richtige musikalische Leitung. Es ähnelt ein wenig dem Arrangieren eines Tisches bei einer Essenseinladung. Ein geübter Gastgeber hat einen präzisen Plan im Kopf, der weniger geübte probiert verschiedene Dekorationen aus, stellt die Gedecke um und verschwendet seine Zeit mit dem Versuch herauszufinden, wie es am schönsten aussieht.

Ein starker Dirigent beraubt die einzelnen Orchesterspieler nicht der Möglichkeit, eigene Einfälle einzubringen. Hat man beispielsweise einen guten Gedanken, baut man ihn einfach in sein Spiel ein – gefällt er dem Dirigenten, wird er ihn akzeptieren. Ich habe das einige Male in meiner Laufbahn so gehalten. Im langsamen Satz der Vierten Sinfonie von Ludwig van Beethoven kommt eine Es-Dur Tonleiter vor, zunächst mit *piano* markiert, dann mit *pianissimo*, so daß man also beim Spielen die Lippenstellung verändern muß. Wegen dieses technischen Problems war es üblich, zur Veränderung des Ansatzes eine Pause einzufügen und im Pianissimo wieder einzusetzen, so wie es Beethoven fordert. Aber auf dem Leitton innezuhalten – vor der Auflösung in die Tonika –, schien mir vollkommen unnatürlich, und da ich in der Lage war, diese Stelle ohne Pause zu bewältigen, spielte ich es auf einer Probe in Berlin auch so. Karajan gefiel dies so gut, daß er mich bat, es zu wiederholen. Diese Spielweise wurde beibehalten, und ich dachte bei mir: Hier wird ein Stück deutscher Tradition zu Grabe getragen.

Man kann also eigene Ideen einwerfen, ohne diese mit dem Dirigenten absprechen zu müssen. Es ist auch möglich, daß der Dirigent den Flötisten zu sich bittet, um mit ihm zwecks Zeitersparnis vor der Probe wichtige Flötenpassagen durchzusprechen. Aber entscheidend ist natürlich das Spielen, nicht das Gespräch. Mit seiner Spielweise trägt man zum musikalischen Gesamtplan bei. Deshalb denkt ein guter Orchestermusiker ständig über die Musik nach, selbst über die wohlbekannte, und versucht, seinen Beitrag zu verbessern.

Ein angenehmer Aspekt bei der Arbeit in einem Orchester ist, daß die Kollegen insgesamt einen interessanten Kreis bilden. Musiker haben – wie andere Künstler – oft eine Ader für das Unbekannte, das Mystische, das meiner Meinung nach vielen anderen Menschen fehlt. Ihre verrückten Neigungen verleihen ihnen eine gewisse Anziehung. Bei Tourneen entstehen immer wieder Gelegenheiten, sich näher kennenzulernen, im Bus oder Zug oder beim Warten auf dem Flughafen. Spielt man in der eigenen Stadt, wird das Kennenlernen schwieriger: Jeder Musiker eilt sofort nach der

216

Aufführung in eine andere Richtung nach Hause. Ich spreche zwar von jedem ›Musiker‹, meine damit aber genauso jede Musikerin. Ich freue mich immer, wenn Frauen im Orchester auftauchen; schon wegen des visuellen Eindrucks. Sie bringen Abwechslung in die enggeschlossenen Männerreihen mit ihren langweiligen Anzügen. Auch führen sie einen zivilisierten Umgangston ein, der in reinen Männerorchestern nicht so oft anzutreffen ist. Dort herrscht manchmal eine Art Kneipenton. Durch Frauen wird diese Atmosphäre vielleicht nicht ganz beseitigt, aber wenigstens auf Salonebene angehoben. Aus diesen und anderen Gründen finde ich es schade, daß manche Orchester es ablehnen, Frauen einzustellen. Sie bewältigen ihre Arbeit nicht nur gut (denn in dieser von Männern dominierten Welt müssen die Frauen besonders qualifiziert sein, um Erfolg zu haben), sie arbeiten meiner Meinung nach auch gewissenhafter und mit sehr viel Phantasie.

Vielleicht tue ich meinem eigenen Geschlecht unrecht, aber es entspricht meinen Erfahrungen, besonders was die Schüler betrifft. In Berlin versuchten manche männlichen Studenten, mangelnden Übungsfleiß mit Kumpelgehabe zu kompensieren. Sie kamen in den Unterricht und sagten: »Jimmy, ich habe diese Woche nicht geübt. Laß uns ein Bier trinken gehen.« Zum einen wollte ich mitten am Tag kein Bier trinken, zum anderen, wenn ich eins gewollt hätte, dann nicht mit einem meiner Studenten. Die Frauen waren alle vorbereitet; sie waren eher etwas zu geflissentlich darum bedacht, aber sie waren vorbereitet. Das ist natürlich für einen Lehrer erfreulich. Außerdem kam ich zu dem Schluß, daß Frauen mehr Gewinn aus der Musik ziehen als Männer mit ihrem aggressiven Macho-Gebaren.

Das Leben eines Musikers kennt keinen Sonntag. Haben die anderen frei, muß er arbeiten, das heißt spielen. Das ›Wochenende‹ eines Orchestermusikers fällt also mitten in die Woche, wenn die Kinder in der Schule sind.

Der Ablauf einer Woche könnte so aussehen: Sonntag früh Probe, abends Konzert; Montag einige Aufnahmetermine; am Dienstag Probe und ein Konzert; Mittwoch und Donnerstag sind frei, falls kein Abstecher in eine andere Stadt anfällt, was die Fahrt dorthin und eine Sitzprobe beansprucht; am Freitag vielleicht eine andere Probe; Samstag ein Treffen mit einigen Kollegen, um ein Kammermusikprogramm für das Radio vorzubereiten. Ich möchte nicht behaupten, daß so die typische Woche eines Orchestermusikers aussieht, denn so etwas gibt es nicht. Man kann aber die Termine umstellen, wie man will: Die Woche ist gewöhnlich ausgefüllt.

Dem fällt natürlich das eigene Üben zum Opfer, vor allem bei denjenigen, die zwischen den Engagements noch ein Familienleben führen. Das tägliche Üben bleibt unumgänglich für musikalisches und gutes Spielen. Außer dem technischen Fortschritt und dem Erlernen der Töne ermöglicht das Üben, sich in die Stimmung der Stücke zu versetzen, so daß im Konzert der musikalische Gehalt auch wirklich vermittelt wird. Man muß in jeder freien halben Stunde, die man erübrigen kann, üben. Manche Leute meinen, ich würde das Üben übertreiben. Ich lasse ihnen ihren Glauben, aber ich teile ihn nicht. Ich halte zwei bis drei Stunden tägliches Üben für angemessen. Während meiner Orchesterzeit lehnte ich manche zusätzlichen Engagements ab, weil ich lieber verschiedenes üben wollte.

Natürlich kann sich nicht jeder so einfach Verdienstmöglichkeiten entgehen lassen. In England werden die Orchester nach der Zahl ihrer Auftritte bezahlt, also fast im Akkord, so daß die Musiker alle Angebote wahrnehmen müssen. In Amerika bekommen sie ein jährliches Gehalt, das vor dem ersten Ton der ersten Ouvertüre vereinbart wird. Die Berliner Philharmoniker zahlen ein monatliches Einkommen, das sich nicht ändert, ob die Musiker nun zehn oder zwanzig Tage monatlich arbeiten. Die Berliner Philharmoniker leben sowieso in einer anderen Welt als die englischen Akkordarbeiter. Sie erhalten jährlich mehr öffentliche Zuschüsse als sämtliche fünf Londoner Orchester zusammen. Deshalb können sie die teuersten Musiker engagieren und in aller Ruhe, ohne finanzielle Sorgen, hervorragende Arbeit leisten.

Die Unterschiede reichen bis in die Arbeitsbedingungen; nehmen wir als Beispiel die Reisen. Für ihre Tourneen steht den Berliner Philharmonikern ein eigener Zug zur Verfügung, mit dem die verwöhnten Musiker nur eine bestimmte Stundenzahl pro Tag fahren dürfen. Über Nacht wird der Zug innen und außen gesäubert. In der Zwischenzeit werden die unhandlicheren Instrumente von Transportarbeitern mit dem Lastwagen befördert und natürlich auf- und wieder abgeladen. Selbst für den Transport der Flöten wird in Form einer Kiste gesorgt, die Fächer für die Holzblasinstrumente aufweist. Den Kontrast dazu bilden die unterprivilegierten Provinzorchester, die nie aus dem Bus herauskommen, es sei denn, um zu spielen oder zu schlafen, und die wahrscheinlich ihre Instrumente selbst schleppen müssen. Wenn die Berliner Philharmoniker im Ausland gastieren, läuft das genauso vornehm ab wie zu Hause. Sie reisen nie am Tage des Konzerts, noch üben sie an einem solchen. Manch andere Orchestermusiker stürzen direkt aus dem Flugzeug in die Konzerthalle und haben kaum Zeit, sich umzuziehen.

Wessen Zukunft im Orchester liegt, dem wünsche ich keins von der anstrengenden Sorte. Man sollte aber auf jeden Fall das Beste daraus machen. Das Spielen in einem Orchester kann viel Spaß bereiten, falls die richtige Einstellung vorliegt.

Tuttis und Soli

Diese beiden Aspekte des Orchesterspiels beanspruchen besondere Sorgfalt und Aufmerksamkeit des Spielers. Bei Soli (in die ich Ensemblepassagen mit einschließe) ist der Grund offensichtlich, und der Musiker, der seine Hausaufgaben dafür nicht erledigte, wäre in der Tat dumm. An das Tuttispiel verschwenden aber viele Musiker kaum einen Gedanken. Orchesterstudien befassen sich hauptsächlich mit den anspruchsvollen Stellen im Repertoire und sparen manchmal die Tuttis völlig aus. Vielleicht liegt die Ursache darin, daß manche glauben, die Flöte sei in dem ganzen Tumult sowieso nicht gut zu hören, und sie es deshalb nicht für wichtig nehmen, wie man Tuttis spielt. Meiner Meinung nach sind Tuttis aber genauso bedeutsam wie Soli.

Manche Tuttis sind ausgesprochen kompliziert, weil sie sehr

schnell sind und so viele Töne zu bewältigen sind, die alle vollkommen klar und präzise klingen müssen, so wie bei allen anderen Orchestermitgliedern auch. Jedes Darüberhinwegpfuschen oder Auslassen einiger Töne verdirbt den Effekt. Nur wenn das ganze Orchester schnell und exakt loslegt, klingt das Tutti aufregend und wird das Publikum von den Sitzen reißen. Ein brillantes Tutti macht die Klasse eines Orchesters aus und bildet den Unterschied zwischen einem sehr guten und einem mittelmäßigen Orchester.

Als ich beim London Symphony Orchestra anfing, vermochte ich keine Tuttis zu spielen. Meine Orchestererfahrung hatte ich in Opern gesammelt. Mir war zwar klar, daß ich mein Repertoire erweitern müßte, war aber nicht darauf gefaßt, daß es so schnell nötig sein würde. Ich war daher völlig unvorbereitet; zusätzlich stand noch jeden Tag ein anderes Stück auf dem Programm. Der zweite Flötist, Richard Taylor, war meine Rettung. Er schlug vor, daß ich nur die Soli spielen sollte und er die Tuttis für mich übernähme, bis ich keine Probleme mehr mit ihnen hätte. Das war echter Gemeinschaftsgeist – ein Kollege, der dem Mitspieler den Erfolg gönnt und ihm dazu verhilft.

Jedem, der einmal erster Flötist werden möchte, kann das als Lehre dienen. Man sollte schon an der Hochschule die gesamten Flötenpartien in den Stücken studieren, um sich einen späteren Schock zu ersparen.

In einem Tutti wird hundertprozentige Perfektion verlangt. Jedoch geht man als Flötist in dem Gesamtklang leicht verloren. Ich versuchte dieses zu vermeiden, indem ich die zweite oder dritte Flöte dazu brachte, meine Stimme zu verdoppeln, gleichgültig was der Komponist angegeben hatte. Der Flötenklang wurde dadurch zweimal so laut.

Man kann allerdings auch bei Soli im Getöse des Orchesters untergehen. So gibt es *pianissimo* zu spielende Soli, die von dreißig Streichern begleitet werden. Diese dreißig Streicher werden natürlich nicht leiser spielen als die einsame Flöte. Das *Pianissimo* darf man daher nicht zu wörtlich nehmen, sondern muß es etwas lauter spielen als ohne Streicherbegleitung.

Soli bilden die großen Momente des Orchestermusikers; man

interpretiert etwas selbst, im allgemeinen mit Begleitung – oder mit einigen Musikern, die sich hineindrängen, je nachdem, wie man es betrachtet. Zunächst muß das Orchester zum Zuhören bewegt werden; das spielt etwa bei der etwas freieren Interpretation des *Pianissimo* zwischen den Streichern und dem Flötisten eine Rolle. Es gibt natürlich Grenzen, wie laut ein Pianissimo sein darf, um nicht seinen Sinn zu verlieren. Man muß die Kollegen bitten, etwas leiser zu spielen, und spielt selbst mit ein wenig mehr Druck. Die Empfindung eines ultraleisen Spiels sollte aber erhalten bleiben. Wie man sieht, wirkt selbst bei Soli der Teamgeist mit.

Ein anderer wichtiger Punkt bei Soli ist die Möglichkeit, die Phantasie entfalten zu können. Selbst wenn die Passage einen Takt nicht überschreitet – gar bei einem einzigen Ton –, vermag man etwas Geheimnisvolles hineinzulegen. Bei längeren Passagen kann man ganz in der Musik aufgehen. Das gilt fast genauso für das Ensemblespiel (dem Zusammenspiel mehrerer Instrumente wie Flöte und Horn, die eine Passage im Abstand von zwei Oktaven miteinander spielen). Die Freiheit ist dabei gegenüber der alleine glänzenden Flöte nur ein wenig eingeschränkter, die musikalischen Möglichkeiten und die Verantwortung aber ebenso groß.

Das Piccolo und die Altflöte

Von einem Orchesterflötisten wird eine gewisse Vielseitigkeit verlangt. Zusätzlich zum eigenen Instrument sollte er – falls nötig – Piccolo, Altflöte und manchmal sogar die Baßflöte beherrschen. Gewöhnlich ist der erste Flötist von diesen Aufgaben befreit, die der zweite oder dritte Flötist übernehmen muß. Bei Stücken mit kühner Orchestration wird manchmal auch ein Aushilfsmusiker engagiert. In gewisser Weise ist deren Arbeit schwieriger als die des ersten Flötisten, dessen Aufgabenbereich spezieller ausfällt. Alle Holzbläser müssen andere Instrumente mit übernehmen können, die Oboisten das Englischhorn oder die Oboe d'amore, die Fagottisten das Kontrafagott.

Das zusätzliche Beherrschen des Piccolo wie der Altflöte verschafft einem Bewerber für eine Orchesterstelle gewisse Vorteile. Manche Hochschulen bieten für diese Instrumente Unterricht an, ansonsten muß man sie selbst erlernen.

Wie dem auch sei, einige Dinge sollten auf jeden Fall berücksichtigt werden: Erstens sollte man sich versichern, daß man sowohl ein gutes Piccolo als auch eine gute Altflöte besitzt. Zweitens sollten ihre Mundstücke dem Mundstück der normalen Flöte gleichen, damit man bei allen drei Instrumenten dieselbe Blastechnik verwenden kann. Drittens müssen diese Instrumente täglich mitgeübt werden. Viertens muß man das Repertoire erlernen.

Vor allem das Repertoire des Piccolo beansprucht viel Übungszeit, da das Instrument schwierig zu spielen ist und die Piccolostimme meist kompliziert und sehr schnell ist. Jeder Ton auf dem Instrument ist laut und deutlich zu hören. Manche denken, je größer ein Instrument, desto lauter sei es, das Gegenteil trifft aber zu. Je höher das Instrument klingt, desto mehr sticht es hervor. Man kann Violinen mit Kontrabässen vergleichen oder auch Kleinkinder mit Erwachsenen. Die kleineren machen gewöhnlich mehr Krach. Jeder Fehler ist also auf der Piccoloflöte deutlich zu vernehmen.

Das Piccolo klingt eine Oktave höher als die Flöte, die Altflöte eine Quart tiefer, die Baßflöte eine Oktave tiefer. Alt- und Baßflöte sind größer als die normale Flöte, deshalb muß man sich an die andere Haltungsart und das andere Gewicht gewöhnen. Ihr Repertoire fällt ziemlich speziell aus, man kann sagen, eine Sammlung von seltsamen Passagen aus seltsamen Stücken, meist aus dem 20. Jahrhundert, wo die Komponisten sich den dunklen, weichen Klang dieser Flöte zunutze machen. Die Beherrschung eines solchen Repertoires macht einen Musiker vielseitig einsetzbar und damit attraktiv für das Orchester.

19.
Die Kammermusik

Je mehr Menschen zusammenkommen, desto weniger Freiheiten hat der einzelne. Es gibt nichts Schöneres, als alleine in den Bergen zu sein. Komponisten lieben es, eine große Menge von Menschen zusammenzubringen. Von Zeit zu Zeit wartet irgendein Mahler mit einer »Sinfonie der Tausend« oder dergleichen auf, was eine Organisation verlangt, die die Proben einer militärischen Unternehmung gleichen läßt. Bei solchen Gelegenheiten fügt man sich gerne der diktatorischen Leitung eines Dirigenten.

Um den Dirigenten gegenüber gerecht zu sein, muß man hinzufügen, daß sie auch für die Gesamtinterpretation zuständig sind. Aber ihre zwei Verantwortlichkeiten – daß alle gleichzeitig das Rallentando beachten und die gleiche musikalische Idee ausdrükken – lassen sich auf einen Punkt zurückführen: Sind viele Musiker für ein bestimmtes Stück engagiert und stehen nur einige Proben zur Verfügung, muß jemand die Leitung übernehmen und das Zusammenspiel koordinieren.

Vom Gemeinschaftsgeist

In der Kammermusik herrscht eine größere Gleichberechtigung als im Orchester. Auch wenn einer die Führung übernimmt, ist die musikalische Idee und deren Ausführung gewöhnlich gemeinsam erarbeitet, vielleicht auch durch Mehrheitsbeschluß erreicht worden. Je weniger Spieler beteiligt sind, desto eher werden alle Fragen im voraus besprochen und ausgearbeitet. Mit anderen Worten: Das Gemeinschaftsgefühl, ein wichtiger Bestandteil des Orchesterspiels, ist bei Kammermusik unerläßlich. Durch die geringere Anzahl von Spielern wird der Teamgeist jedoch einfacher geweckt und am Leben erhalten. Geschieht das nicht, löst sich die Gemeinschaft rasch auf, und jeder geht seiner Wege.

Kammermusik bietet viele Chancen und Erfüllungen. Doch bevor ich auf diese zu sprechen komme, möchte ich noch den Irrglauben ausräumen, daß sich Profimusiker in ihrer Freizeit versammeln, um klassische Kammermusik zu spielen, anstatt bei Frau und Kindern zu Hause zu sein oder mit einer Flasche Bier ihre Füße vor dem Fernseher auszustrecken. Das geschieht sehr selten. Musiker führen – genau wie andere Menschen – einen Haushalt, zahlen Hypotheken ab, möchten sich an ihren freien Tagen ausruhen und müssen zwischendurch ja auch noch üben. In Wirklichkeit geben sich eher die Amateure ein Stelldichein, um zusammen Kammermusik zu spielen.

Die Berufsmusiker machen nur gelegentlich Kammermusik aus reiner Freude, und dann ist es eine große Sache. Während meiner Berliner Zeit brachte mir ein Student ein sehr interessantes Kammermusikstück: Beethovens Achte Sinfonie – als Oktett arrangiert, wenn ich mich recht erinnere. Ich suchte einige Kollegen aus dem Orchester zusammen, und wir probierten es aus. Wir fuhren dann mit originalen Stücken für Kammermusikbesetzung von Johannes Brahms fort. Doch üblicherweise treffen sich Orchestermusiker nur für eine bestimmte Aufführung, eine Rundfunkaufnahme oder dergleichen zur Kammermusik.

Kammermusik bietet für Musiker eine Alternative zu den großen Sinfonieorchestern. Sie kann orchestral im strengen Sinn des Wortes sein wie bei dem English Chamber Orchestra oder dem Orchestra of St. John's, die auch ab und zu Flöten benötigen. Andererseits kann man eine eigene Gruppe zusammenstellen und versuchen, an Auftritte heranzukommen, indem man sich beispielsweise bei Vereinen und Hotels für spezielle Feiern bewirbt. Manchmal braucht man etwas Geschick, um eigene Musikideen an den Mann bringen zu können. Angenommen, man stellte ein Programm aus ausschließlich französischer Musik zusammen, so könnte man die französische Regierung vielleicht zu finanzieller Unterstützung bewegen. Eine andere Möglichkeit bieten örtliche Kulturvereine. Außerdem können Kammermusikgruppen versuchen, ihr eigenes Publikum zu finden, das sie im nächsten und übernächsten Jahr wieder engagiert. Man kann ohne Zweifel auch in der Kammermusik eine beachtliche und befriedigende Karriere machen.

Das Repertoire

Es sind zahlreiche schöne Stücke vorhanden, die gespielt werden können, wenn sie auch über die verschiedenen Musikepochen ungleich verteilt sind. Will man nicht weiter zurückgehen als bis in die Barockzeit, kann man dort Hunderte von Stücken aus ganz Europa entdecken, gefolgt von Bachs Triosonaten, einer wundervollen Musik, die in den Händen der richtigen Musiker zum Leben erweckt werden und dem Publikum Genuß bereiten kann. Zunächst muß man diese Musiker finden. Viele Barock-Komponisten, Bach natürlich ausgenommen, haben – obwohl sie gut sind – keine Breitenwirkung.

Die Flöte wurde von den klassischen und romantischen Komponisten nicht so ausgiebig mit Stücken bedacht. Mozart etwa schrieb einige große Stücke für Bläser-Ensembles, in denen aber keine Flöten vorkommen. Von ihm stammen jedoch vier Flötenquartette und einige frühe Sonaten. In der späteren Musik wurde sehr viel für die Flöte komponiert; besonders erwähnenswert ist das Trio für Flöte, Viola und Harfe von Claude Debussy. Es existieren also genügend Werke und – wenn man die Musik mit der richtigen Inspiration spielt – auch ein genügend großes Publikum dafür.

Das Wesen der Kammermusik

Auf die Schwierigkeiten, mit Kammermusik seinen Lebensunterhalt zu verdienen, bin ich bereits eingegangen – das soll im folgenden auch nicht zurückgenommen werden. Aber man darf die Tatsache nicht aus den Augen verlieren, daß Musik Freude auslösen soll. Und Kammermusik kann dem Spieler ein Vergnügen bereiten wie keine andere Form der Musikausübung.

Zum einen macht es einfach Spaß, weil man mit Menschen zusammenspielen kann, die man mag. Gelegentlich werden einem dabei Streiche gespielt. Ich erinnere mich an einen solchen aus meiner frühen Jugend. Mein Lehrer, John Francis, der berühmte Cellist Ambrose Gauntlet und ich übten ein Trio für zwei Flöten und ein Cello. An jenem Nachmittag kam ich als letzter zur Probe. Ich hetzte also herein, John gab das Zeichen zum Beginn, und wir legten los. Es klang fürchterlich. Ich wußte überhaupt nicht, was geschehen war. »Wartet mal«, sagte ich, »ich bin ja völlig falsch, entweder ich stimme nicht oder irgend etwas anderes ist los.« Als ich sie grinsen sah, ging mir ein Licht auf. Bevor ich eintraf, hatten sie ausgemacht, alles einen Halbton höher zu spielen, um mich aus der Fassung zu bringen.

Zurück zum Thema: Kammermusik schult zum anderen das Gedächtnis und die Vorstellungskraft in besonderer Weise. Man wird sich der individuellen Spielweisen der Musiker bewußt und lernt die Probleme und Möglichkeiten anderer Instrumentalisten genau kennen. Die Verbindung zwischen den Spielern, ob in einer Gruppe oder im Kammerorchester, ist daher sehr eng. Nicht nur daß jedes einzelne Mitglied eine größere Rolle als in einem Orchester spielt, auch die Spielweise jedes einzelnen kommt mehr zum Tragen.

Man kann sagen, daß das Streichquartett die Vollendung einer Kammermusikgruppe bildet. Das Quartett ist durch die absolute Notwendigkeit des Übens fast so eng zusammengeschweißt wie kirchlich getraute Ehepartner. Streichquartette müssen ein wesentlich größeres Repertoire beherrschen als sämtliche anderen Besetzungen. Und sind sie in einer Region auf Tournee, können sie es sich nicht erlauben, zu oft das gleiche zu wiederholen. Der Verein oder die Gesellschaft, die sie eingeladen hat, kann ein Stück ablehnen, weil sie es am Vorabend in einer anderen Stadt gespielt haben oder in dieser Stadt im letzten Jahr. Um all die vielen Programmwünsche befriedigen zu können, müssen Streichquartette sehr viel proben. Ich erinnere mich an ein Streichquartett von

Kommilitonen an der Hochschule, die im Raum gegenüber Tag und Nacht übten, bis sie fast auf ihren Stühlen einschliefen.

Als Ergebnis des vielen Übens reifen Streichquartette zu einem hohen Niveau heran und beginnen, als eine Einheit zu denken, zu fühlen und zu leben. Der Standard bei Flötisten liegt nicht so hoch wie in den besten Streichquartetten, denn kein Flötist verbringt so viel Zeit mit drei anderen Musikern wie der erste Geiger mit seinem Trio. Aber auch der Flötist wird bei der Kammermusik in engem Kontakt mit den anderen Gruppenmitgliedern stehen müssen und erleben können, daß sie etwas Einzigartiges hervorbringen, so wie es im Orchester nicht möglich ist.

Von allen verschiedenen Möglichkeiten des Musizierens stellt Kammermusik die beste dar. Sie sorgt für intensive Kommunikation zwischen wenigen Individuen, ohne daß ein Wort gesprochen werden muß. Ein Konzert mit großartig gespielter Kammermusik klingt, als sprächen die einzelnen Spieler mit ihren Instrumenten zueinander. Das Ganze ist einfach wundervoll.

20.
Die Studiomusik

Hier geht es um etwas völlig anderes. Orchester und Kammermusikgruppen bilden dauerhafte Einrichtungen; das Spielen in einem Studio ist dagegen eine befristete Tätigkeit. Das Engagement ist kurzzeitig, das Orchester wird nur für einen bestimmten Anlaß zusammengestellt, hauptsächlich aus freiberuflichen Musikern (manche können auch Orchestermusiker sein, die in ihrer Freizeit zusätzliche Aufgaben übernehmen).

Die Populärmusik

Der Studiomusiker nimmt nicht nur einen anderen Status ein als der Orchestermusiker, sein Repertoire ist auch völlig verschieden. Der Studiomusiker muß vertraut sein mit den Musikstilen des 20. Jahrhunderts – Jazz, Swing, Rockmusik –, wofür im Sinfonieorchester kaum Nachfrage besteht. Außerdem verwenden die Studio-Arrangeure in ihrem Streben nach besonderen Effekten manchmal bizarre Instrumentationen. Und letztlich sind die Arbeitsbedingungen mit keinen anderen zu vergleichen.

Typische Studiojobs sind Musiken zu Spielfilmen, Fernsehwerbungen, Fernsehspielen und Serien. Die Arbeit kann sehr gut bezahlt sein, mit ihrem Schwerpunkt auf dem Kommerziellen fällt die Musik jedoch eher uninteressant aus. Musiker, die ausschließlich in Studios spielen, gelangen vielleicht einmal zu dem Schluß, daß ihr Leben geistig etwas eingeengt verläuft. Aber die wenigsten Berufsflötisten führen ein solch eingeschränktes Berufsleben. Üblich ist, daß sie an einem Tag die Begleitung zu dem Film »Star Wars« spielen und am nächsten das Konzert für zwei Flöten von Domenico Cimarosa. Beides kann erfüllend sein (ich meine das nicht nur finanziell). Das Zeichen für Erfolg findet sich nicht darin, erster Flötist der Berliner Philharmoniker zu sein. Es ist die Freude, die man empfindet und die man auch erreichen kann, wenn man abwechselnd im Studio spielt oder auf dem Konzertpodium steht und dadurch einen weiten musikalischen Horizont erhält.

Das Gute an Studios ist, daß sie vielen Leuten Arbeit bieten, doch unglücklicherweise werden die Studenten an den normalen Hochschulen nicht in den dafür notwendigen Musikstilen unterrichtet. Die Eastman School in Rochester, im amerikanischen Staat New York, bildet da eine Ausnahme. Im Gegensatz zu dem engen Musikverständnis der englischen und deutschen Hochschulen besitzt die Eastman School eine Jazzabteilung, die nicht nur eine Big Band hervorgebracht hat, sondern auch verschiedenste kleine Musikgruppen. Die Ursprünge der Eastman School liegen in der Welt der Unterhaltung. George Eastman gründete sie, um Pianisten in der Begleitmusik von Stummfilmen zu unterrichten. Er baute einen Kinosaal, wo die Studenten Filme anschauen und dabei üben konnten. Nach Abschluß der Ausbildung wurden sie über das Land verteilt. Es war ein typisch amerikanisches Pauschalangebot. Als der Stummfilm vom Tonfilm abgelöst wurde, vergrößerte sich der Bedarf an Musikern um das Hundertfache.

Treibt man keinen Lehrer für die Populärmusik auf, muß man sein eigener Lehrer werden. Ich vermute, daß die meisten unter den Interessierten nicht erst auf diesen Ratschlag gewartet haben. Noch einmal: Der erste Schritt in einem Selbststudium ist das Plattenhören, um sich mit dem Jazz (oder was auch immer) vertraut zu machen. Als nächstes folgt das Spielen. Besonders beim Jazz, bei dem es einige Regeln zu beachten gilt – die auch abwandelbar sind –, gibt es keine andere Möglichkeit, als ins kalte Wasser zu springen, zuzuhören und sich die verschiedenen Stile anzueignen.

Das Blattspielen

Der Studiomusiker muß vornehmlich das Blattspielen beherrschen. Da die Musik ganz abseits des üblichen Repertoires liegt, weiß der Spieler nie im voraus, auf welches Stück er trifft. Tägliche Übungen im Blattlesen dienen deshalb als eine gute Vorbereitung auf diesen Beruf.

Das Üben im Blattlesen beschleunigt das Tempo, mit dem die Information von den Notenblättern über das Gehirn zu den Fingern gelangt. Dieser Fähigkeit haftet etwas Mechanisches an, ähnlich dem blinden Schreibmaschinenschreiben, welches, wenn auch weniger kompliziert, genauso funktioniert: Die Information muß schnell von A über B nach C befördert werden. Man sucht sich also irgendein Stück heraus, an dem man Blattspielen trainieren kann, etwa eine Klaviersonate von Mozart. Man sieht sie durch, verdeutlicht sich die Tonart, die Taktvorzeichnung und eventuelle Besonderheiten. Als nächstes spielt man die Sonate auf jeden Fall ohne eine Pause durch. Dazu wählt man ein Tempo, das man durchhalten kann. Selbst wenn zwischendurch Fehler passieren, soll man das Spiel nicht unterbrechen. Gelegentliche Ausrutscher werden dem Spieler nachgesehen. Nach einiger Zeit zieht man die Übungen im Tempo an, so daß man lernt, eine unvorbereitete Passage im richtigen Tempo zu spielen. Ist man dazu in der Lage, kann man mit der Arbeit in einem Studio beginnen.

Ein zweites Instrument

Um in dieses Geschäft einsteigen zu können oder um Erfolge einzuheimsen, sollte man noch ein zweites Instrument anbieten können, vielleicht Klarinette oder Saxophon. Als ich einmal in Sydney, in Australien, war, besuchte ich einen Jazzklub. Dort hörte ich einen Mann abwechselnd Saxophon, Flöte, Fagott und Piccolo spielen. Er war ein Meister auf allen diesen Instrumenten. Man begegnet selten einem Musiker, der eines dieser Instrumente so beherrscht wie dieser Spieler alle vier. Aber er stellte auch etwas

230

ganz Besonderes dar. Eine solche Vielseitigkeit wird zum Glück gewöhnlich nicht verlangt, aber um gut von der Studioarbeit leben zu können, muß man wenigstens zwei Instrumente beherrschen. Im Englischen gibt es für Musiker, die durch das Spielen zweier Instrumente ihre Chancen eines Engagements verdoppeln, den Ausdruck *doublers.*

Das Spielen in Studios

Der Klang in Film- und Fernsehstudios ist meist fürchterlich. Die Verantwortlichen wünschen sich eine vollkommen tote und trockene Akustik, damit dieser sterile Klang im nachhinein mit Echos oder anderen Effekten aufbereitet werden kann. Das Spielen im Studio kann also Probleme mit sich führen. Aber auch hier muß man um einen wunderschönen Klang bemüht sein und die bestmögliche Leistung bringen, wie groß die Hindernisse auch sein mögen.

Ein kritischer Punkt liegt häufig in der allgemeinen Lautstärke, in der das eigene Instrument untergeht, besonders wenn es so leise klingt wie eine Altflöte. Manche Studiomusiker benutzen einen eigenen Verstärker, um hörbar zu sein. Solche Hilfsmittel kommen immer mehr in Gebrauch. Nur sehr wenige reine Flötisten verdienen ihr Geld mit Studiomusik. Bloßes Flötenspiel ohne ein Zweitinstrument und ohne elektronische Verfremdung gehört in der kommerziellen Musikwelt der Vergangenheit an.

Das Spielen in einem Studio ist also ein abenteuerliches Geschäft mit vielen Möglichkeiten, Neuland zu entdecken. Im übrigen kann es mit langem Warten verbunden sein, bis das Startsignal gegeben wird. Bei Aufnahmen von klassischen Werken durch ein Sinfonieorchester haftet dem Ablauf etwas Glattes und Routiniertes an. Das Orchester hat die Werke schon oft geprobt und aufgeführt; der Aufnahmeleiter kennt die Sitzordnung des Orchesters und hat die Mikrophone im voraus korrekt angeordnet. Man setzt sich erst auf seinen Platz, wenn das rote Licht aufleuchtet, was bedeutet, daß die Aufnahme beginnt. In einem solchen Fall müssen das Üben und Einspielen bereits zu Hause stattgefunden haben. Man kommt in das Studio und muß sofort bereit sein, loszuspielen.

Im Gegensatz dazu weiß bei den seltsamen Instrumentierungen der Film- und Fernsehmusiken niemand über die Anordnung der Mikrophone Bescheid. Diese wird manchmal eine dreiviertel Stunde lang ausprobiert. Man hat dabei jedenfalls die Gelegenheit, jeden zu begrüßen und sich warm zu spielen.

Die Aufnahmetechniken verändern sich laufend. Und es kann vorkommen, daß man bei einer Studioaufnahme seinen Part in Abwesenheit der anderen Musiker einspielt. Beispielsweise wurde ein Lied mit voller Begleitung aufgenommen, und beim Anhören des Bandes fällt jemandem ein, daß in irgendeiner Passage die Flöte ausgezeichnet hineinpasse. Also wird ein Flötist bestellt, der – während das Band abgespielt wird – seine acht oder zwölf Takte beisteuert.

In diesen Techniken kenne ich mich ein wenig aus, da ich zusammen mit Cleo Laine eine Platte in dieser Weise aufgenommen habe. Es war meine erste Erfahrung mit modernster Aufnahmetechnik. Unser Spiel wurde auf vierundzwanzig Kanälen aufgenommen. Man konnte jede beliebige Spur auf dem Masterband herausziehen. Cleo Laine und ich hatten jeder seine eigenen Spuren, die restlichen dienten für andere Zwecke. An einem Tag nahm Cleo Laine ihre Stimme zusammen mit dem Baß und einem Rhythmus gebenden Metronom auf. Und an einem anderen Tag ging ich ins Studio und spielte meinen Teil zu der vorhandenen Aufnahme dazu. Wenn ich mich recht erinnere, waren vier der vierundzwanzig Spuren für mich reserviert, vier Möglichkeiten, von denen die beste beibehalten und die anderen wieder vom Masterband gelöscht wurden.

Weiter kann man sich kaum von einem mit sich selbst Zwiesprache haltenden Streichquartett entfernen. Für Unterhaltungsmusik aber funktioniert diese Methode blendend. Ich genoß jeden Augenblick dabei.

21.

Solisten

Die erste Flöte in einem Orchester zu spielen ist wie gemütliches Kaffeetrinken verglichen mit der Aufgabe des Solisten, der vor einem Orchester stehend ein Konzert spielt. Wer Solist werden möchte, sollte sich im vorhinein klarmachen, auf was für eine Art von Leben er sich einläßt.

Zunächst die negativen Aspekte: Solist sein bedeutet, zehn Monate im Jahr von der Familie getrennt zu sein; ständig unterwegs zu sein; sehr früh in der Morgendämmerung aufzustehen, um ein Flugzeug zu ergattern, das einen in einen kleinen Ort bringt; den kleinen Ort vielleicht nicht zu erreichen, weil irgend jemand streikt; lange Wartezeiten in verschneiten Flughäfen in Kauf zu nehmen; Übernachtungen in schlechten Hotels, deren Personal nicht in der Lage ist, den Anzug zu bügeln oder ein anständiges Frühstück zu servieren; Gesundheitsprobleme durch die vielen Belastungen, denen man ausgesetzt ist. Und dergleichen mehr. Für sich gesehen Kleinigkeiten, aber zusammengenommen eine Strapaze.

Die Wahrheit hinter dem Glanz lautet, daß man nur sehr selten in der richtigen Geistesverfassung zu einem Konzert eintrifft. Eine Erfahrung von mir wird dies beleuchten: Ich hatte einmal bei einem Engagement beide Mozart-Konzerte in der St.-Patrick-Kathedrale in Dublin zu spielen. Ich bestellte ein Taxi, das uns rechtzeitig und in aller Ruhe dorthin fahren sollte. Wir standen vor dem Haus, warteten auf das Taxi und bewunderten die Dublin Bay, als ich plötzlich feststellte, daß es schon sehr spät war. Die einzige Chance, pünktlich zu kommen, schien uns, per Anhalter zu fahren. Der erste Wagen, der hielt, konnte uns nur den halben Weg in die Stadt mitnehmen. Unterwegs führte uns der Fahrer seinen neuen Kassettenrecorder vor mit Bongomusik und ähnlichem –

genau das richtige, um mich auf Mozart einzustimmen. Danach fuhr uns ein freundlicher Mensch ein Stück weiter die Straße hinunter zum Bahnhof. Dort standen eine Menge Taxis, aber kein Fahrer war in Sicht, sie waren alle in einer Kneipe. In dieser Situation griff ich zu einer drastischen Maßnahme. Ich stellte mich mitten auf die Straße, zwang das erste vorbeikommende Auto anzuhalten und uns zu der Kathedrale zu bringen. Beim Hineingehen vernahm ich die letzten Takte des Siegfried-Idylls, nach dem ich an die Reihe kommen sollte. Ich stürzte sprichwörtlich von der Straße auf das Podium. Hinterher kamen Zuhörer zu mir und offenbarten die üblichen Mißverständnisse: »Wie wunderbar, so in einem Mozartkonzert aufgehen zu können!« Sie hatten keine Ahnung, daß ich mir während des ganzen Mozartkonzerts die scheußlichsten Methoden ausmalte, unzuverlässige Taxifahrer zu zerstückeln.

Zum Glück gewöhnt man sich daran, daß Dinge schiefgehen; man lernt, damit zu leben. Es ist aber trotzdem schön, wenn gelegentlich alles vollkommen gelingt.

Wer eine Solokarriere anstrebt, sollte zwei Dinge besonders beachten: Auch wenn man musikalisch über die nötigen Qualifikationen verfügt, wird man keinen Erfolg haben, ohne erstens einen besonderen Draht zum Publikum zu besitzen und zweitens einen guten Manager. Wenigen ist das erste eigen und noch wenigeren das zweite. Wie man lernen kann, Kontakt zum Publikum zu bekommen, weiß ich nicht. Ich nehme an, es ist eine angeborene Fähigkeit, ein Aspekt der Persönlichkeit. Hat man einen guten Manager entdeckt, sollte man mit ihm wie mit einem Geschäftspartner zusammenarbeiten. Der Solist soll dem Manager nicht einfach mitteilen, welche Termine er sich wünscht, und umgekehrt soll der Manager dem Solisten die Termine nicht einfach aufzwingen. Ihr gemeinsames Interesse besteht darin, den Menschen Musik zugänglich zu machen. Dafür müssen Plattenverträge organisiert werden, Fernsehauftritte und die nötige Öffentlichkeitsarbeit, außerdem Konzerttourneen. Mit einem Manager, der dies alles zu leisten gewillt ist, hat man es schon halb geschafft.

234

Die Nerven

Der Solist muß natürlich zum Erfolg auch seinen Teil beitragen. Damit ist er wahrscheinlich ausgelastet. Abgesehen von den vorher beschriebenen Unannehmlichkeiten kann der Streß eines vollgestopften Terminkalenders – unvermeidlich im Leben eines reisenden Virtuosen – sehr groß sein. Unter diesen Umständen läßt sich nicht immer das Beste geben und manche technischen Forderungen nicht erfüllen. Das bereitet Sorgen, die den Druck verstärken. Wie wird also ein Solist mit seinen Nerven fertig? Die bündige Antwort lautet, er muß lernen, gelassen zu sein.

Ich weiß, wovon ich rede, da ich alle diese Probleme selbst durchgemacht habe. Als Junge kannte ich keine Nerven, ich spielte einfach drauflos. Dann passierten zwei Dinge: Ich wurde erwachsener, und die Leute begannen mir zu sagen, daß ich nicht nervös sein sollte. Als ich dreizehn oder vierzehn war, machten sich die Nerven bei Konzerten störend bemerkbar, bis ich Gegenmaßnahmen ergriff. Ich werde dann nicht aufgeregt, stellte ich fest, wenn ich genau über mein Tun Bescheid weiß. Daher übte ich die Stücke für die Konzerte verstärkt. Da ich mir sicher war, die Stücke hundertprozentig zu beherrschten, war meine Ruhe wieder hergestellt. Im Orchester liegen die Dinge etwas anders. Ich wurde nervös, weil mein Erfolg von so vielen anderen Menschen abhing; eigene Fehler machten mir nicht sehr viel aus. Als Solist, der so vielen Zwängen ausgesetzt ist und nicht immer seinen eigenen Anforderungen gerecht werden kann, mußte ich mir ein anderes System zur Nervenberuhigung ausarbeiten. Heute habe ich mir gegenüber schwierigen Passagen, für die ich nicht garantieren kann, einen fast philosophischen Fatalismus zugelegt. Läuft es gut, ist es in Ordnung; wenn nicht, ist es schade. Wie dem auch sei, ich lasse mir dadurch nicht den Rest des Konzerts ruinieren. Manche armen Seelen zittern schon von Anfang an der schwierigen Stelle entgegen und warten nur darauf, daß sie mißlingt. Das ist die sicherste Methode, seine Aufmerksamkeit vom Spielen abzulenken und die emotionalen Energien zu vergeuden. Außerdem geht die schwierige Stelle auf diese Weise garantiert daneben.

Ich fasse zusammen: Über alles, was man perfekt beherrscht, braucht man sich keine Sorgen zu machen; wo man sich nicht sicher fühlt, ist es sinnlos, sich zu sorgen, da man sowieso nichts daran ändern kann. Panik ist ein wenig hilfreiches Sichgehenlassen. Wenn man erst einmal einige Konzerte nicht ganz hundertprozentig vorbereitet gespielt hat, wird man sich schnell daran gewöhnen, nicht in Panik zu geraten.

Wer klug ist, wird natürlich nicht darauf verzichten, lang und konzentriert zu üben. Durch dieses ausdauernde Üben erreicht man nicht nur den nötigen Konzertstandard und Selbstsicherheit, man bekommt auch die Kondition, das ganze Programm eines Abends in voller Konzentration am Stück darbieten zu können. Man verfügt als Solist schließlich nicht über viel Zeit, sich auszuruhen und den anderen zuzuhören.

Der Solist und das Orchester

Im allgemeinen spielen Solisten entweder mit Klavier- oder mit Orchesterbegleitung. Die sehr begrenzte Literatur für Solo-Flöte kann nicht für genügend Auftritte sorgen. Deshalb sollte der Solist fähig sein, mit anderen Menschen auszukommen. Ich meine das im speziellen technischen Sinne: Er sollte wissen, was Begleiter, Orchester und Dirigenten zu leisten vermögen und was nicht, und sich danach richten.

Während meiner Orchesterzeit erlebte ich manchmal die merkwürdigsten Anforderungen an Orchester und Dirigenten, was das Begleiten des Solisten betrifft. Meist handelte es sich dabei um Solisten, die bis dahin nur in ihrer einsamen Kammer vor sich hin geübt hatten und sich plötzlich – als Ergebnis eines Wettbewerbs oder dergleichen – auf einem Konzertpodium wiederfanden, um mit einem Sinfonieorchester ein Konzert zu spielen. Sie wußten überhaupt nicht, worauf es ankam. Deshalb sollte jeder, der Solist werden möchte, zunächst Erfahrungen im Zusammenspiel sammeln, sowohl in der Kammermusik als auch in der Orchestermusik. Die Schwierigkeiten beim Flötespielen unterscheiden sich ziemlich von denen anderer Holzblas-, Streich- und Blechblasinstrumente. Wie schon erwähnt, hängt eine erfolgreiche Vorstellung natürlich auch von der Kenntnis der Probleme der Mitspieler und dem entsprechenden Eingehen darauf ab. Die beste Möglichkeit, mit den Schwierigkeiten der anderen Instrumentalisten vertraut zu werden, ist, mit ihnen Kammermusik zu machen und durch Zuhören zu erfahren, wozu die anderen Instrumente in der Lage sind. Dies sind alles gute Vorbereitungen auf das Zusammenspiel mit einem Orchester. Aufgrund dieser Erfahrungen findet man auch heraus, was der Dirigent für den Solisten leisten kann, was der Solist vom Orchester erwarten kann und was für Ergebnisse in Proben erzielt werden können.

In den Proben wird manchmal nicht viel erreicht. Hat man Glück, findet die Probe am Vortag des Konzerts statt, und hat man besonderes Glück, spielen im Konzert sogar dieselben Musiker mit. Da man gewöhnlich nicht das Geld hat, ein eigenes Orchester zu engagieren und zu finanzieren, muß man sich mit unzulänglichen Proben, wie sie zur Zeit üblich sind, abfinden. Eines wird in Proben allerdings deutlich: die Qualität des jeweiligen Dirigenten.

Manche Dirigenten bereiten sich die Mühe, die Werke im voraus zu studieren, andere dirigieren sie unvorbereitet. Mit welchen Dirigenten man es zu tun hat, wird ziemlich schnell klar. Bei demjenigen, der mit der Partitur nicht so vertraut ist, wie er eigentlich sollte, hat man die Möglichkeit, eigene Vorstellungen umzusetzen und eine Art Verbindung zwischen Dirigenten, Orchester und Solisten herzustellen.

Wie gesagt, je weniger Menschen zusammenarbeiten, desto größer ist die Freiheit des einzelnen. Bei Stücken für Flöte Solo kann man genau das ausdrücken, was man möchte. Wird man von einem Orchester mit Dirigenten begleitet, ist man selbstverständlich eingeschränkter. Spielt man in einem solchen Fall so frei, wie es die Phantasie gebietet, wird man den Schluß niemals erreichen. Denn man muß nach einem inneren Metronom spielen. Im schlimmsten Fall tritt man mit einem Orchester auf, das aus siebzig Musikern besteht, von denen niemand die Partitur kennt. Sie

237

folgen alle den Anweisungen des Dirigenten, der über die Partitur gebeugt ist und dem der Unterschied zwischen *meno mosso, più mosso* und dem ursprünglichen *mosso* noch nicht deutlich ist. Ich bedauere es, so auf den Schwächen der Dirigenten herumzureiten. Ich habe sehr viele gute Dirigenten kennengelernt. Aber ich habe eben auch mit der Gattung derer zu tun gehabt, die zwischen 120, 124 oder 128 M. M. nicht differenzieren können. Man bittet sie, das Stück ein wenig schneller zu nehmen, und sie ziehen das Tempo so gewaltig an, daß man nicht mehr mitkommt.

Ich selbst schaue beim Spielen eines Konzerts oft gar nicht zum Dirigenten hin, was nicht heißen soll, daß ich ihn ignoriere. Die Wahrheit ist, daß zwischen Im-Takt-Spielen und Rhythmisch-genau-Spielen ein größerer Unterschied besteht, als man allgemein annimmt. Ich habe mit Dirigenten gearbeitet, die sehr stark darauf bedacht waren, daß man ihrem Schlag präzise folgte, wobei aber aus ihren Bewegungen der Schlag nicht deutlich zu ersehen war. Man konnte sowohl den oberen Beginn der Bewegung als auch deren unteres Ende dafür halten. Sehen bedeutet also in diesem Fall nicht unbedingt verstehen, doch mit dem Ohr läßt sich der Schlag genau feststellen. Was auch der Taktstock für Bewegungen ausführt, man kann den Schlag hören, ihn mit dem Fuß mitklopfen und dabei die Augen schließen.

Was die Interpretation eines Konzertes angeht, ist man als Solist ein klein wenig dominanter als der Dirigent, dessen Aufgabe es ist, sich um das Orchester zu kümmern. Der Star des Abends ist jedoch der Solist. Dabei verhält es sich leider oft so, daß die Komponisten der Solostimme so viel Begleitung unterlegen, daß die Flöte kaum noch zu vernehmen ist. Otto Klemperer ließ deshalb bei der h-Moll-Suite von Bach die Solostimme von vier Flöten unisono spielen – und zwar bevor er taub wurde. Eine andere Methode, wichtige Flötenphrasen vor dem Untergehen im Orchesterlärm zu retten, ist, die Stimme um eine Oktave nach oben zu versetzen. Für übliche Anlässe sollte man sich aber an die Regel halten, daß eine Grenze existiert, wie leise ein Solist spielen sollte. Genau wie bei Solopassagen des ersten Flötisten im Orchester muß man im Interesse der Musik klar und deutlich zu hören sein.

Der Solist und sein Begleiter

Die Beziehung des Solisten zu seinem Begleiter fällt in der Regel wesentlich einfacher und unkomplizierter aus als die zum Orchester. Da sehr viel vom Begleiter abhängt, sollte man ihn überlegt aussuchen. Die Auswahl ist groß, da es wohl mehr Klavierspieler auf der Welt gibt als jede andere musikalische Spezies (vielleicht holen die Flötisten sie noch ein). Gewöhnlich ist der eigene Lehrer der erste Begleiter, dann wechselt man zu Freunden, Kommilitonen usw. Wählt man sich einen professionellen Begleiter, verfügt man schon über eine breite Erfahrung mit Begleitern und ist in der Lage, einen guten von einem weniger guten zu unterscheiden.

Die weniger qualifizierten verlassen sich auf ihre Blattspielfähigkeiten oder lesen, wenn sie ihre Stimme ein paarmal durchgespielt haben, die Flötenstimme beim Spielen vom Blatt mit. Der wirklich gute Begleiter muß zum einen ein sehr guter Pianist sein, zum anderen hört er auch zu, studiert den Flötenpart, kennt die schwierigen Stellen und ist bereit, ausdauernd zu üben, um alle Schwierigkeiten herauszufinden und zu beseitigen. Er ist im allgemeinen sehr geduldig, flexibel und verständnisvoll. Ein solches Ideal ist mein Freund und Begleiter Phillip Moll.

Auch in diesem Verhältnis übernimmt der Solist gewisse Verantwortung. Die meisten Werke sind nicht einfach für Solisten mit Begleitung geschrieben, sondern für zwei kommunizierende Instrumente. Ihre Verbindung kann leidenschaftlich, witzig, gefühlvoll oder unbeschwert sein. Wie auch immer, beide Personen müssen an ihr beteiligt sein. Beide müssen zusammenfinden in einem Geiste, gleichsam als Gesellschaft der vereinigten Seelen. Der Flötenpart muß zur dritten Linie des Pianisten werden. Das benötigt Arbeit, Musikalität und viele Stunden des Übens. Deshalb vergewissere man sich, ob der Begleiter genügend Zeit und Lust dazu hat.

Der Solist und das Publikum

Es gibt noch einen weiteren Faktor, den der Solist in Betracht ziehen muß: den Zuhörer. Im Gegensatz zu Pianisten, die ein Möbel zwischen sich und dem Publikum haben, wendet sich der Flötist direkt an den Zuhörer. Es kann sehr interessant sein, beim Spielen das Publikum zu beobachten; deshalb ist es nicht schlecht, den Zuhörern zugewandt zu spielen, anstatt den Kronleuchter oder die Fliege an der Wand zu fixieren. Von einem Geiger, dessen erstes Konzert bevorstand und der sehr nervös war, wird erzählt, daß man ihm den Rat gab, die Augen zu schließen und sich vorzustellen, er sei zu Hause, um dann einfach loszuspielen. Unglücklicherweise zählte er zu den sehr aktiven Musikern, die beim Spielen hin und her tänzeln. Als er dann bei einer kurzen Pause die Augen öffnete, stellte er fest, daß er mit dem Rücken zum Publikum stand. So unterbricht man mit Gewißheit die Verbindung zum Publikum.

Es reicht aber nicht aus, als Solist dem Publikum einfach in die Augen zu schauen. Die Hauptaufgabe des Musikers liegt in der Unterhaltung. Dieses Wort ist in den letzten Jahren abgewertet worden. Unterhaltung wird als etwas Minderes betrachtet, das für die breite Masse ständig und für die feineren Leute in der Freizeit geeignet ist. Aber ich bleibe dabei, Unterhaltung sollte nicht abschätzig beurteilt werden. Ich leugne nicht, daß Musik tiefgründig und stark emotionsbewegend sein kann und Dinge auszudrücken vermag, die über die Worte hinausgehen. Aber die größte Leistung der Musik besteht darin, Freude zu bereiten. Das Publikum verzichtet nicht für Musik-Vorlesungen auf die häusliche Gemütlichkeit; es kommt wegen der Musik selber, um sich an dieser zu erfreuen und sich unterhalten zu lassen.

Ein Solist, der dem Publikum das spielen möchte, was es zu hören wünscht, ist nicht auf den kleinsten gemeinsamen Nenner des Leichtverdaulichen angewiesen. Ihm stehen all die beliebten klassischen Werke zur Verfügung. Natürlich muß man zur Kenntnis nehmen, daß das Publikum unterschiedlich ist und es auch so etwas wie einen Minderheitengeschmack gibt. Beim Edinburgh Festival etwa kann man sich eines erlesenen Publikums sicher sein, das komplizierte Musik liebt und nicht erbleicht, wenn man ihm etwas Obskures darbietet. Bei einem zufälliger zusammengesetzten Publikum wähle ich üblicherweise meine Stücke so aus, daß ich mit anspruchsvolleren beginne und mit leichterer Kost ende. So kann die erste Programmhälfte aus dem Nielson-Konzert oder der Prokofjew-Sonate bestehen, nach der Pause folgt etwas leicht Zugängliches wie etwa Transkriptionen der Kreislerschen Zugaben. Wie bei Schonkost ist zunächst der nahrhafte Gang an der Reihe, danach das Soufflé, aber beide Gänge sollten schmecken.

In dieser Verfahrensweise folge ich meinem Vorbild Fritz Kreisler, einem der größten Geiger dieses Jahrhunderts. Er hat mit seiner Aufnahme von Beethovens Violinkonzert einen Meilenstein geschaffen, aber er verschmähte niemals die Rolle des Unterhalters. Nach den üblichen Sonaten bot er reizende kleine, oft von ihm selbst komponierte Stücke dar, um das Publikum die Melodien pfeifend nach Hause gehen zu lassen.

Transkriptionen

Meine Ehrerbietung für Kreisler reicht über die Programmplanung hinaus. Ich übertrage auch seine Stücke für Violine auf die Flöte. Ich transkribiere bedenkenlos und bin dafür von Puristen nicht wenig kritisiert worden, denen wohl eine Art bürokratischer Musikauffassung eigen ist und die ihre Stirn runzeln, wenn man die für ein bestimmtes Instrument geschriebene Musik auf ein anderes überträgt. Für sie hat alles seine feste Ordnung, die kein Vortragskünstler antasten darf. Diese gelehrten Kritiker übersehen dabei, daß Transkriptionen schon seit langer Zeit üblich sind und von angesehenen Musikern praktiziert wurden. Noch zu Lebzeiten Vivaldis wurde der erste Satz der »Vier Jahreszeiten«, geschrieben für Solovioline und Streichorchester, für Soloflöte arrangiert. Bach hat viele Transkriptionen von Vivaldis Werken vorgenommen. Händel hat – wie schon erwähnt – alles, was ihm gefiel, nach Belieben transkribiert. In neuerer Zeit arrangierte

Rachmaninow selbst unseren »Reigen seliger Geister« für das Klavier und nahm diesen sogar auf Platte auf.

Wenn Komponisten dieser Güte so verfahren dürfen, warum dann nicht auch andere Musiker? Meiner Meinung nach ist das eine hervorragende Möglichkeit, die Musik den Menschen näherzubringen, sie für die Musik zu begeistern und ihre Repertoire-Kenntnisse zu erweitern. Junge Leute sollten im Instrumental-Unterricht die Musik spielen, die ihnen gefällt, anstelle der oft von ihren Lehrern vorgegebenen langweiligen Stücke. Und wenn dafür Transkriptionen nötig sind, warum nicht? Eine andere Kritik lautet, daß ich moderne Pop-Musik, wie z. B. Lieder von John Denver, transkribiere und diese Musikart zusammen mit den großen klassischen Werken in meine Konzerte mit aufnehme. Ich brauche mich dafür nicht zu entschuldigen, denn ich lehne es ab, Musik in verschiedene Kategorien einzuteilen.

Transkriptionen bringen die Musik nicht nur den Menschen näher, sie erweitern auch das Repertoire der Flöte, was für den Solisten ein wichtiger Aspekt ist. Es gibt Musiker, die in ihrer Karriere auf Transkriptionen verzichteten, aber mit ihrer Entscheidung, sich auf die alten, respektierten klassischen Werke zu beschränken, dem Publikum nicht so viel gute Musik vermittelt haben, wie sie es andernfalls vermocht hätten. Viele Flötenstücke gehören einfach ins Museum, bemerkenswert eher als Antiquität denn für ihre Qualität, oft akademisch langweilig und uninspiriert. Ich glaube, man ist besser beraten, die Museumsstücke den Historikern zu überlassen und Stücke zu transkribieren, in denen musikalischer Einfallsreichtum steckt.

Zum Glück für Solisten und Zuhörer gibt es schon eine Menge Transkriptionen für die Flöte, vorgenommen von Musikern, die meinen Enthusiasmus für diese Unternehmung teilen. Doch bleibt für einen selbst noch genügend zu tun. Zunächst läßt man seine Bemühungen auf der Vorarbeit anderer basieren. Man lernt durch diese Beispiele und kann sich so steigern. Ich selbst kümmere mich in erster Linie um den Flötenpart und lasse mir bei der Orchestrierung helfen, denn das Ausschreiben aller Stimmen ist eine unangenehme Aufgabe. Ich behalte mir allerdings vor, Vorschläge zu unterbreiten, wie z. B. die Flötenstimme in einer bestimmten Passage nicht von den ersten Violinen verdoppeln zu lassen oder den Streichern einige Takte lang ein Pizzicato zu geben oder hier und da das Fagott einzusetzen. Anfänger können sich im Violin-Repertoire nach transkribierbaren Stücken umschauen, da beide Instrumente über einen ähnlichen Tonumfang verfügen. Natürlich reicht der Tonumfang der Violine etwas höher und tiefer, aber man kann Tonfolgen immer um eine Oktave nach oben oder unten versetzen. Außerdem sind für die Violine sehr schöne Stücke geschrieben worden.

Es heißt allgemein, daß ich ein Stück ›gestohlen‹ habe, das Klarinettenkonzert von Mozart. Aber im Grunde habe ich nur einige wenige Stellen, die mir verbesserungswürdig schienen, verändert. Die eigentliche Transkription wurde zu Mozarts Zeit vorgenommen von einem gewissen Herrn Müller, der die Kompositionen Mozarts für die Veröffentlichung vorbereitete und der gute kommerzielle Gründe dafür hatte. Mozart schrieb das Konzert für Bassetthorn, ein Bekannter von ihm spielte dieses Instrument außerordentlich gut. Ansonsten aber wurde es weder damals noch heute viel gespielt, so daß Herr Müller, der auch verkaufen wollte, was er druckte, dieses Stück für die Klarinette und für die Flöte arrangierte. Das Originalmanuskript befindet sich heute in einer Ost-Berliner Bibliothek.

Auftragsmusik

Eine Last im Leben eines erfolgreichen Solisten stellen die unerbetenen Manuskripte dar, die von aufstrebenden Komponisten zugesandt werden in der Hoffnung, so in den Kulturbetrieb hineinzurutschen. Ich kann nur sagen, daß auf diesem Weg noch kein Werk zu mir gelangt ist, das der Nachwelt unbedingt erhaltenswert gewesen wäre. Damit sei nichts gegen neue Musik gesagt; die Auseinandersetzung mit ihr bereitet großes Vergnügen, vor allem die kreative Zusammenarbeit mit Komponisten verschiedenster Nationalitäten. Es ist eine lohnende Aufgabe, anhand von Auftragswerken zu sehen, was sie zum Fortschritt der Musik beitragen. Mein erster Auftrag an einen Komponisten brachte ein ermutigendes Ergebnis. Ich bat Edwin Roxburgh, einige Kadenzen zu einem Flötenkonzert von Mozart zu komponieren, und gewann mit dem Opus einen Preis. Später lernte ich die Nachteile von Auftragswerken kennen. Zunächst sind Kompositionen ernster Musik sehr kostspielig. Die Zeiten sind vorbei, in denen ein Komponist ein Stück umsonst schrieb. Zu Haydns Zeit lagen die Dinge anders. Haydn selbst war ein angesehener Komponist, er konnte sicher sein, daß seine Werke viel Geld einbrachten. Aber heutige Komponisten besitzen kein großes Publikum, daher schreiben sie in der Regel nach Auftrag, um ihr Einkommen zu sichern. Daraus ergibt sich, daß sie dafür viel Geld verlangen. Jeder, der einen Kompositionsauftrag vergeben möchte, muß sich erst um die Finanzierung kümmern.

Manchmal laden irgendwelche Organisationen für ein bestimmtes Projekt Künstler ein, wodurch die Finanzierung sichergestellt ist. Beispielsweise bat die BBC Thea Musgrave, ein Stück zu schreiben, und mich, es zu spielen. Unsere Zusammenarbeit in den Experimentalstudios der BBC brachte »Orfeo 1« für Flöte und quadrophones Band hervor. Später wurde ein Ballett zu dieser Musik choreographiert. Eine andere Möglichkeit, die Bezahlung des Komponisten zu garantieren, bilden Aufträge für ein bestimmtes Ereignis. Bei einer solchen Aufführung spielte ich in der ›Hollywood Bowl‹ am amerikanischen Unabhängigkeitstag 1980 mit. Der Komponist hieß John Corigliano, der den Auftrag für ein Flötenkonzert erhalten hatte. Er hatte die Idee, das Gedicht »Der Rattenfänger« von Robert Browning als Grundlage zu nehmen.

Wie sich der Leser vorstellen kann, gab das Konzert der Flöte viel Gelegenheit zu glänzen. Außerdem war ein theatralischer Höhepunkt eingebaut: Gegen Ende des Stücks standen Kinder – wie vorher abgesprochen – von ihren Sitzen auf, strebten von der Melodie des Rattenfängers angezogen auf die Bühne und verschwanden in seinem Gefolge in den Kulissen. John wurde aber sehr krank, so daß die Aufführung verschoben werden mußte. Die Premiere fand achtzehn Monate später in Los Angeles statt.

Ein anderes Problem mit Auftragswerken ist, daß man nie weiß, was der Komponist vorlegen wird. Es kann sehr einfach zu spielen sein, aber auch verteufelt schwer. Es kann ein echter Gewinn für die Musik sein, aber genausogut auch etwas Überflüssiges. Rubinstein kümmerte sich einmal in Paris um Strawinsky, der schon recht alt war. Rubinstein nahm an, daß er das Klavierkonzert des Jahrhunderts als Abschiedsgeschenk überreicht bekäme. Er erhielt auch ein neues Werk; aber als er das Paket öffnete, war seine Enttäuschung groß. Es handelte sich um die frisch komponierten Piano Rags von Strawinsky.

Man weiß letztlich auch nie, wie ein Auftragswerk vom Publikum aufgenommen wird. Man sichert sich natürlich vorher ab, indem man die in Frage kommenden Komponisten auswählt und den Auftrag an jemanden vergibt, dessen Werk einem gefällt. Ich tat dies, bevor ich das »Concerto Pastoral« von Joaquín Rodrigo schreiben ließ. Es wurde ein wundervolles Stück, aber so schwer zu spielen wie kein anderes.

Ein letztes Wort zu der Stellung des Solisten im Musikbetrieb. Das Stichwort lautet: Wettbewerb. Der Leser mag sich gewundert haben, in welch mörderischem Konkurrenzkampf Flötisten leben müssen. Nach meiner Erfahrung trifft das auf Orchestermusiker zu, nicht aber auf Solisten. Der Solist erobert sich sein eigenes Publikum, seinen eigenen Markt; sein Erfolg oder Mißerfolg hängt von seinen Fähigkeiten ab, diesen aufzubauen, nicht von Konkurrenzkämpfen und Auftrittsmöglichkeiten. Er beraubt andere Musiker nicht ihrer Arbeit. Im Gegenteil, er eröffnet neue Arbeitsgelegenheiten für Orchester und Kollegen, indem er sie bittet, mit ihm in einer Fernsehshow oder dergleichen aufzutreten. Es gibt für jeden, der es bis dorthin schafft, genügend Arbeit.

22.
Gegenwart und Zukunft der Flöte

Der Flötist unserer Tage kann sich glücklich schätzen. Das Flöten-geschäft erweitert sich in vielen Richtungen. Es existieren ver-schiedene Spielmöglichkeiten, und jede davon kann ihn zu Ruhm, Glück und relativem Wohlstand führen.

Die zeitgenössische Musik

Jedoch ist das Glück des Flötisten meiner Meinung nach nicht vollkommen. Viele moderne Komponisten, denen der Reiz einer schön gespielten Flöte nicht genügt, stellen alle möglichen Experi-mente mit ihr an. Wir müssen in der Beurteilung von Avantgarde-Komponisten natürlich vorsichtig sein – denn immerhin hat We-ber einmal Beethoven als »reif für die Nervenheilanstalt« er-klärt –, aber man kann nicht leugnen, daß eine ganze Reihe zeit-genössischer Werke fast so schwer anzuhören ist wie zu spielen. Diese Musik zieht nur ein kleines Publikum an. Wegen dieser so geringen Nachfrage fühle ich mich nicht verpflichtet, sie zu spie-len. Das soll nicht heißen, daß ich überhaupt keine moderne Mu-sik spiele. Ich spiele sie, ich vergebe auch Kompositionsaufträge, aber ich biete keine Musik dar, hinter der ich nicht voll und ganz stehe.

Mir scheint aber, daß sich die neue Musik positiv entwickelt. Selbst progressive Komponisten verwenden wieder Melodien. Die Art von moderner Musik, die ich bewundere und gerne spiele, spiegelt in einer bestimmten Weise die Vergangenheit wider (es gibt wenige Kulturen mit einer solch reichen Vergangenheit wie die unsere). Der Reiz der Experimentalmusik der 70er Jahre ist verflogen. Die Komponisten scheinen jetzt einzusehen, daß die

Menschen das Ultra-Subjektive und Verschrobene nicht hören wollen, sondern die »Pastorale« oder die »Kleine Nachtmusik«, die voll schöner Melodien stecken. Ein Beispiel eines modernen und melodischen Stückes, ohne nur ein Abklatsch des Vergangenen zu sein, ist das Flötenkonzert von John Mayer. Es nennt sich »Mandala Ki Raga Sangeet« (ein Zyklus aus Ragastücken). John Mayer ist Inder. Als er einmal durch Kalkutta lief, hörte er einen Bettler ein traditionelles Bettellied singen. Er schrieb diese Melodie auf und baute sie in das Konzert in Form von Variationen ein. Mir gefällt es, wenn Musik in einer solchen Weise mit der Vergangenheit verbunden ist: Sie ist neu, aber nicht wurzellos.

Ich baue meine Zukunftshoffnungen darauf, daß die Komponisten die Flöte als ein Instrument von großer Ausdruckskraft und Schönheit wiederentdecken, das immer noch viele Menschen ansprechen und bewegen kann.

Plattenaufnahmen

Die elektronische Revolution wird nicht wieder rückgängig zu machen sein, ebenso wie alle neuen durch die Elektronik entdeckten Spieltechniken auf der Flöte. Später werde ich zum Handwerklichen noch etwas sagen, doch zunächst zu dem selbstverständlichsten ›elektrischen‹ Hilfsmittel, der Plattenaufnahme.

Wenn man es genau bedenkt, stellt die Platte etwas Außergewöhnliches dar. Man hat sich so an ihren Gebrauch gewöhnt, daß man nicht mehr darüber nachdenkt. Es scheint, als könne die Seelenregung eines Menschen auf die Platte gebannt werden. Die von mir besonders verehrte Maria Callas lebt nicht mehr, aber ihre Stimme, auf einer Platte festgehalten, vermag den Zuhörer immer noch zu Tränen zu rühren. Was ist aufgenommen worden, ihre Stimme – oder noch weit mehr?

Was es auch sei, es übersteht sogar die Studiobedingungen. Selbstverständlich gleicht nichts der Spannung eines Konzerts. Aber eine Aufnahme ist mehr als nur ein toter Vorgang. Das Spielen vor einem Publikum stellt ein großes Ereignis dar; das Bespielen einer Schallplatte ist die Konservierung dieses Ereignisses für die breite Masse und die Nachwelt. Dies ist meine grundsätzliche Einstellung. Ich habe viele Erfahrungen in dieser Angelegenheit gesammelt: Die Berliner Philharmoniker nahmen Platten wie am Fließband auf. Heutzutage versuche ich die Aufnahmen so zu arrangieren, daß sie aus Stücken meiner Tournee-Vorbereitung bestehen. Wenn ich das Studio betrete, habe ich sie dann vielleicht zehnmal gespielt, abgesehen vom Üben und Proben. Diese intensive Vorbereitung beschleunigt den Aufnahmevorgang.

Ich kontrolliere nicht alle Aufnahmen selbst. Ich weiß, wann sie gut waren und wann nicht, ohne sie mir noch einmal anhören zu müssen. Die Chance, ein Stück mehrmals aufnehmen zu können, ist bestimmt ein Vorteil des Studios. Man kann auch die gelungenen Passagen verschiedener Aufnahmen zusammenschneiden und damit eine hervorragende Aufnahme erstellen, die so niemals gespielt worden ist. Ich möchte noch einen ernüchternden Gedanken einschieben: Manchmal lasse ich einen falschen Ton stehen, wenn die Aufnahme eine besondere Qualität hat, ein sprühendes *joie de vivre*, das mir dann wichtiger erscheint als eine sterile Perfektion. Manche Musiker machen in ihrem Streben nach Perfektion unglaublich viele Aufnahmen. Ich denke, gewöhnlich müssen zwei Aufnahmen ausreichen. Ist die Platte abgeschlossen, höre ich sie nie wieder an.

Das Spielen mit Tonbandbegleitung

Die Aufnahmetechniken dienen nicht nur als Mittel, Musik zu vervielfältigen, sie sind selbst zu einer musikalischen Technik geworden. Sie ersetzen Kammerorchester oder Klavier als Begleitung eines Soloinstruments. Was die Komponisten daran fasziniert, sind die unermeßlichen Klangschöpfungen, die Tonbandmusik und Synthezieser ermöglichen. Statt sich auf den Klang der Flöten und Violinen zu beschränken, nehmen sie diese Instrumente auf und verfremden sie elektronisch. Oft sind sie gar nicht mehr wiederzuerkennen. Ich habe schon den Kompositionsauftrag der BBC an

Thea Musgrave erwähnt, den ich nach diesem Prinzip zu spielen hatte. Ein anderes Mal führte ich ein Stück für Flöte und Tonband auf, aber das Ergebnis endete nicht so glücklich.

Das Problem war, daß es sich um ein Konzert handelte und die Aufnahme nicht wiederholt werden konnte. Das Stück nannte sich »Cadence V« und stammte von Lazarof. Das Konzert fand in Berlin statt. Mit meinem über mir wohnenden Nachbarn übte ich dieses Opus ausführlich. Er war ein netter Kerl, der zwar keine Noten lesen konnte, aber in der Lage war, ein Tonband an- und abzuschalten. Von unserem gemeinsamen Üben kannte er die Zeitpunkte ganz genau. Während des Konzerts passierte folgendes: Ich spielte ein paar quietschende Töne, das Zeichen für ihn, das Tonband anzustellen, aber nichts geschah. Beim Weiterspielen schaute ich aus dem Augenwinkel zu ihm herüber und sah ihn von der Seite verzweifelt SOS-Zeichen geben. Ich hörte auf zu spielen und sagte zum Publikum: »Meine Damen und Herren, bevor wir fortfahren können, muß ich wohl in der Zwischenzeit etwas weniger Modernes spielen.«

Der Junge der Putzfrau hatte dieses technische Problem verursacht. Das Tonband war nachmittags spielbereit für den Abend stehengelassen worden. Die Putzfrau kam, und der Junge betätigte den Pausenschalter. Hinter der Kulissenwand drückte mein Freund wild den Ein- und Ausschalter, er hörte, daß das Gerät an war, aber weder Spule noch Band bewegten sich.

Diese Erfahrung ließ die elektronische Musik in meiner Achtung sinken. Selbst wenn sie manchmal reizvoll und interessant klingt, kann doch sehr viel dabei schiefgehen. Auch sollte man die Kostenfrage nicht unterschätzen. Ich meine nicht die relativ großen Summen für das Tonbandgerät, sondern die riesigen Summen für die Verstärkeranlagen der heutigen Populärmusik. Ich begegnete einmal einer Folksängerin, deren Ausrüstung nur aus ihrer Stimme und einer Gitarre bestand. »Wie die umherziehenden Troubadoure reisen auch Sie mit wenig Gepäck«, bemerkte ich. »Von wegen«, antwortete sie, »das Auf- und Abbauen der Bühne, die Beleuchtung und die Verstärker, der Transport dieser ganzen Ausrüstung haben Tausende von Pfund pro Abend verschlungen!

Man muß eine ganze Menge verdienen, um sich solche Ausgaben leisten zu können.«

Das Nonplusultra elektronischer Klangspielerei ist wahrscheinlich im Centre Beaubourg in Paris zu finden, am Institut de Recherche et Coordination Acoustique/Musique, bekannt unter der wenig eleganten Abkürzung IRCAM. Hier arbeiten Komponisten zusammen mit Instrumentalisten und Technikern an einer großen Anzahl von Computerterminals, digitalen Aufnahmegeräten und komplizierten Geräten, um Klänge zu erzeugen und zu verändern. Das Laboratorium hat das Musikzimmer abgelöst. IRCAM wurde in den 70er Jahren mit hohen Erwartungen unter dem Anspruch gegründet, die Musik vollkommen zu verändern. Dieser Anspruch wurde bisher nicht eingelöst, vielleicht weil nur wenige Musiker mit einem Computer umzugehen wissen. IRCAM wurde ein elektronisches Studio unter vielen, wenngleich ein besonders ausgewähltes. Es ist noch zu früh, um es als unkreativ abzustempeln. Es wird interessant sein, zu sehen, ob meine Prophezeiung, daß Melodien wieder modern werden, zutrifft oder ob die Himmelsstürmer des Centre Beaubourg eine Zukunft haben.

Moderne Spielmöglichkeiten

Die elektronischen Geräte haben es ermöglicht, die Flöte in einer Weise zu verwenden, die sich unsere Vorfahren nicht erträumen konnten. Besonders die Aufnahmegeräte wie Mikrophon, Verstärker und Tonbänder können in das Flötenspiel mit einbezogen werden. Der Reiz dieser Spieltechniken ist etwas für Experimentalmusiker, sowohl im Jazz als auch in der ernsten Musik. Jeder wird bestimmt einmal mit dieser Musik zu tun haben.

Ein elektronischer Effekt ist der Hall. Alles, was man spielt, wird eine Sekunde oder Mikrosekunde später von dem Verstärker wiederholt. Dies verleiht dem Klang eine neue Dimension.

Mikrophone stellen ein großes Problem für Flötisten dar. Dies gilt nicht für einfache Aufnahmen des Standard-Repertoires. In diesem Fall wird der Gesamtklang des Studios oder der Konzerthalle aufgenommen. Aber bei experimenteller Musik spielt der Flötist direkt in das Mikrophon. Dabei läßt sich feststellen, wie schwer es ist, die Flöte mit einem Mikrophon aufzunehmen. Der Grund liegt in der Spielweise des Instruments. Anders als Oboisten und Klarinettisten bläst der Flötist nicht die gesamte Luft in die Flöte, so daß ein Teil der Blasluft über die Blaskante hinwegstreicht, was normalerweise nicht zu hören ist. Das Mikrophon hält das aber fest. Außerdem treten hohe Töne an einer anderen Stelle aus der Flöte als tiefe Töne. Es gibt also keinen idealen Punkt für das Mikrophon. So liegen die Dinge, wenn man still dasteht. Bewegt man sich aber beim Spielen nur um 2 cm hin und her, verändert sich der durch das Mikrophon aufgenommene Klang vollkommen. Der berühmte Jazzflötist Hubert Laws ist ein Fachmann für moderne Aufnahmetechniken. Als ich ihn das letzte Mal sah, experimentierte er mit einem Minimikrophon, das an das Kopfstück festgeklemmt wird. Es war direkt über seinen Mund gerichtet und bewegte sich so mit ihm.

Vielleicht wird die digitale Aufnahmetechnik das Problem der störenden Blasluft lösen. Bei digitalen Aufnahmen wird der Klang in Zahlen umgewandelt, und die unerwünschten Zahlen, die für Tonschwankungen, Scharren, Husten und Rauschen stehen, können vom Masterband entfernt werden. Alte Plattenaufnahmen, die digital bearbeitet worden sind, klingen wie neu.

Manche Flötisten machen aus der Not eine Tugend und setzen das durch die Blasluft entstehende schwache Rauschen als Teil ihres Spiels ein. Ihre Technik besteht darin, den Flötenton mit dem Rauschen zu mischen.

Mit elektronischen Mitteln lassen sich eine ganze Menge Effekte hervorzaubern. Manche Spieler singen gleichzeitig beim Spielen, andere pfeifen. Um einen pfeifenden Ton zu erzeugen, klebt man etwas Tesafilm über die Ränder des Blaslochs. Dabei bläst man nicht eigentlich in die Flöte hinein. Eine andere Möglichkeit ist, mit den Fingern auf die Klappen zu schlagen, womit sich rhythmische Effekte erzielen lassen – die Flöte als Perkussionsinstrument. Man kann auch das Kopfstück abnehmen und in das offene Ende blasen, summen, singen oder pfeifen. Oder man steckt einfach einen Finger in das Kopfstück und bewegt ihn hin und her. Das Resultat finde ich nicht sehr berauschend. Es scheint, als ob heute auf der Flöte alles ausprobiert wird, nur nicht, einen schönen Ton zu erarbeiten.

Bei all diesen Experimenten ist ein Verstärker nötig. Die Frage des Spielens mit einem Verstärker ist eine Finanzfrage. Mit einem billigen Verstärker wird die Flöte nur laut klingen, mit einem teuren Verstärker klingt sie auch sehr schön. Preiswerte Verstärker stellen also keine gute Investition dar. Die allgemeine Abneigung der Eltern gegen populäre Musik liegt, glaube ich, zum großen Teil darin, daß die meisten Verstärker von schlechter Qualität sind.

Die Zirkulationsatmung

Klassische Musik läßt dem Flötisten Möglichkeiten zum Atmen, wenn auch nicht immer in ausreichendem Maße. Es finden sich meist natürliche Atemstellen in den Stücken, und mit Übung lernt man, nicht zu klingen wie ein Staubsauger, der auf dem letzten Loch pfeift. Andere Musikformen der Antike und Moderne lassen das Atmen nicht zu. Die bei einer solchen Musik erforderliche Atmung nennt man *Zirkulations-* oder *Permanentatmung*.

Glasbläser verwenden diese Atemtechnik genauso wie australische Ureinwohner beim Spielen der *Didjeridu*, auch Heultuba genannt. Dieses Instrument besteht aus einem nach beiden Seiten hin offenen Bambus- oder Holzrohr. Früher wurde nur hineingesungen; nachdem ein Kesselmundstück angebracht wurde, wird es mittlerweile wie eine Trompete geblasen. Die Bordun-Instrumente in einer indischen Musikgruppe müssen einen Ton zur Begleitung anderer Flöten bis zu drei Stunden aufrechterhalten, ohne dabei eine Pause zum Atmen zu haben. Jazzmusiker führten diese Technik in der westlichen Musik wieder ein. Hubert Laws etwa kann das Stück »Amazing Grace« fünf Minuten lang spielen, ohne Atem zu holen. Wie wird das nun bewerkstelligt?

Um aufrichtig zu sein, es ist sehr kompliziert. Bei der Zirkulationsatmung muß man gleichzeitig ein- und ausatmen, ein Kunststück, für das die menschlichen Atmungsorgane nicht konstruiert sind. Man benötigt dazu Raffinement und Übung. Der ›Trick‹ besteht darin, durch die Nase einzuatmen, während man durch den Mund ausatmet. Man sollte es einmal ausprobieren, dann wird man Hochachtung vor Glasbläsern und Didjeridu-Spielern bekommen. Bei der üblichen Methode, diese sich gegen die menschliche Natur richtende Technik zu erlernen, benötigt man ein mit Wasser gefülltes Glas und einen Strohhalm. Beim Einatmen bläst man mit dem Strohhalm weiter und erzeugt dabei Luftblasen im Glas.

Falls diese Spezialmethode zum Erlernen der Zirkulationsatmung nicht funktioniert, kann man noch auf eine andere zurückgreifen. Man staut einige Atemluft in den Backen und gebraucht diesen Vorrat zum Blasen, während man kurz Luft durch die Nase einzieht; danach füllt man den Vorrat wieder auf usw. Auch diese Technik ist nicht leicht zu erlernen. Bei beiden Methoden kann man, wenn sie nicht gut beherrscht werden, ein Pfeifen und Gurgeln zwischen den Atemvorgängen hören.

Zirkulationsatmung klingt merkwürdig, wird sie nicht bei der dafür geeigneten Musik angewandt. Das Publikum fühlt sich dabei unbehaglich und wartet darauf, daß der Trick nicht mehr funktioniert. Diese Art von Spannung erfüllt natürlich manchmal ihren Sinn. Es existiert die Aufnahme eines Konzerts, in dem Hubert Laws nicht nur die Zirkulationsübung phantastisch vorführt, sondern auch die Töne ganz langsam nach oben zieht und in den nächsten Halbton hinaufgleiten läßt. Das ist so intelligent und spannend dargeboten und dauert so lange, daß das Publikum es nicht mehr aushält und in entzückte Rufe ausbricht.

Die Verbesserungen an den Flöten

Wir sollten enden, womit wir auch begonnen haben: mit dem Instrument. Die Qualität der Flöten hat sich ohne Zweifel in den letzten Jahren verbessert. Dem Engländer Albert Cooper kommt ein großes Verdienst an dieser Entwicklung zu, wie wir es in dem von ihm verfaßten Kapitel dieses Buches sehen konnten. In den sechziger Jahren spielten nur wenige Flötisten auf Cooper-Flöten wie William Bennett und ich. Wir führten sie überall vor und zeigten, daß sie besser waren als alle anderen. Das sprach sich allmählich herum. Andere Instrumentenbauer stiegen auf diese Bauweise um, besonders die Japaner, denen viel am Erfolg gelegen ist.

Durch Cooper und seine Schüler hat die Flöte fast ihre Perfektion erreicht. Für das bestehende Repertoire ist diese Flöte das optimale Instrument. Wie wir gesehen haben, verändert sich jedoch das Repertoire, und für neue Anforderungen benötigt man ein neues oder mehrere neue Instrumente.

Der Versuch, eine für veränderte Aufgaben geeignete Flöte zu entwickeln, wird zur Zeit unter anderem von dem amerikanischen Flötisten Robert Dick unternommen. Er entwickelt ein Instrument, auf dem er Mehrklänge spielen kann, die auf der bestehenden Flöte nicht gut zu bewerkstelligen sind. Durch die von Robert Dick entworfene Flöte sollen Mehrklänge einfacher und intonationssauberer gespielt werden können.

Eine technische Verbesserung sähe ich gerne an der normalen Flöte vorgenommen, und zwar bessere Polster auf den Klappen. Die Polster werden üblicherweise aus Filz und Darmhaut gefertigt, reagieren daher stark auf atmosphärische Veränderungen; je nach dem Grad der Luftfeuchtigkeit quellen sie oder ziehen sich zusammen, bewegen sich ein bißchen und schließen manchmal das Loch nicht mehr perfekt. Es ist nun die Zeit für einen Genius herangereift, gute künstliche Plastikpolster zu entwickeln.

Mit oder ohne reformierte Polster hat die Flöte eine Zukunft vor sich, die so lebendig, bewegt und interessant zu werden verspricht wie ihre Vergangenheit.

Die Flöte verkörperte immer ein populäres Instrument, populärer, als es manchmal den Anschein hatte. Kinder haben zu allen Zeiten Flötespielen gelernt. Die Flöte ist nicht nur attraktiv, weil sich ihre Technik leichter aneignen läßt als bei anderen Instrumenten, sondern auch weil nur wenige Instrumente so flexibel sind und so verschiedenartige Formen entfaltet haben.

In der Vergangenheit ruhte vielleicht nicht so viel öffentliche Aufmerksamkeit auf ihr wie heutzutage. Die Verantwortlichen für die Radioprogramme zogen Klavier- und Geigenmusik anderen Instrumenten vor, mit dem Ergebnis, daß Geige und Klavier die klassischen Musikprogramme überschwemmten. Was die Freunde klassischer Musik abwerteten, war in der Jazzmuzsik von den fünfziger Jahren an zu finden. Danach wurde die Flöte attraktiv wegen ihrer mystischen Verbindung zur hinduistischen und buddhistischen Philosophie. Gleichzeitig kamen frühe Instrumente wie die einklappige Flöte und die Barockflöte wieder in Gebrauch, um die dafür geschriebenen Musikwerke authentisch spielen zu können. Einige moderne Aufführungen auf diesen frühen Flöten sind sehr eindrucksvoll.

So hat sich die Flöte in viele Richtungen weiterentwickelt. Egal welcher Richtung man folgen möchte, gibt es Musik zum Spielen und höchstwahrscheinlich auch ein Publikum dafür. Aber das wichtigste ist, gleichgültig ob man Klassik oder Jazz, romantische oder experimentelle, barocke oder indische Musik spielt, es sollte aus Spaß an der Sache geschehen. Das gilt auch für diejenigen, die das Instrument noch nicht so gut beherrschen. Die Flöte soll Freude bereiten.

Schlußbemerkung

Einige Bücher dieser Reihe enden mit einer Diskographie und Repertoire-Liste. Mir scheint, daß die Notenbibliothek der beste Ort ist, Flötenmusik zu entdecken. Eine sehr ausführliche Liste des Flöten-Repertoires ist im Katalog der Flötenmusik von Frans Vester zu finden.

Sowohl der aktuelle Bielefelder Katalog als auch der Gemeinschaftskatalog vom Bundesverband der Phonographischen Wirtschaft e. V. geben Auskunft darüber, welche Flötenplatten erhältlich sind; daher brauche ich sie hier nicht aufzuzählen. Es wurden sehr viele gute und interessante Platten aufgenommen, der Leser mag sie anhören und den musikalischen Wert der jeweiligen Platte selbst beurteilen. Doch rate ich, die gesamten Aufnahmen des großen Marcel Moyse kennenzulernen, die von der Muramatsu Flute Company in einer Kassette angeboten werden.

Ich glaube, es ist sehr wichtig, sich möglichst viele Aufnahmen mit Maria Callas, Jascha Heifetz, Vladimir Horowitz und Artur Rubinstein anzuhören. Sie zählen alle zu den bedeutendsten Musikern, die es je gegeben hat, und ich habe persönlich durch das Hören ihrer Platten unschätzbare musikalische Einsichten gewonnen – ganz zu schweigen von der reinen Freude, die ich dabei genossen habe.